本研究为宁夏回族自治区教育厅高等学校"优秀青年教师支持项目"
宁夏回族自治区教育厅高等学校科学研究项目资助：NYG2022104

张羽婷 —— 著

NINGXIA CHUANTONG ZHIZAOYE
GAOZHILIANG FAZHAN YANJIU

宁夏传统制造业高质量发展研究

黄河出版传媒集团
阳光出版社

图书在版编目（CIP）数据

宁夏传统制造业高质量发展研究 / 张羽婷著 . —— 银

川：阳光出版社，2023.10

ISBN 978-7-5525-7110-3

Ⅰ . ①宁… Ⅱ . ①张… Ⅲ . ①制造工业—产业发展—

研究—宁夏 Ⅳ . ① F426.4

中国国家版本馆 CIP 数据核字（2023）第 242050 号

宁夏传统制造业高质量发展研究　　　　　　　　张羽婷　著

责任编辑　马伟锴　　丁丽萍
封面设计　晨　皓
责任印制　岳建宁

出版发行　阳光出版社
地　　址　宁夏银川市北京东路 139 号出版大厦（750001）
网　　址　http://ssp.yrpubm.com
网上书店　http://shop129132959.taobao.com
电子信箱　yangguangchubanshe@163.com
邮购电话　0951-5047283
经　　销　全国新华书店
印刷装订　宁夏凤鸣彩印广告有限公司
印刷委托书号　（宁）0027825

开　本　787 mm×1092 mm　　1/16
印　张　15.75
字　数　230 千字
版　次　2023 年 10 月第 1 版
印　次　2023 年 10 月第 1 次印刷
书　号　ISBN 978-7-5525-7110-3
定　价　48.00 元

前　言

　　加快转变工业发展方式，优化提升工业结构，实现工业发展与资源、环境的和谐共生，是宁夏加速推进新型工业化面临的重大课题。目前，宁夏工业初步形成了以煤炭、电力为基础产业，以石化、冶金、机械、轻纺、建材、医药为支柱行业的工业结构，呈现出能源工业、传统和特色产业、高新技术产业共同发展的格局，特别是"十三五"以来，坚持走新型工业化道路，积极实施大企业、大项目带动战略，已进入工业化快速发展时期。宁夏深入实施宁东能源化工基地、内陆开放型经济试验区和银川综合保税区建设等重大战略，创新驱动发展步伐不断加快，综合科技创新水平由全国第22位上升至第18位，进入全国二类创新地区，400万吨煤间接液化成套技术及产业化项目荣获国家科学技术进步奖一等奖。制造业高质量发展迈出坚实步伐，宁东基地成为西北第一个产值过千亿的化工园区，银川经济技术开发区跻身国家级开发区百强。产业基础高级化水平明显提高，宁夏数据中心产业发展总指数位列全国第九、西部首位，入选全国一体化大数据中心协同创新体系算力枢纽八大节点城市。工业在宁夏经济中的主导地位得到强化，贡献日益突出，促进了国民经济的持续快速发展，缩小了与全国发展水平的差距，呈现出新兴产业加速布局、传统产业绿色转型、重点行业特色鲜明的发展态势。但宁夏工业发展的内外部环境正在发生深刻变化，发展中长期积累的深层次矛盾日益突出，发展方式粗放，自主创新能力不强、内部结构不合理、资源支撑能力逐步减弱，能源资源约束强化等问题日益凸显。环境顶板约束明显加强，2021年宁夏全区能源消费总量8048万吨标煤，煤炭占比约80%，六大高耗能行业能耗占全区总能耗的82%，加快转型升级已势在必行、刻不容缓。党中央、国务院已明确提出"十四五"期间将继续深化科学发展和走新型工业化道路，这既给宁夏传统高耗能工业今后的发展带来了一定的机遇，也使之面临多方面的挑战。

目前，宁夏制造业大都处于价值链的低端，受历史条件、发展阶段、体制机制等因素的影响或制约，宁夏经济发展中高投入、高消耗、高污染、不协调、低效率、难循环的粗放型发展方式一直没有得到根本改观。"十四五"期间，宁夏必须加快调整要素投入结构，增强自主创新能力，由主要依靠物质资源消耗向主要依靠技术进步、高素质人力资源和管理创新转变。要努力突破制约产业优化升级的关键核心技术，增强新产品开发能力和品牌创建能力，提高产业核心竞争力，促进价值链由低端向高端提升，加快推动发展动力向创新驱动转变。必须坚持绿色低碳发展，加强政策引导，依靠技术进步，促进形成少消耗、可循环、低排放、可持续的产业结构、运行方式和消费模式。坚持以信息化带动工业化，大力推进信息化与工业化深度融合，充分发挥信息化在传统产业转型升级中的牵引作用，加快推动制造模式向数字化、网络化、智能化、服务化转变。

本研究正值中国共产党第二十次全国代表大会、中国共产党宁夏回族自治区第十三次代表大会召开之后的第一年，全区上下正在深入学习贯彻落实党的二十大精神和自治区第十三次党代会要求之际，其研究旨在结合新的理论、目标任务和学术界、有关部门研究成果的基础上，对宁夏重点传统工业发展情况进行研究，通过与全国、沿黄六省区（陕西、山西、甘肃、内蒙古、青海、河南）进行对比分析，探寻宁夏推进传统工业转型升级高质量发展的路径与方式，为宁夏新时期加速推进新型工业化、转型升级、布局优化、提高产业水平提出意见和建议。

本研究的主要思路如下：

第一，从宁夏传统产业发展的现状入手，结合国际国内两大环境，从宏观角度掌握宁夏传统工业产业的基本情况，初步总结宁夏传统工业发展取得的成就和存在的问题；

第二，通过文献研究，对国内外传统工业转型升级、循环经济、可持续发展相关研究进行梳理，厘清传统工业经济高质量发展、走新型工业化道路的研究基础，为本研究提供理论支撑和方法支持；

第三，依据 2017—2021 年中国、"沿黄九省区"（宁夏、陕西、山西、内蒙古、河南、青海、甘肃、山东、四川）的工业经济统计资料，运用工业行业综合竞争力指数等相关计量分析方法，对宁夏传统工业经济效益进行建模定量分析，进一步找准宁夏传统行业存在的问题和差距。

第四，提出宁夏传统制造业高质量发展的对策建议。

宁夏传统制造业高质量发展研究

CONTENTS
目 录

前 言

1 宁夏传统制造业研究对象及意义 /1

  1.1 研究对象 /1

  1.2 研究意义 /2

2 国内外传统制造业及四大产业研究综述 /4

  2.1 国内研究 /4

  2.2 国外研究 /5

  2.3 宁夏四大传统产业发展现状及趋势 /7

3 宁夏传统制造业发展状况 /16

  3.1 总体产业发展状况 /16

  3.2 传统制造业发展状况 /17

  3.3 传统制造业主要问题 /24

  3.4 传统产业面临的突出矛盾 /31

4 宁夏传统制造业高质量发展综合竞争力分析 /35

  4.1 数据来源 /35

4.2 模型建立 / 36

4.3 行业综合竞争力分析 / 38

4.4 传统产业行业竞争力排名分析 / 194

4.5 传统产业行业科技影响力回归分析 / 199

5 宁夏传统产业高质量发展的重点和路径 / 203

5.1 传统产业高质量发展的重点 / 203

5.2 优化传统制造业创新发展空间布局 / 204

5.3 大力推动能源化工产业转型发展 / 205

5.4 做大做强传统特色优势冶金产业 / 211

5.5 提升发展煤电基地水平 / 213

5.6 打造地域特色产业集群 / 214

6 宁夏传统产业高质量发展对策措施 / 231

6.1 构建绿色产业体系 / 231

6.2 增强科技创新能力 / 232

6.3 强化现代金融支撑 / 233

6.4 提升全社会研发投入水平 / 233

6.5 打造专业人才队伍 / 234

6.6 提升产业集群水平 / 235

6.7 优化改善营商环境 / 235

6.8 扩大对内对外开放 / 236

6.9 加快培育开放型经济主体 / 237

6.10 加强科技体制机制创新 / 237

6.11 完善工业基地管理体制 / 239

参考文献 / 240

1 宁夏传统制造业研究对象及意义

1.1 研究对象

从建设现代化经济体系的角度看，制造业可以分为传统制造业和现代制造业，一般意义上讲，传统产业的范围限定在工业领域。但这种划分并不对应落后产业和先进产业，更不意味着冲突和断裂。传统制造业和现代制造业都是经济社会发展的重要物质基础，两者之间的关系是相对的，相辅相成、互为表里。

传统制造业作为一个区别于高新技术产业的概念，学界目前还未形成一个完整统一科学的定义。经向自治区科技厅、发展改革委、经信委及相关专家咨询，在研究对象上紧密结合自治区第十三次党代会提出的，着力打造"六新六特六优"产业（六新：新型材料、清洁能源、装备制造、数字信息、现代化工、轻工纺织；六特：葡萄酒、枸杞、牛奶、肉牛、滩羊、冷凉蔬菜；六优：文化旅游、现代物流、现代金融、健康养老、电子商务、会展博览）的要求，优化产业结构和布局，推动产业向高端化、智能化、绿色化、融合化方向发展。本课题传统产业的研究对象确定为：一是化工工业；二是冶金有色工业；三是传统能源工业；四是轻纺工业。

1.2　研究意义

2017 年以来，宁夏坚持以新发展理念引领发展，积极主动融入新发展格局，加快产业转型升级，着力培育壮大九个重点产业，克服疫情冲击和国际经济环境不稳定不确定性增多的影响，地区生产总值仍保持年均 6.2% 的中高速增长，单位 GDP 能耗扭转了"十三五"以来不降反升的局面，为宁夏实施"三大战略"，守好"三条生命线"，打赢三大攻坚战，如期与全国同步全面建成小康社会，为建设美丽新宁夏迈出重大步伐作出重要贡献。

宁夏经济发展虽取得长足进步，但应看到长期积累的产业发展方式粗放，自主创新能力不强，产业结构特别是传统产业倚重倚能等深层次矛盾日益突出，为此，自治区第十三次党代会提出："但我们要清醒地认识到，宁夏是欠发达地区的基本区情没有变、滞后于全国发展水平的历史方位没有变，发展不足是最大实际，质量效益偏低是最大难题，创新能力较弱是最大瓶颈，人才短缺是最大困扰，开放程度不高是最大短板，生态环境脆弱是最大现状，综合实力不强、发展质量不高仍然是新时代社会主要矛盾的主要方面。"在如何建设高质量的产业经济方面，党的十九大报告指出："着力加快建设实体经济、科技创新、现代金融、人力资源协同发展的产业体系。"这是对我国新时代产业体系建设作出的新的表述和部署，标志着我国产业体系建设进入了一个新的时代。《中华人民共和国国民经济和社会发展第十四个五年规划和 2035 年远景目标纲要》对加快发展现代化产业体系、巩固壮大实体经济根基作出战略布局。党的二十大报告再次明确指出："建设现代化产业体系。坚持把发展经济的着力点放在实体经济上，推进新型工业化，加快建设制造强国、质量强国、航天强国、交通强国、网络强国、数字中国。"自治区第十三次党代会报告确定了未来产业发展重点是有影响力、竞争力、带动力的"六新六特六优"产业，这是自治区党委贯彻落实习近平总书记视察宁夏重要讲话和重要指示批示精神，站在新的历史起点，推动宁夏高质量发展的重大举措，充分体现了自治区党委坚持新发展理念，积极主动融入新发展格局，提前聚焦党的二十大战略布局，全面客观分析宁夏经济发展规律作出的正确判断，必将为宁夏建设黄河流域生态保护和高质量发展先行区，全面建设社会主义现代化美丽新宁夏奠定更加坚实的基础。

　　坚持把研究的着力点放在实体经济上，就是要紧紧扭住"六新六特六优"产业中传统产业转型升级，找准产业优势和强项、劣势和短板，探究宁夏传统产业高质量发展的路径及制度安排，加快新旧动能转换，集中资源打造特色优势产业，推进互联网、大数据、人工智能同传统产业发展深度融合，统筹推进传统产业基础高级化与产业链现代化，提升产业发展层次和水平，是宁夏建设高质量的产业经济，加快构建具有宁夏特色的现代产业体系的重要途径。

2　国内外传统制造业及四大产业研究综述

2.1　国内研究

从产业升级的背景看，王文俊指出随着我国人口红利逐渐消失、资源与环境约束加紧，我国传统制造业以廉价劳动力为基础、以大量资源能源消耗和环境污染为代价的粗放型发展模式难以为继。谢家平、孔令丞从生态工业学角度提出了传统制造业生态化，即建立将自然生态环境的运转模式逐步应用到产业系统中，实现由线性（开放）系统向循环（封闭）系统转变，并进一步提出了产业生态化在产品层面、企业层面、园区层面、社会层面的循环模式，重点提出了生态工业园区推进循环经济的四种实践模式。

关于传统产业升级的路径，许树辉等认为较落后地区产业升级主要受限于技术创新不足，在创新高新技术过程中不应局限于国内，应放眼全球，整合创新资源，提高不发达地区技术创新能力。万文海等提出通过产业链、创新链、价值链转型升级及生产要素优化组合等路径实现传统制造业高质量转型升级。赖红波等从客户需求端角度分析产业创新转型升级路径，主张通过关系网络升级实现传统产业转型升级。还有学者指出要解决传统产业发展困难，要树立科学合理的经济发展理念，在"互联网＋"背景下重视智能制造，确定转型升级的侧重点，搭建产业升级改造平台，提高相关资金的投入比重，推动技术升级。

关于传统产业全球竞争力的增强，黄光灿等主张各国应积极参与国际分工并融入全球价值链，充分发挥各自比较优势，使传统产业产品由低端制造品向高端制造品方向发展，由价值链低端环节向高端环节发展，以此获得较多的创新价值增值。熊永清等则认为具体问题应具体分析，并非全部传统产业都应实现转型升级，传统产业升级的模式是具体的而非统一的，如传统产业比较单一、特征明显的区域，可以采取"专一路径"的升级模式；而传统产业多元化、特征复杂的区域，或者区域新兴产业与传统产业间关系多变，且相互影响的区域，可实施"复合路径"模式的优化升级模式。

关于创新驱动发展政策战略，国家对于产业高质量创新发展的政策性导向，《国务院关于印发"十二五"国家自主创新能力建设规划的通知》指出，要进一步深化企业主导的产学研合作，以企业为主导，建立产业技术创新战略联盟，加强企业间技术创新合作，联合培养人才，加快创新平台建设，促进产业技术转移等。2016 年 5 月 19 日，中共中央、国务院印发《国家创新驱动发展战略纲要》，明确我国到 2050 年建成世界科技创新强国"三步走"的战略目标。党的十八大提出实施创新驱动发展战略，强调科技创新是提高社会生产力和综合国力的战略支撑，必须摆在国家发展全局的核心位置。党的十九大报告提出，要坚定实施创新驱动发展战略，加快建设创新型国家，这是中央在新的发展阶段确立的立足全局、面向全球、聚焦关键、带动整体的国家重大发展战略。党的二十大报告对加快建设科技强国作出明确部署，指出要强化国家战略科技力量，优化配置创新资源，优化国家科研机构、高水平研究型大学、科技领军企业定位和布局。

2.2 国外研究

关于传统产业创新发展的研究主要开始于 1920 年以后，当时西方国家经济得到快速发展，产业结构开始从劳动密集型为主转向以技术密集型为主。为保证经济获得持续健康发展，国外学者便提出了一系列关于传统产业转型升级的观点，旨在实现传统产业生产能力技术化、现代化、科技化。在理论研究方面，西方经济学家关于传统产业转型升级的研究主要聚焦于如何通过运用高新技术武装传统产业。

受资源、市场、成本或者技术等供给要素的影响，发达国家的主导传统产业如钢铁、煤炭等都出现了不同程度的衰退。为了有效缓解产业衰退，推动传统产业转型升级，西方国家进行了大量尝试。20 世纪 60—70 年代，美、德、法、日等发达国家经济结构先后开始发生历史性转变，从以第二产业为主逐步转向以第三产业为主。进入 70 年代后，这些国家第二产业比重下降，由 1960 年的 36%~49% 下降到 19%~30%。进入后工业化时代，钢铁、纺织等传统产业逐步退出，新兴技术和资本密集型产业不断涌现。美国 20 世纪 50 年代开始逐步退出钢铁、纺织等传统工业，集中力量发展汽车、半导体、通信、电子计算机等新兴产业。日本、德国则侧重于通过产业政策创新实现传统制造业振兴，60—70 年代转向发展集成电路、精密机械、精细化工、家用电器、汽车等耗能耗材少、附加价值高的新兴产业。英国通过政府相关政策性引导调整传统产业结构，采用传统产业和新技术产业协调发展的模式，二者并驾齐驱。美国采用新兴产业和传统产业协调发展的路径，涉及相关政策的协调和调整、与行业的伙伴关系以及长期投资和规划等方面，加大科技研发投入力度，创新高新技术，改造升级传统产业等。

关于发展循环经济促进工业转型升级制度创新方面，德国是世界上率先创新发展循环经济水平较高的国家之一。自 1972 年以来，德国相继制定了 30 多部法律、条例、指南，2002 年就将可持续利用自然资源确定为国家可持续发展战略的基石，通过制造环境创新等相关方案，在能源效率、自然资源利用、废物管理等方面都制定了详细的计划和目标，促进清洁技术的创新。美国是最早推行清洁生产的国家。1976 年，美国将《固体废物处置法》修订为《资源保护及回收法》，建立了美国固体废弃物管理体系，推动固体废弃物的源头管理。日本在环境立国战略基础上，通过了《循环型社会形成推进基本法》等系列法规。日本还通过产业政策创新实现传统制造业振兴，NOLAND（2007）和GOTO（2000）提出，日本鼓励创新和产业振兴不仅在于推动产业政策的创新和实践，也在于关注是否存在过度监管或产业政策过于冗杂的问题。产业竞争力不仅取决于产业本身，而且越来越取决于整体创新体系。

但是，必须清醒地看到，就全球而言，传统产业仍然是工业领域中的重要板块。近些年来，传统产业及其技术创新发展呈现一些新变化、新趋势。

2.3　宁夏四大传统产业发展现状及趋势

2.3.1　化工产业领域

（1）化工产业国际环境

近年来，全球经济增长放缓，化工产业增速也逐渐放缓。目前，化工巨头仍主要集中在欧美日等发达国家（见表2-1），但中国、印度等新兴经济体的发展，在过去几年持续推动全球化学工业保持一定发展态势。未来，这些经济体将以庞大的人口基数和强大的内需增长动力继续推进化工市场发展。

表2-1　全球10大化工企业分布情况

排名	名称	所属国家
1	巴斯夫（BASF）	德国
2	陶氏化学（Dow Chemical）	美国
3	赢创（Evonik）	德国
4	杜邦（DuPont）	美国
5	法液空（Air Liquide）	法国
6	三菱化学（Mitsubishi Chemical）	日本
7	旭化成（Asahi Kasei）	日本
8	沙特基础工业（SABIC）	沙特

续表

排名	名称	所属国家
9	林德（Linde）	德国
10	阿克苏诺贝尔（AkzoNobel）	荷兰

资料来源：宁夏科技厅高新技术处

目前，石油化工仍是现代化工的主导产业。但以生物质资源为原料的替代路线随着关键技术的不断突破，在成本上逐渐比石油原料具有竞争力，同时，美国页岩气（油）冲击着全球石化生产体系，对国际化工产业格局也产生重要影响。从化工产业的发展趋势来看，随着技术创新的不断进步，能源、交通、建筑、医药、信息产业等主要下游行业对化工产业提出了更多新产品、新性能、新应用的要求（见表2-2），而能源、信息、交通产业又与化工产业相互结合和渗透，促进了化工产业工艺、装备、集成度和智能化水平的提高。

表2-2 化工子行业产品及其对应下游领域

子行业	终端领域
化肥、农药	农业
磷化工	农业、日化等
有机硅	日化、电子
聚氨酯	纺织、地产、家电
染料、印染助剂	纺织
PVC、纯碱	地产
化纤	纺织
橡塑制品	汽车、地产、家电
电子化学品	电子

资料来源：宁夏科技厅高新技术处

（2）我国化工产业的发展环境

我国化学工业主要产品中，传统的化肥、农药、"三酸两碱"（硫酸、盐酸、硝酸、烧碱和纯碱）、染料、涂料、轮胎等产能过剩，总体效益较差，农药和染料在国家加强环保和安全监管的前提下，效益有所上升。基础原料中炼油、甲醇产能过剩；烯烃（乙烯和丙烯）、芳烃（主要为对二甲苯，即PX）、乙二醇严重依赖进口。合成材料低端产品供应充足，高技术含量的化工新材料、高端专用化学品国内自给率偏低，工程塑料、高端聚烯烃塑料、特种橡胶、电子化学品等高端产品仍需大量进口。

煤化工。我国传统煤化工产品焦炭、电石、合成氨、甲醇等产量居全球第一，产能过剩较为严重。煤制天然气和煤制油效益不佳，运行企业多处于亏损状态。煤制烯烃和煤制乙二醇随着石油价格的下跌和应用轻烃原料生产烯烃比例的增大，竞争力减弱。煤制芳烃和煤炭分质利用技术不成熟。目前，地区冲突导致石油、天然气价格增长，虽给煤化工企业带来很多产出效益，但不确定因素很多。

精细化工。我国是全球精细化工第一大生产和消费国，但产品档次落后于发达国家，我国精细化工率不足40%，发达国家超过50%，其中日本和德国更是超过60%。精细化工产品中，农药、涂料和染料等传统精细化工供大于求，未来的重点是：优化产品结构，提质增效；塑料助剂、表面活性剂和水处理剂等新兴专用精细化学品仍需加大投入，达到量与质同步提高；食品饲料添加剂、胶黏剂，以及橡胶加工、造纸、纺织印染等的助剂将向产品绿色化方向发展。

化工新材料。2019年，我国化工新材料自给率约60%。除聚氨酯材料及其关键原料和氟硅树脂已基本实现自给，其他化工新材料部分或大部分依赖进口。总体来看，我国化工新材料处于全球产业价值链的中低端水平，中高端产品比例相对较低，现有产品技术含量、附加值低，与发达国家相比差距较大。今后，随着人民生活水平的提高，我国化学新材料中的各个细分领域在数量上满足国内市场的同时，也要生产高端产品替代进口。自给率高的产品则是优化产品结构，提高产品档次。

电子化学品。中国电子化学品行业预计2026年市场规模达到4480亿元。2017—2021年，电子化学品行业平均年增长率达13%，远高于同期6%的工业增加值平均增速。我国在某些专业领域如集成电路部分配套材料、光电显示配套材料等，已经具有相当强的实力，但部分电子化学品的对外依存度超过70%。未来重点发展为集成电路、平板显示器、新能源电池、印制电路板四个领域配套的电子化学品；加快品种更替和质量升级，满足电子产品更新换代的需求；填补光刻胶及关键原材料、柔性显示用透明聚酰亚胺、5G用关键材料、富锂锰基正极材料等一批供应缺口较大的产品；发展一批前沿产品，如动力电池回收用高效萃取剂、高性能OLED显示材料、无镉量子点发光显示材料等。

我国是公认的化工大国，全球化工产值第一，预计2023年化工增长会占到全球增长的65%以上。未来，我国化工产业的发展方向，一是填补基础原料的供应不足，主要是提升烯烃、芳烃、乙二醇等的自给能力，沿海大型炼化一体化项目集中建设是主要实施途径；二是产业精细化和高端化，大力发展化工新材料和高端专用化学品，向更高端的电子化学品、精细化工品和新能源、新材料等方向延伸，弥补需求缺口，提升产业发展质量；三是传统产业转型升级，通过提高技术水平、节能降耗、优化产品结构等措施，提高产业竞争力。

2.3.2　冶金产业领域

冶金产业主要包括金属矿物的勘探、开采、精选、冶炼、轧制成材等相关行业，以及涉及金属的材料科技发展。我国习惯上将金属大体划分为黑色金属和有色金属。整个冶金行业的创新涉及基础理论、金属冶炼、原料添加、规模化生产、新应用，以及新产品开发、材料回收，等等。欧洲是冶金工业发展最早的地区，在冶金领域独树一帜。目前，欧盟冶金行业的生产总值占整个制造行业总产值的46%，是欧洲工业发展的重要部门。随着美国及亚洲冶金工业的快速发展，欧洲冶金受到极大冲击，为此，2012年，欧洲科学基金会（ESF）发布了《冶金欧洲——2012—2022复兴计划》科技报告，2014年ESF又启动了一项为期7年的"冶金欧洲"项目。2015年，为进一步落实"冶金欧洲"计划的后续行动,欧盟委员会发布了《欧洲冶金路线图:生产商与终端用户展望》报告,对促进欧洲在金属新材料及其制造技术等领域的研发具有重要意义。

中国冶金工业在世界舞台上占据重要地位,但总体来讲冶金技术还相对落后,高精尖的冶金技术仍掌握在欧美等发达国家手中。我国冶金未来的重点方向仍是以前端、中端及终端技术创新为主。如钢铁冶金领域主要技术发展方向包括:低碳炼铁技术;低碳、减排的非高炉炼铁技术(如熔融还原技术、直接还原技术、氢气直接还原技术、基于氢冶金的熔融还原直接炼钢技术以及二氧化碳分离、收集、储存、利用技术);炼钢技术中的高效脱硫铁水预处理技术、钢包底喷粉高效精炼新工艺、氧化物冶金技术制造大线能量焊接用钢;高品质特殊钢高效率、低成本特种冶金新流程,如三次精炼技术和新一代特钢洁净化、均质化精炼技术等。

2.3.3 传统能源领域

近年来,随着世界产业结构的变化和能源消费结构的变化,能源产业发生较大变化。从世界能源消费来看,在一次能源消费中煤炭和石油消费占比逐步下降,而天然气、风能、太阳能、核能等清洁能源消费占比不断提升。

煤炭。我国是全球第一大煤炭生产国和消费国,煤炭产能长期供大于求,随着新能源的发展和能量利用效率的提高,煤炭的需求增长趋于减缓。未来,煤炭行业主要任务是提质增效,实现装备现代化和智能化,全面提升安全保障能力;提高生产效率和矿井回采率,发展高精度煤炭洗选加工,实现煤炭深度提质和分质分级;加快矿山环境治理和生态恢复。

电力。火电,我国火电行业产能过剩已持续多年,核电、风电、太阳能等发展较快。未来,电力行业重点是围绕清洁低碳、安全高效作文章:一是在发电端,继续推进新能源发电与传统发电的有效结合,发挥各类电源优势;二是在仍以煤电为主的过渡阶段,推进煤炭的清洁高效利用,继续探索研究煤炭的清洁化利用方式；三是在消费端，在全球能源互联网的号召下，应更加注重利用互联网、区块链等新技术，与智能化、综合能源服务体系相互融合。

光伏。我国已经形成成熟的具有竞争力的光伏产业链，光伏制造业在国际上处于领先地位。中国光伏市场仍有巨大发展空间，未来的发展方向是不断开发先进技术，促使光伏电池效率持续提升，持续降低光伏发电成本。

风能。全球风电成本快速下降，目前已经接近于平价上网，中国风电装机增量领跑全球。随着新增装机向低速风区转移和海上风电崛起，风电机组更新速度加快和单机容量大型化趋势将更加明显，市场将进一步分化。未来行业是向智能风电、风电设备适用低速风区方向发展。

近年来，受国内外市场环境的变化和技术创新的影响，我国能源产业持续调整。全年能源消费总量 54.1 亿吨标准煤，同比增长 2.9%，煤炭消费量增长 4.3%，原油消费量下降 3.1%，天然气消费量下降 1.2%，电力消费量增长 3.6%；从消费结构来看，天然气、水电、核电、风电等清洁能源消费量占能源消费总量的 25.9%，上升 0.4 个百分点。

2.3.4 轻纺产业领域

目前，西方发达国家的纺织产业已从早期的劳动密集型产业转向资金、技术密集型产业。美国作为世界棉纺织最终产品的主要消费市场，近几年通过棉纺织产业调整升级，大量发展新型纺织技术，已使棉纺织品消费的供给能力大幅度上升，在北美自由贸易区内，逐渐形成了美国生产棉纱，墨西哥、加拿大织衣再回流美国的地区内循环，出现了效率提高、成本降低、进口依赖度减少的趋势。欧洲国家积极探索纺织技术新领域，颠覆传统的纺织技术。如德国纺织业将未来新型纺织品及材料的研究重点放在了产业用纺织品领域，积极推动电子纺织材料、医疗设备用纺织材料、高性能纤维复合材料、创新型复合材料、节能用纺织材料、"城市农场"用纺织材料等领域；法国在纺织科研投入与资助措施方面，以未来投资计划为主线，对法国卓越领域的科学技术与工业发展进行大规模的资金投入，支持创新发展。同时，欧洲国家鼓励相关纺织领域高校、研究机构在纺织领域积极研究创新（见表2-3）。

我国已具有世界上规模最大、产业链较为完善的纺织工业体系，从纺织原料生产开始（包括天然和化学纤维），纺织、织布、染整到服装及其他纺织品加工，形成了上下游衔接和配套生产，成为全球纺织品服装的第一生产国、出口国。近年来，我国棉纺织行业在纤维原料开发、加工技术创新、新产品研发等方面取得了显著进展。我国环锭纺高速化技术使国内细纱机接近国际先进水平；环锭纱品种品质提升技术（包括柔洁纺技术、扭妥纺技术、数码纺技术）。无梭织机高速化与节能降耗技术继续保持追赶者角色，其中国内浙江泰坦数码高速剑杆织机车速为 636 r/min，达到国内领先水平，但与国际领先水平还有差距；还有其他如智能化在线监测纺纱技术、计算机辅助设计技术、生产流程连续化与智能化技术、环保浆料及智能化上浆技术、绿色化与智能化染整技术等都在积极发展中。

可以看出，加快传统制造业创新发展，走出一条科技含量高、经济效益好、资源消耗低、环境污染少、人力资源优势得到充分发挥的高质量新型工业化路子，已成为国内外一项重大战略决策，是加速推进新型工业化进程的一项重要任务。

表 2-3　欧洲部分知名纺织研究机构及其主要研究领域

所属国家	院校 / 机构名	主要研究领域
德国	邓肯道夫纺织技术与工艺研究所（DITF）	高分子合成：聚酯和聚酰胺纤维的改性，如改善染色性能和机械性能，或者实现阻燃性；用于生产碳纤维的聚丙烯腈的合成；用于医疗领域的定制聚合物，尤其是可吸收聚合物等。 特种纤维和纱线：包括合成纤维和纤维素纤维，如阻燃、亲水、疏水、抗静电等功能性纤维，由碳和陶瓷制成的高性能纤维或聚芳族纤维，以及短纤纱技术。 纤网和结构性纺织品：各种纤网和结构性纺织品的生产，包括织造、针织、编织、膜技术等；医疗工程中的组织工程也是其掌握的技术之一。

续表

所属国家	院校/机构名	主要研究领域
德国	邓肯道夫纺织技术与工艺研究所（DITF）	各类纺织品的功能整合及新功能研发；对纤维、纱线或纺织产品进行不同工艺的处理，如传统的涂覆、印刷、染色或整理方法，以及纳米技术等创新方法；或在环保和节能方面优化传统的纺织品整理工艺，如电子束硬化、等离子体处理、UV固化的数字印刷工艺等，赋予纺织品所需的效果，如防水、阻燃、易于护理等。 智能纺织品：开发的纺织品除了满足传统标准，还具有感应、指示和驱动特性，并且对颜色变化等外部刺激作出反应。
	图林根纺织与塑料研究所	包括新型功能性纤维的制备，碳纤维的循环回收利用，以及对纤维增强复合材料的研究。
	萨克森纺织研究中心（STFI）	主要研究领域包括碳纤维轻量化复合材料以及非织造材料等，长期从事对碳纤维及其增强复合材料生产过程中所产生的多种废料循环再利用的研究，并将回收的碳纤维应用于非织造布加工；同时还开展用碳纤维与再生碳纤维形成共混网材的技术研发，以提高综合使用性能、耐变形性能和耐破裂强度等。
	亚琛工业大学（RWTH Aachen）	主要研究新型纺织机械与纺织加工技术，探索纺织技术在汽车、建筑与生活、健康、能源与环境、材料等领域的应用，例如高性能纤维、3D织物、复合材料和纺织品预制件、数字化智能制造相关纺织机械等。
	德累斯顿工业大学	纺织材料与结构的研究：包括功能集成纺织增强复合材料及其结构研究，用于复杂轻量化部件。其机械工程学院（ITM）下属的机械与成衣技术分支，重点研究如何快速开发全新的纺织机械技术，不断开展前沿研究，是欧洲纺织机械和高技术纺织品领域的领先研究机构之一。
瑞士	瑞士联邦材料测试与开发研究所（EMPA）	表面和界面技术，包括等离子体、纳米涂层技术、纤维表面改性等，其中的微纳米技术较为出色。
英国	利兹大学	目前主要有设计学院、色彩与纺织科学两个纺织相关学院。其中，色彩与纺织科学学院已有近140年的历史，专注于研究色彩与先进的染整工艺，研究领域非常广泛，包括颜料和染料化学、表面处理、涂料、油墨制剂、纺织染色、喷墨印花等。

续表

所属国家	院校/机构名	主要研究领域
英国	曼彻斯特大学	与纺织相关的主要研究领域为先进功能材料。其中，石墨烯材料最早就是由曼彻斯特大学的研究人员发现的，目前关于石墨烯在各领域的研究仍层出不穷。除此之外，还研究一些功能性聚合物材料，并通过静电纺丝、非织造等技术制备成形，应用于生物医用领域的防护用品等。
法国	鲁贝高等纺织工艺学院	纺织化学：通过表面化学、纳米技术以及纺织加工工艺等实现织物的功能性，例如舒适性以及防护性等；非织造布应用于防护、过滤、卫生等领域的研究；航空航天相关纺织复合材料的研究与应用。 纺织智能化：智能纺织品将纺织材料与信息载体结合，包括柔性显示器等可视化器件以及各种传感器测量器件，电子纺织品等；通过智能辅助系统来实现纺织服装的个性化定制。

资料来源：《世界纺织版图与产业发展新格局（一）欧洲篇》. 纺织导报

3　宁夏传统制造业发展状况

3.1　总体产业发展状况

2021 年，宁夏地区生产总值达到 4522.31 亿元，比 2012 年翻了一番，年均增长 7.16％。人均地区生产总值达到 62549 元（折合 9810 美元），比 2012 年增长 91.82％，年均增长 5.97％。创新驱动发展步伐不断加快，综合科技创新水平由全国第 22 位上升至第 18 位，进入全国二类创新地区，400 万吨煤间接液化成套技术及产业化项目荣获国家科学技术进步奖一等奖。制造业高质量发展迈出了坚实步伐，宁东基地成为西北第一个产值过千亿元的化工园区，银川经济技术开发区跻身国家级开发区百强。产业基础高级化水平明显提高，宁夏数据中心产业发展总指数位列全国第 9、西部首位，入选全国一体化大数据中心协同创新体系算力枢纽八大节点城市。产业结构加快优化升级，三次产业结构由 2004 年的 12.6∶44.7∶42.7 变为 2014 年的 8.8∶45.0∶46.2，再到 2021 年的 8.1∶44.7∶47.2，实现了产业结构从"二三一"向"三二一"的稳定转变，走出了一条具有地方特色的现代产业发展道路。

围绕宁夏九个重点产业和特色优势产业，持续推动建链延链补链壮链，新型工业聚力转型，逐步形成了一批特色优势产业链和集群，现代煤化工、装备制造、新能源、新材料、电子信息、轻工纺织等特色优势产业初步形成规模，新兴产业占比不断提高，规模以上工业高技术制造业增加值增长

22.5%。工业呈现出新兴产业加速布局、传统产业绿色转型、重点行业特色鲜明的发展态势。农业以葡萄酒、牛奶、枸杞产业为先导，积极壮大肉牛、滩羊、冷凉蔬菜产业，特色优势农业占农业总产值的比重达到88%。现代服务业不断提档升级，服务业增加值占地区生产总值的比重超过50%。工业和服务业双轮支撑格局基本形成。

园区集聚发展呈现新局面。开发区优化改革实质性全面推进，宁夏出台了《关于印发宁夏回族自治区开发区总体发展"十四五"规划》，33个开发区整合为22个，一批特色产业园区加速崛起，实施基础设施建设及低成本化改造项目近150个，开发区承载力和吸引力不断提高，启动建设一批高水平特色产业园。银川经济技术开发区实施"双轮驱动"，打造轴承小镇、智能终端双百亿产业园；石嘴山市创新产业链培育机制，推动建设智能制造、锂电池、长链聚酰胺等产业园；中卫市围绕中化锂电池、瑞泰科技等，推动建设循环经济产业园；吴忠市以装备制造产业为重点，打造中国自动化、配套产业和绿色精密铸锻三大产业园。

3.2　传统制造业发展状况

目前，宁夏初步形成了以煤炭、电力为基础产业，以石化、冶金、机械、轻纺、建材、医药为支柱行业的工业结构，呈现出传统产业、特色产业和高新技术产业共同发展的格局，其中，传统制造业在宁夏工业中的主导地位日益强化，贡献突出，促进了国民经济的持续快速发展。长期以来，宁夏化学原料及化学制品制造业、黑色金属冶炼及压延加工业、有色金属冶炼及压延加工业、电力热力的生产和供应业等传统行业产值占宁夏工业总产值的比重均在50%以上，是宁夏的支柱产业。同时煤化工、煤电、双氰胺、硅锰合金等仍是国内外具有较强竞争力的板块，既是实现"六稳"的重要领域，还是培育新动能的主要来源，比如新材料、新能源等很多战略性新兴产业，都来自传统制造业的转型升级。

3.2.1 化工工业领域

宁夏已形成了以现代煤化工、石油化工、电石化工、精细化工为主导的产业结构，涉及产品100多个（种），化工行业既是宁夏工业的主导产业之一，也是宁夏重点打造的"六新"产业（现代化工）之一。目前，化工行业有以下几方面特点。

一是产业规模不断扩大。化工行业关联度高、带动性强，是宁夏工业经济的支柱产业之一，截至2021年年底，全区有规模以上化工企业253户；工业增加值占规上工业的比重为30.6%；营业收入1625亿元，同比增长49.4%；实现利润197.6亿元，同比增长194.9%。产业规模占工业比重逐年提高，行业产值过100亿元的企业有3家，产值过50亿元的企业有6家，产值过10亿元的企业有29家。

二是产业布局日趋完善。全区石油和化学工业整体呈现集聚发展态势，形成了以宁东能源化工基地为核心的现代煤化工生产中心，以中卫工业园为主的化工中间体及农药精细化工生产集聚区，以石嘴山生态经济区、石嘴山经济技术开发区为主的电石深加工、氰胺等特色生产聚集区，基本形成了区域联动、资源共享、优势互补、协调发展的格局。

三是细分产业提质增链。其一，煤化工快速发展。煤化工已经发展成为宁夏化工行业的支柱产业，产值占化工行业的比重达到48%。国能宁煤煤制油及副产品深加工项目实现了长周期运行；宝丰集团煤制烯烃生产能力逐步扩大，并积极在多牌号、高性能产品方面探索和实践；中石化长城能化积极探索与现代纺织业协同发展；晓星、泰和、万华等头部企业相继落地宁夏，产业规模不断扩大，百万吨级"中国氨纶谷"加速推进。宁东基地被国家列为4个现代煤化工产业示范区之一，已成为全国重要的煤制油和煤基烯烃生产基地，是西北首个过千亿元园区，跻身中国化工园区30强前10位，实现了从传统煤化工到现代煤化工的转变。其二，石油化工行业平稳发展。石油化工是宁夏化工行业的重要支撑，产值占化工行业的比重达到30%。中石油宁夏石化单套生产能力国内最大、首套自主知识产权的"45/80"大化肥项目建成投产，打破了国外企业在大化肥行业的技术垄断，成为我国化肥工业的一个重要里程碑。大地化工所辖神州轮胎已建成240万条轮胎生产线及炭黑、钢帘线配套装置，并在高性能航空子午线轮胎领域进行积极探索，军用航空轮胎研制和生产已获得国家武器装备科研生产单位二级保密资质认证。其三，电石产业优势巩固。电石产业是宁夏传统特色和优势产业，产值占化工行业的比重达到17%。电石本地利用率达70%，氰胺产业处于国内龙头地位，产量分别占国际、国内市场的85%、90%以上，"氰胺之都"优势明显，并积极向下游盐酸胍及硝基胍等胍盐类产品、肌酸、盐酸二甲双胍、饲料蛋白等高附加值产品延伸；日盛集团主要产品ADC发泡剂、水合肼产量占全国的比重分别为80%、70%以上，具备了市场话语权和定价权。其四，精细化工取得突破。宁夏精细化工产业规模逐步扩大，产值占化工行业的比重达到5%，一大批新项目落地宁夏，石嘴山、宁东、中卫等地精细化工产业逐步集聚。食用香料、偶联类医药中间体、高品质有机颜料等电子化学品项目陆续达产达效，促进了上下游产业接续发展，提升了产品附加值，将推动宁夏化工行业延链、补链、融链、强链。

四是创新动能不断增强。其一，高附加值产品不断涌现。国能宁煤集团研发的氢调法高流动性聚丙烯系列产品，可用于制作薄壁及复杂件的注塑加工，处于国内领先水平；宝丰集团在积极研发多牌号烯烃，拓宽产品市场的同时，转产用于医用无纺布制造的高熔指纤维聚丙烯S2040产品；中星显示材料、沃凯珑新材料、恒力生物新材料等企业的新材料项目相继投产，填补了宁夏空白；在宁夏生产的聚甲醛、氰胺系列产品、ADC发泡剂、水合肼、蛋氨酸等产品市场占有率高，在国内市场有较高主导权和定价权。其二，新工艺新技术取得突破。煤制油为全球单套规模最大的煤炭间接液化项目，多项技术达到世界领先水平、国内首创，旋流干煤粉气化炉（神宁炉）获中国专利金奖，煤间接液化技术与重大装备开发及应用项目获得中国石化联合会科技进步奖特等奖；国能宁煤百万吨级烯烃（煤化工副产品深加工综合利用）智能制造项目被工信部评为智能制造新模式示范应用项目。双加压法制硝酸、多喷嘴对置式水煤浆气化等高新技术已得到应用，并处于国内领先水平。其三，传统产业加快改造升级。电石行业装备大型化、自动化、密闭化程度全国领先。大地集团的电石炉尾气制合成氨、电石渣制水泥等技术成功应用，已形成较完整的循环经济模式；金昱元固原盐化工项目，采用国内外先进工艺、技术和装备，成功突破传统氯碱行业的粗放发展模式，实现了自动化、低能耗、循环经济、绿色制造的发展；新生焦化、阳光焦化等焦炭企业积极组织实施干熄焦工艺改造，绿色生产能力进一步提高。其四，关键技术逐步取得突破。宁夏瑞泰科技股份有限公司尼龙66已于2022年5月建成投产，关键中间体1,6-己二胺国产化成功打破国外企业技术垄断，有力推动我国尼龙66及相关产业的发展；工业回收盐资源化综合利用产业化和连续流反应器实现硝化反应与结晶、盐酸二甲双胍原料药合成、一步法电子级双氰胺等技术的攻关，将有力推动宁夏化工行业延链、强链。

五是产业后发优势明显。其一，产业基础优势明显。主导产业门类比较齐全，100多种化工产品为产业链延伸提供可靠原料保障。形成了现代煤化工—精细化工—化工新材料、电石—氰胺—中间体—医药农药产品等一批特色优势产业链，具备向高端化、专用化、精细化方向发展的基础。宁东百万吨级"中国氨纶谷"、石嘴山"氰胺之都"加速建设，宁东基地国家级现代煤化工产业示范区是全国最大的煤制烯烃生产基地之一，产业集聚和招商引资示范效应显著。其二，资源条件优势明显。宁夏电力资源丰富，人均电力装机容量和人均发电量均居全国首位，大工业电价低于东部化工发达省区。太阳能、风能资源丰富，国家新能源综合示范区建设为绿能开发、绿氢生产、绿色发展创造了良好的政策环境，引导产业绿色低碳发展。宁夏地处能源化工"金三角"，西气东输、西油东送、长庆输油管道都从境内通过，为现代化工产业高质量发展提供了丰富的能源资源保障。

3.2.2　冶金工业领域

宁夏以冶金、有色等为主的载能原材料产业是宁夏的传统支柱产业，也是宁夏重点打造"六新"产业中新型材料产业的重要组成部分，目前，冶金工业有以下几方面特点。

一是经济中的主导地位突出。"十三五"时期，宁夏冶金工业在经济中的主导地位突出，活性炭、电解锰、金属镁、碳化硅和铁合金等产量稳居国内第一梯队。宁夏钢铁、铁合金、锰、碳素、碳化硅、活性炭产能分别为600万吨、450万吨、80万吨、100万吨、45万吨和30万吨。其中，煤质活性炭、电解锰、碳化硅和铁合金产能分别占全国产能的50%、40%、20%和10%，宁夏已成为全国重要的碳基材料生产研发基地和冶金炉料生产基地、世界最大的金属锰生产基地。2021年，冶金行业规上工业企业有160家，工业增加值增速19.6%，占全部规模以上工业增加值的比重为4.5%。有色金属工业主要由电解铝、金属镁、钽铌铍稀有金属组成：电解铝产能130万吨，占全国产能的2.8%；钽铌铍等稀有金属产能250吨，稳居世界第一；钽丝、钽粉全球市场占有率分别达到60%和25%，成为国内重要的铝镁合金生产基地、全球重要的钽铌铍稀有金属研发生产基地。

二是技术和装备水平不断提升。宁夏冶金和有色工业装备大型化、密闭化、节能化、自动化水平不断提高，一批先进成熟的节能技术得到推广应用，主要产品单耗处于全国领先位置。铁合金行业建成了国内单台容量最大的63000 kVA矿热炉，25500 kVA及以上矿热炉占全部炉型的78%，微机控制及自动加料系统得到普遍应用，余热余压综合利用、低压无功补偿等节能技术全面推广，铁合金生产技术水平在国内领先。电解铝行业在全国率先建成单体最大的400 kA铝电解槽，青铜峡铝业、锦宁铝业对铝电解槽进行全面升级改造，吨铝交流电耗下降约300 kWh。电解锰行业开发应用了多管式移动床还原炉焙烧技术，解决了进口锰矿石除铁技术瓶颈。碳化硅行业建成了全国单体最大的40000 kVA冶炼炉，平罗滨河碳化硅公司成为世界最大碳化硅企业。

宁夏天元锰业集团有限公司已形成以冶金、化工、新材料、建材、物流配送为一体的循环经济产业链，是世界最大的电解金属锰生产企业，电解金属锰产能80万吨，占全球的40%。中色东方突破了高比容钽粉及细直径钽丝生产技术，填补了国内空白，自主开发的超导铌腔加速梯度达到世界先进水平。

三是产业链和产品链延伸取得进展。钢铁行业围绕纵向延伸、横向耦合，建成一批"增链补链"项目，由单一的炼铁—钢坯、炼钢—轧材生产线发展为选矿—炼铁—炼钢—轧材全产业链，实现了连铸连轧。宁夏钢铁集团60万吨高速线材顺利投产，实现向炼铁—炼钢—轧材—钢筋成型加工的转变，开展了特种钢铁制品的研制和HRB600强度级别钢材的开发，同时还开展了钢筋混凝土用耐蚀钢筋的研发，恒力钢丝绳股份有限公司开发的具有自主知识产权的高附加值军用特种钢丝绳系列产品填补了国内空白。铁合金企业研发生产了高纯硅铁、低钛微铝硅铁、高纯铬铁、高纯锰铁、高硅微碳锰、高硅硅锰、氮化硅铁、氮化锰铁、氮化钒铁、稀土合金、硅钙合金、硅钡铝合金等特殊质量微合金钢炉料产品，形成了"一主多元"、多轮驱动的发展路径。金属锰行业形成以石膏制酸—电解锰—锰渣综合利用为主的循环经济产业链，开展钢坯洁净度工艺优化和锰粉矿球团造块工艺的研发。随着30万吨铝加工、40万吨铝板带箔等项目建成，铝资源就地转化率提高到40%，构建起"煤—电—铝—铝合金—铝板带箔—铝型材—零部件"产业链模式，同时，自治区开展了高品质原铝液及合金生产关键技术研究，形成了具备批量生产Al99.85以上品级原铝液和专用A356.2合金生产等生产能力。金属镁行业"白云岩—兰炭—铁合金—金属镁—镁合金—镁合金压铸"产业链不断延伸，镁合金深加工技术取得新突破。

3.2.3　传统能源领域

"十三五"时期，煤炭领域，宁夏国有重点煤矿采煤机械化和掘进机械化程度分别达到98%和92%，处于全国先进水平。累计建成选煤厂18个，洗选能力（1.1亿吨/年），全区原煤入选率达到90%，高于全国平均水平20

个百分点。电力领域，全区大型空冷火电机组装机容量 1454 万 kW，特别是华电灵武电厂二期是世界首套 100 万 kW 超超临界空冷机组；新能源装机容量占比排名全国第 3 位，2012 年被列为全国首个新能源综合示范区。宁东基地作为我国 14 个大型煤炭基地之一，已经具备了较好的智能化煤矿生产能力，宁煤集团金凤煤矿、双马煤矿等一批矿井的智能化程度已经达到一定水平，具备了进行国家级智能化煤矿的建设条件；宁夏天地奔牛、西北煤机、西北骏马电机等大型煤机制造企业已在煤炭及矿山运输装备领域中具有较强的竞争力。宁东大型煤化工基地的煤炭产品、电力及煤化工转化产品已初具规模，为进一步实现煤炭安全、高效、智能、绿色开发及低碳清洁利用奠定了基础。开展宁东大型煤炭基地智能化顶层设计，编制煤矿智能化发展规划，积极建设国家级智能化示范煤矿，全面推进宁夏煤矿智能化发展。

3.2.4 轻工纺织工业领域

轻工纺织产业是重要民生产业和宁夏传统产业，既是全区建设黄河流域生态保护和高质量发展先行区的重要支撑产业，也是宁夏重点打造的"六新"产业之一，目前，轻纺工业有以下几方面特点。

一是产业实力规模不断增强。按照国民经济行业分类，包括食品制造、农副产品加工、酒饮料制造、医药制造、纺织、皮革、家具、造纸、印刷、文教工美等 20 多个行业。在自治区工业统计口径中，分属十大行业中的轻纺和医药行业。2021 年，宁夏轻工纺织产业规模以上企业达到 321 家，完成产值近 600 亿元，占全部规上工业的 9.2%，同比增长 17%。

二是食品、医药、纺织行业优势明显。其一，食品行业依托宁夏独特的农副产品资源，形成了金积工业园、贺兰工业园等 13 个绿色食品加工集聚区，以乳制品、枸杞制品、葡萄酒为主，粮油加工、饮料、脱水蔬菜、焙烤食品、调味品等为辅的多元化发展态势。品牌影响不断增强，贺兰山东麓葡萄酒、中宁枸杞、盐池滩羊品牌价值分别达到 300 亿元、190.32 亿元、88.17 亿元。2021 年，164 家食品规上企业完成产值 390 亿元，占轻工纺织产业总产值的 65%。其二，医药行业加快特色发展，宁夏已形成以化学药品原料药（含生物发酵）、化学药品制剂、中药饮片加工和中成药生产为主的产业体系，共有 368 个品种获国家药品批准文号。原料药特色优势更加凸显，泰乐菌素全球市场占有率第一，盐酸四环素属全球独家品种，VC 原料药跻身世界六大主要供应地，L– 苯丙氨酸、美伐他汀、洛伐他汀及霉酚酸等生产技术和产能均处于全球领先地位。中药材产地优势显著，宁夏独特的地理环境和气候条件，造就了同心银柴胡、隆德黄芪、秦艽，中宁枸杞等 "国家地理标志产品"，建成隆德县、彭阳县、原州区、同心县、红寺堡区、盐池县、平罗县等 7 个中药材产业示范基地。2021 年，26 家规上企业完成产值 60.5 亿元，占轻工纺织产业总产值的 10%。其三，纺织行业加快转型发展，形成以贺兰工业园、金积工业园为中心的棉纺集群和以灵武现代纺织产业园、同心工业园为中心的羊绒加工集群；以宁东能源化工基地为依托的氨纶、芳纶等化纤新材料生产基地。目前，宁夏产业集聚初步形成，棉纺、毛纺、麻纺、化纤"四纺"齐全，特别是羊绒加工拥有完整产业链，可有效支撑纺织业协同融合发展。2021 年，55 家规上企业完成产值 86.9 亿元，占轻工纺织产业总产值的 14.5%。

三是轻工其他行业稳健发展。得益于全区近年来食品等行业的快速发展，带动包装业、印刷业、塑料制品业、毛皮制品业等发展稳中有进，新建了一批延链补链项目，实施了一批信息化、智能化和工艺技术改造，规模以上企业数量有所增加，龙头企业实力不断增强。2021 年，76 家规上企业完成产值 62 亿元，占轻工纺织产业总产值的 10.3%。

3.3 传统制造业主要问题

3.3.1 化工产业领域

一是上游和大宗原料产品占比较高，向精深加工延伸不足。宁夏传统能源化工企业主要集中在上游和大宗初级产品领域，而相应的下游精深加工和高附加值产品占比较小，目前，精细化工产业产值仅占化工产业产值的5%左右。由于产业链条短，产业协同能力不足，产业链群效应未能充分发挥，产业附加值较低且抗风险能力较弱，容易受到宏观经济和大宗商品市场周期性波动的影响。多数企业依赖规模数量扩张型发展模式，总体技术创新不强。化工行业有R&D活动的企业数量占有R&D活动规上企业数量的10%，低于化工企业数量占规上企业数量比重3个百分点。仅有企业技术中心4个、重点实验室1个、工程实验室2个，氰胺、氯碱、轮胎等行业均没有国家或自治区级研发平台。

二是现代煤化工产业发展层次较低，同质化竞争风险加大。宁东基地现有产业结构以煤炭、电力和煤化工为主，占全部工业经济的比重达93.4%，尤其是煤化工产业以基础化工产品为主，产业链较短，产品附加值低，质量和效益不高，市场竞争力不强，急需加快转变经济发展方式，加快产业转型升级，加快新旧动能转换，推动经济发展实现量的合理增长和质的稳步提升。煤制油项目属于国家战略技术储备类示范项目，短期内难以实现自主盈利，进一步扩张产能的潜力不大。煤制烯烃等煤制化学品则面临来自同业和全球能源化工大市场的激烈竞争，近期全国很多产煤地区规划了大量煤制烯烃等拟在建项目，潜在产能过剩风险正在增大。如陕西榆林市，规划布局了煤制油年产能约1000万吨、煤制气120亿立方米、煤制烯烃695万吨、煤制乙二醇440万吨、煤制芳烃200万吨，总投资高达6000亿元。（见表3-1，表3-2）此外，与石油和甲烷制烯烃产品相比，煤化工技术路线的投资成本仍然偏高，产品质量认可度较低。未来，随着国内外油气产能可能集中投放，将给煤化工相关产品市场带来较大的不确定性。

表 3-1 我国已建成的煤制油项目（截至 2020 年）

项目	产能 /（万吨 / 年）	地点
国家能源集团宁煤宁东间接煤制油	400	宁夏宁东
神华鄂尔多斯直接煤制油	108	内蒙古鄂尔多斯
潞安山西长治间接煤制油	180	山西长治
兖矿榆林间接煤制油	100	陕西榆林
神华鄂尔多斯间接煤制油	18	内蒙古鄂尔多斯
伊泰鄂尔多斯间接煤制油	16	内蒙古鄂尔多斯
合计	822	

数据来源：宁夏发展改革委资料

表 3-2 我国已建成的煤制烯烃项目（截至 2021 年）

公司名称	配套甲醛 / 万吨	烯烃产能 / 万吨	装置类型
宁夏神华宁煤	252	100	MTP
神华包头煤制油	180	60	DMTO
中原石化		20	SMTO
大唐多伦煤化工	168	46	MTP
宁波富德		60	DMTO
南京诚志	50	90	MTO/OCP
陕西延长中煤榆林	180	60	DMTO
中煤陕西榆林能化	200	60	MTO
宁夏宝丰	400	120	MTO
山东联泓化工	92	36	MTO
陕西蒲城清洁能源	180	70	DMTO
沈阳化工		10	MTP
浙江兴兴		69	MTO
山东阳煤恒通	25	30	MTO
神华榆林	180	60	DMTO
中煤蒙大	100	60	DMTO
神华新疆	180	68	SHMTO
中天合创	180	137	MTO
青海盐湖	100	33	DMTO
常州富德		33	DMTO
江苏斯尔邦		80	DMTO

续表

公司名称	配套甲醛 / 万吨	烯烃产能 / 万吨	装置类型
陕西延安能化	180	60	DMTO
久泰能源	100	60	UOP
中安联合	170	70	SMTO
山东鲁西	80	30	MTO
吉林康奈尔		30	MTO
延长中煤——二期	180	60	DMTO
新疆恒友		20	MTP
天津渤化		60	MTO
合计		1692	

数据来源：宁夏发展改革委资料

　　三是水和煤炭资源供给压力加大，资源环境约束趋紧。能源化工产业属于高耗水行业，尤其是煤制油、煤制烯烃等现代煤化工项目对水资源依赖程度很高，而宁夏属于严重缺水地区，年降水量远远低于年蒸发量，高度依赖黄河供水，用水指标受到严格限制，水资源供需矛盾不断加大。随着煤制油等大项目的投产，全区煤炭需求量不断增大，经过长期开采，区内 70% 探明煤炭资源已被生产和在建煤矿占用，查明资源呈下降态势，后备资源严重不足。同时，煤炭开采条件趋于复杂，开采难度不断加大，由此导致宁夏煤炭资源缺口逐年扩大。能源化工产业是重要的碳排放、废水、废气排放源，煤化工企业仍然很难做到实际意义的废水"零排放"，而且现代煤化工企业共同面临着高浓度盐水浓缩、盐处理处置等方面突出的共性问题，尽管技术工艺改进和管理水平提升推动排放强度不断降低，但随着产业规模不断扩大，排放总量仍然会给区域环境承载力带来日益严峻的挑战（见表 3-3）。宁东基地产业集中度高，煤炭消费、能源消耗刚性需求大，虽然执行比国家更严的减排措施，但区域空间有限、环境容量不足，承载能力较弱，生态环保和节能降耗的压力大、任务重，必须在发展中保护、在保护中发展，需要推动宁东与马家滩、太阳山等地区一体化发展，不断拓展发展空间，实现长远可持续发展。

表 3-3　典型现代煤化工每吨产品耗水、耗煤及污染排放强度

指标	煤炭间接液化	煤制烯烃	煤制乙二醇
耗水 / 吨	6~7	22~28	25
煤耗 / 吨标煤	3~5	4~5	2~3
二氧化碳排放 / 吨	6~7	10~11	5~6
二氧化硫排放 / 千克	0.78	0.47	1.16
氮氧化物 / 千克	0.73	0.39	1.07

数据来源：宁夏发展改革委、宁东管委会资料

四是宁东基地法律主体地位不明确，体制机制有待优化。宁东基地党工委、管委会承担着市、县两级党委、政府和厅局职能，法律主体地位不明确，部分职能缺失或分散在属地管理，现有机构编制及人员配置与承担的职能不相匹配，处于"小马拉大车"运行态势。这些都与建设现代化治理体系和治理能力、黄河流域生态保护和高质量发展、打造宁夏高质量发展排头兵新要求不相适应，亟需从更高层面、更宽领域加强顶层设计，以更大的力度、更实的举措推进体制机制创新、完善职能职责，提升管理服务水平。

3.3.2　冶金工业领域

一是多数企业规模偏小，行业抗风险能力弱。除稀有金属、金属锰外，其他行业大多产能分散，缺乏在全国具备明显竞争优势的行业领军企业，群体规模的优势和单体生产能力小的劣势存在巨大反差。全区 4 家钢铁企业总产能仅占全国产能的 0.5%，80 家铁合金企业中，有 50% 产能维持在 5 万吨左右，年产值 10 亿元以上的企业只有 9 家；9 家碳化硅企业中，多数产能在 2 万吨左右，市场开拓能力有限；40 多家活性炭企业中，多数产能在 1 万吨以下。由于冶金和有色企业生产大起大落，产品价格暴涨暴跌，生产经营面临较大风险，钢铁、铁合金、金属镁企业一度处于限产、停产状态，甚至出现整体亏损。尤其是随着国家对高载能行业，特别是冶金和有色工业的政策约束不断加强，金融信贷、环保压力不断加大，行业发展面临的政策风险更加突出。

二是产品结构层次较低，关联产业支撑不足。产品结构以中低端为主，高附加值产品开发不足，缺乏市场竞争力，总体上呈现低端产品过剩、中高端产品供给不足的问题。金属材料生产企业以建筑用棒线材产品为主，没有高品质不锈钢、特种钢材等中高端产品；铝镁合金材料仅有国电投青铜峡新材料、铭岛铝业、维尔铸造、今飞轮毂等少数企业研发生产铝合金板带材、铸锻件及轮毂等终端产品；碳基材料高端产品仍处于产业化初始阶段。虽然冶金和有色金属原材料加工已经形成一定规模，但大部分行业尚未形成完整的产业链条，下游产业的配套支撑和带动能力不足。这主要是因为宁夏加工制造业相对落后，本地原材料企业远离下游消费市场，没有规模化的配套深加工产业链，冶金原材料本地转化消纳能力不足，区外销售比例较高，给产品市场竞争力和企业稳定运行带来较大影响。如铁合金产品90%以上外销，电解铝就地加工转化率仅为50%，低于青海的80%和甘肃的60%。

三是自主创新能力不足，持续发展能力待增强。一方面，宁夏冶金和有色工业虽有中色（宁夏）东方、天元锰业等创新能力较强的龙头企业，但创新资源整合不够，研发投入费用严重不足。全区规模以上冶金企业R&D经费支出占工业增加值的比重不到全国平均水平的60%，全行业高新技术企业只有5家，企业长期依赖设备带技术的引进方式，缺乏对引进技术的消化能力和工程化、成套化的开发能力。特别是在两化融合方面，把信息技术融合在产业层次、企业层次、技术层次、产品层次等方面的企业数量有限，大量中小企业对信息化建设及两化融合缺乏系统规划和认识，在依靠信息化促进产业转型升级、提升工业创新能力方面还存在很大差距。另一方面，高层次创新型领军人才、高技术专业人才稀缺，产业技术熟练工人比例偏低，科技人才队伍建设相对滞后。

3.3.3　传统能源领域

一是电力工业运行矛盾突出。宁夏电力装机增速较快，新能源装机占比加大，全社会用电量增速放缓，火电机组平均利用小时逐年下降，由2014

年 6141 小时下降到 2018 年 4850 小时，2021 年为 4831 小时。加之煤价高位运行，上网电价较低，火电企业经营困难，全面亏损。

二是电力市场机制还不完善。因西北区域电力市场尚未建立，区内现货交易机制处于探索阶段，调峰调频问题仍制约着宁夏电力市场进一步放开，进入市场的电量仅占需求量的 45% 左右，难以形成竞争充分、供需平衡的电力市场。

三是电价关系尚未理顺。受区内电煤供应缺口加大，以及市场煤、计划电的体制制约，市场化定价机制尚未形成，电价难以及时合理反映发、用电成本和市场供求关系。输配电价改革后，宁夏目录电度电价没有变化，基本电价略有下降，与周边内蒙古、陕西、甘肃、新疆、青海相比，基本电价仍处于最高水平，宁夏企业用电成本与周边省区比较不具备优势。

四是自备机组负荷与公网负荷矛盾突出。自备机组越多，大容量公网机组的作用发挥不出来，公网负载率将越低，同时拉高了公网输配电价，形成了用电企业间不公平竞争。

3.3.4 轻工纺织产业领域

一是产业基础相对薄弱。龙头企业数量少，综合实力弱，带动力、影响力不强。全区产值过亿元企业不足 100 户，过 10 亿元不足 10 户，纳入自治区 60 户工业重点龙头企业名单的仅有 8 户，绝大多数为中小企业。拥有自主知识产权的企业和高新技术企业数量较少，科技研发能力不强、投入偏低，在全国叫得响、有影响力的企业和品牌屈指可数。轻工其他行业企业普遍规模偏小，以配套重点行业为主，发展空间有限。

二是产品附加值偏低。产业链链条普遍较短，60% 以上的食品和 80% 以上的纺织企业集中于产业链前端以及附加值较低的初加工环节，同质化竞争明显，且生产工艺技术简单、科技含量不高，深加工、高附加值和创新产品不多，企业营业收入、增加值和利润规模普遍不高。全区枸杞深加工率不到鲜果产量的 30%，90% 以上羊绒企业仅能生产无毛绒，棉纺产品 70% 为纱线。加之企业营销能力不强、品牌运作意识不够，导致好东西卖不上好价钱。

三是产业协同发展不足。棉纺产业因印染污染大难以满足环保要求，产业链到坯布环节便戛然而止，无法进一步与服装服饰业协同发展。围绕食品行业的一二三产交融互动不紧密、不深入，原料资源总量有限，种植、养殖标准化程度不高，基于绿色食品的旅游、健康养生等产业尚处于起步阶段。

四是节能降耗压力较大。受总量不大、规模有限、管理水平不高等因素的制约，产业整体能耗、水耗和碳排放水平均较全区和全国平均水平略高，在"能耗双控"和"双碳"目标背景下，推进行业节能降碳、绿色发展的任务也很紧迫。

3.4 传统产业面临的突出矛盾

3.4.1 资源支撑能力逐步减弱

宁夏产业发展建立在资源开发加工基础之上，但随着煤电、煤化工等产业的快速发展，宁夏资源要素制约持续趋紧，一些传统的产煤地区煤炭产量逐年下降，不得不转向区外购买煤炭以支撑相关产业发展。2021 年，宁夏煤炭缺口 6300 万吨，煤炭自给率仅为 57.9%。如何解决好煤炭资源供给不足的瓶颈，是宁夏实现新旧动能转换和经济可持续发展的重大战略问题，事关全区经济社会发展大局。同时，以土地、水资源要素数量投入为主的成本竞争型发展模式已难以为继，2021 年宁夏单位建设用地 GDP 产出为 4.46 万元/亩，远低于全国总体水平（8.14 万元/亩）；万元 GDP 取水量为 150.59 立方米，远高于同期全国总体水平（51.76 立方米）；规模以上工业企业每百元资产实现的营业收入为 54.39 元，远低于全国同期的 89.63 元，亟待提高生产要素质量内涵式发展。

3.4.2 环境顶板约束明显加强

产业发展消耗资源，需要环境容量。以煤炭资源为基础的经济增长方式导致资源供给和生态环境压力较大，宁夏环境容量不容乐观、污染整治压力较大。2021 年，宁夏规模以上企业主营业务收入轻重工业比为 9.7：90.3；全区能源消费总量 8048 万吨标准煤，煤炭占比约 80%，六大高耗能行业能耗占全区总能耗的 82%；全区单位 GDP 能耗 1.91 吨标准煤 / 万元（GDP 为 2020 年不变价格），为全国平均水平（0.46 标准煤 / 万元）的 4 倍。固废产生量快速增长，一般工业固废综合利用率仅 42%，远低于全国平均水平。同时，2016—2021 年，全区单位能耗工业增加值产出（万元 / 吨）水平与全国和沿黄六省区对比（青海、陕西、山西、甘肃、内蒙古、河南），始终处于末位。由于产业结构具有明显的路径依赖性，煤炭、电力、热力等能源生产行业以及冶金、电石化工、碳基材料等高载能行业长期占据主导地位，一些领域的环境污染仍然有加剧的可能，且通过末端治理的方式持续减排已经很难实现。特别是随着宁东能源化工基地、银川经济技术开发区等工业园区开发建设，以及银川都市圈加速推进，能源消费仍将保持一定增长，经济增长与能耗总量控制的矛盾十分突出。

3.4.3 链群关联效应未能发挥

在产业体系建设上，产业发展集中于原料及原材料的生产与初级加工，技术和产业优势集中在某个行业领域、某个产品环节甚至某个企业上，未能形成多领域、系列化、链群化发展格局，在更多领域更大范围上的带动引领作用难以发挥。在主导产业选择上，多数地区和产业园区都以能源电力、煤炭化工、冶金有色、高端装备、新材料作为主导产业，产业资源性特征明显，以基础材料或中间产品为主，长期处在产业链前端和价值链中低端，新兴信息技术产业发展滞后，战略性新兴产业占比不到 15%，远低于全国平均水平，高技术产业增加值占 5.9%，较全国平均水平低近 10 个百分点；产业链

"链主"企业规模较小,"孤岛效应"比较突出,链条一体化发展存在严重短板和明显缺口,链群协作和集聚效应未能充分发挥,无法形成主导产业和特色品牌竞争优势。园区集群化发展布局分散,主导产业和产品结构高度雷同。工业用地综合容积率为0.46,低于国家0.6的最低标准,亩均投资强度、产出强度、税收强度分别只有全国平均水平的36.73%、11.73%和8.9%。

3.4.4 创新驱动人才队伍亟待增强

创新能力不强是宁夏产业内生动力不足、质量效率不高的主要根源。2021年,自治区科技投入强度及规模以上工业研发经费投入强度分别为1.56%、0.78%,与全国2.44%、1.33%的平均水平仍存在较大差距;规模以上工业企业有研发活动的占比仅为30.2%,相当一部分制造企业无研发投入,不引进转化高价值科技成果。创新的关键是人才,宁夏高校和科研院所数量少,产业经济领域特别是行业高水平领军人才、高技能人才稀缺,再加上对创新资源的整合不够,引入并留住创新人才的体制机制还不完善,制约了行业自主创新能力提升。

3.4.5 开放合作潜力有待释放

一是开放合作平台作用发挥不够。在深入推进内陆开放型经济试验区建设,提升中国—阿拉伯国家博览会、中国(宁夏)国际葡萄酒文化旅游博览会等国家级平台影响力,推进国家葡萄及葡萄酒产业开放发展综合试验区建设方面载体支撑不够有力,支撑优势潜力有待释放,特别是充分发挥中阿博览会桥梁纽带作用,全面提升博览会在高质量共建"一带一路"中的平台集聚和要素配置功能。发挥黄河流域生态保护和高质量发展先行区和内陆开放型经济试验区政策优势,推动投资便利化,营造高水平对外开放新环境体制机制还需完善。

二是外贸依存度明显偏低。宁夏外商投资企业投资额占地区生产总值的比重不低,2021年宁夏外商投资企业投资总额为280亿美元,为39.94%,

在 31 个省区中处在第 15 位，在西部省区中排名第 2，但是外贸依存度明显偏低，进出口总额地区生产总值占比仅有 9.88%，在 31 个省区中处在第 28 位，比 2017 年下降了 8 位。2021 年，宁夏进出口总额占地区生产总值比重为 4.73%，比 2020 年下降了 5.15%。

三是实际使用外资水平偏低。2021 年，宁夏实际使用外商投资额为 29291 万美元，仅占 GDP 的 0.42%，分别比陕西省（2.22%）、河南省（2.31%）、山东省（1.67%）和山西省（0.65%）低 1.80%、1.89%、1.25% 和 0.23%。同时，由于宁夏出口结构相对单一，铁合金、双氰胺、钽铌铍制品、山羊绒、饲料添加剂、碳化硅、橡胶轮胎等"原"字号和初级产品占比高，抵御市场变化的能力较差，进出口也呈现较大的波动性。

4　宁夏传统制造业高质量发展综合竞争力分析

为了进一步分析宁夏传统制造业在行业中存在的优势及不足，本书设计了产业综合竞争力指数模型，试图通过宁夏传统制造业行业相对于其他地区竞争对手同一工业行业在生产、市场、社会等方面所体现出的竞争能力（生产力）比较，从而揭示宁夏传统产业发展的质量和效益，而不仅仅是规模和速度。在产业综合竞争力对比中，课题组开始选择宁夏传统产业 15 个行业与全国及沿黄九省区比较，但因四川、山东数据不全，最后只与全国及陕西、内蒙古、山西、河南、青海、甘肃六省区进行横向对比，以期为宁夏传统产业高质量发展，打造现代产业基地提供研究基础。

4.1　数据来源

产业竞争力分析所涉及的各类基础数据来源于中国和宁夏、陕西、内蒙古、山西、河南、青海、甘肃等省区 2017—2021 年统计年鉴。数据包括全国各相关省区及煤炭开采和洗选业；农副食品加工业；食品制造业；酒、饮料和精制茶制造业；纺织业；印刷和记录媒介复制业；医药制造业；橡胶和塑料制品业；石油、煤炭及其他燃料加工业；化学原料和化学制品制造业；非金属矿物制品业；黑色金属冶炼和压延加工业；有色金属冶炼和压延加工业；金属制品业；电力、热力生产和供应业 15 个行业的相关指标，如：综合能源消费量（当量值）、成本费用利润率、营业收入（主营业务收入）、营业成本（主营业务成本）、营业利润（利润总额）、资产合计、行业职工人数、专利申请授权数以及地区生产总值等。需要说明的是，我国 2018 年后各省（区）统计年鉴陆续将主营业务收入、主营业务成本和利润总额改为营业收入、营业成本和营业利润。

4.2　模型建立

4.4.1　产业竞争力指数

产业竞争力是一个综合概念，可以从不同的视角予以分析。通常认为，产业竞争力是指产业相对于其他地区同一产业在生产、市场、社会等方面所体现出的竞争能力，它是一个区域某产业与其他区域竞争对手比较的指标，它所揭示的是产业发展的质量和效益，而不仅仅是规模和速度，这也正是党的十八大、十九大和二十大所提出的形成新的经济发展方式的"一个立足点"。本研究试图用生产竞争力、市场竞争力和社会竞争力三个维度构建产业综合竞争力指数，揭示相关行业高质量发展的质量和效益情况。综合竞争力指数（ICI）由生产竞争力指数（PCI）、市场竞争力指数（MCI）和社会竞争力指数（SCI）组成：ICI=PCI+MCI+SCI。

根据本研究实际，课题组对产业综合竞争力指数、生产竞争力指数、市场竞争力指数以及社会竞争力指数相关指标进行了优化和改进。一是由于宁夏自 2017 年以来不再公布行业工业总产值指标，致使围绕行业内工业总产值所建立的相关模型研究出现困难，经过多次数量经济方法测算，本研究决定用营业收入（主营业务收入）指标替代工业总产值作为企业基本产出运营水平的衡量指标，本指标的运用也避免了行业间产值重复计算准确性担忧。二是围绕"双碳"目标提高能源使用效率，将单位能耗产出作为行业社会责任的一项重要指标纳入产业社会竞争力指数进行讨论。三是对构成综合竞争力指数的生产竞争力指数、市场竞争力指数以及社会竞争力指数三项指标进行了标准化处理，以期能够准确反映出行业内各相关省（区）不同年份的差异。

经过课题组评估，对本研究构建的指标体系解释如下：

产业综合竞争指数 = 生产竞争力指数 + 市场竞争力指数 + 社会竞争力指数

$$\text{生产竞争力指数} = \frac{\dfrac{\text{单一省区当年该行业成本费用利润率} + \text{总资产利润率}}{2}}{\sum\left[\dfrac{\text{所有省区该行业全部年份成本费用利润率} + \text{总资产利润率}}{2}\right]}$$

其中，$\text{成本费用利润率} = \dfrac{\text{利润总额}}{\text{主营业务成本}}$

$$\text{总资产利润率} = \frac{\text{利润总额}}{\text{资产合计}}$$

$$\text{市场竞争力指数} = \frac{\dfrac{\text{单一省区当年该行业主营业务收入成本比} + \text{主营业务利润收入比}}{2}}{\sum\left[\dfrac{\text{所有省区该行业全部年份主营业务收入成本比} + \text{主营业务利润收入比}}{2}\right]}$$

其中，$\text{主营业务收入成本比} = \dfrac{\text{主营业务收入}}{\text{主营业务成本}}$

$$\text{主营业务利润收入比} = \frac{\text{利润总额}}{\text{主营业务收入}}$$

$$\text{社会竞争力指数} = \frac{\dfrac{\text{单一省区当年该行业就业比} + \text{单位能耗营收比}}{2}}{\sum\left[\dfrac{\text{所有省区该行业全部年份就业比} + \text{单位能耗营收比}}{2}\right]}$$

其中，$\text{就业比} = \dfrac{\text{行业职工人数}}{\text{全区职工总人数}}$

$$\text{单位能耗营收比} = \frac{\text{主营业务收入}}{\text{综合能源消费量}}$$

4.2.2 科技研发投入影响力数据回归模型

科学技术对产业综合竞争力的影响课题组运用并建立了回归模型分析。其中 CI 为产业综合竞争力指数（Comprehensive Index），R&D Expenditure 为当年全省（区）科技研发内部投入。数据来源于各相关省区及全国统计年鉴，数据年份为 2016—2020 年。

$$CI=\beta_1 R \& D\ Expenditure_{i,j} + \varepsilon$$

4.3 行业综合竞争力分析

4.3.1 煤炭开采和洗选业

（1）综合竞争力指数对比分析

由表 4-1，图 4-1 可知，2016—2020 年宁夏煤炭开采和洗选业综合竞争力指数呈平稳上升态势，仅 2020 年因新冠疫情影响有所下滑，综合竞争力指数分别为 0.052、0.078、0.092、0.101、0.070。宁夏与全国及沿黄六省区对比总体处于中上游水平，综合竞争力高于全国、山西、河南和甘肃，低于陕西、内蒙古和青海，与陕西差距最大，差额分别为 0.042、0.058、0.054、0.035、0.061。2019 年，宁夏超过内蒙古指数为 0.007，但 2020 年被反超。值得注意的是，青海省在该行业发展较快，从 2016 年倒数第三位上升到 2019 年的第二位，并在 2020 年保持在第三位。

表 4-1　宁夏与全国及沿黄六省区煤炭开采和洗选业综合竞争力指数对比

年份	2016	2017	2018	2019	2020
宁夏	0.052	0.078	0.092	0.101	0.070
陕西	0.094	0.136	0.146	0.136	0.131
差额	−0.042	−0.058	−0.054	−0.035	−0.061
内蒙古	0.085	0.112	0.100	0.094	0.106
差额	−0.033	−0.034	−0.008	0.007	−0.036

续表

年份	2016	2017	2018	2019	2020
山西	0.037	0.056	0.059	0.056	0.051
差额	0.015	0.022	0.033	0.045	0.019
河南	0.026	0.047	0.051	0.045	0.043
差额	0.026	0.031	0.041	0.056	0.027
青海	0.038	0.094	0.101	0.124	0.099
差额	0.014	−0.016	−0.009	−0.023	−0.029
甘肃	0.010	0.063	0.058	0.064	0.044
差额	0.042	0.015	0.034	0.037	0.026
全国	0.048	0.067	0.064	0.065	0.058
差额	0.004	0.011	0.028	0.036	0.012

数据来源：2017—2021年中国、宁夏、沿黄六省区统计年鉴数据计算所得
备注：差额为0.000时，红色（0.000）代表负值，黑色（0.000）代表正值。

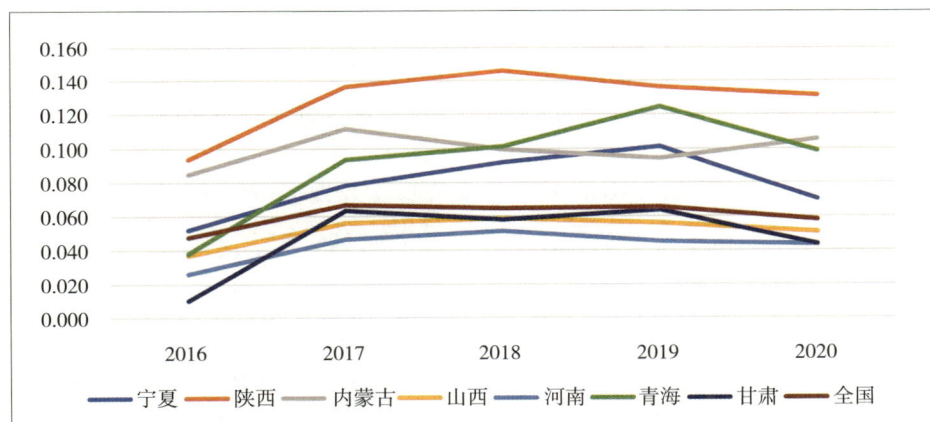

图4-1　宁夏与全国及沿黄六省区煤炭开采和洗选业综合竞争力指数对比

产业综合竞争力指数由生产竞争力、市场竞争力、社会竞争力组成，也就是说综合竞争力指数高低随着生产竞争力、市场竞争力、社会竞争力三个指数变化而变化。为此，本课题在分析宁夏与全国及沿黄六省区行业综合竞争力的同时，也将对生产、市场和社会竞争力进行分析，以期找出宁夏相关行业的优势和差距的主要因素。

（2）生产竞争力指数对比分析

由表 4-2、图 4-2 可知，2016—2020 年宁夏煤炭开采和洗选业生产竞争力指数总体平稳，变化不大，指数为 0.002、0.018、0.016、0.013、−0.002。宁夏与全国及沿黄六省区对比总体处于劣势，差距较大，整体低于全国、陕西、内蒙古、山西、青海和甘肃，仅 2016 年略高于青海和甘肃，2017 年略高于山西。宁夏与排名第一的陕西差距很大，2016—2020 年差距分别为 0.038、0.056、0.059、0.053、0.066。特别是 2020 年宁夏均低于全国及沿黄六省区，为此，课题组再对 2020 年生产竞争力指数相关指标进行分析。

由表 4-3、图 4-3、图 4-4 可知，2020 年宁夏煤炭开采和洗选业生产竞争力指数低的原因是成本费用利润率和总资产利润率整体低于全国沿黄六省区，其中，与陕西差距最大，两项指标分别差 0.497 和 0.133；与河南差距最小，差额为 0.059 和 0.020。反映出宁夏该行业企业在当期发生的所有成本费用所带来的收益能力较弱，企业运用其全部资产获取利润的能力也较弱。

表 4-2　宁夏与全国及沿黄六省区煤炭开采和洗选业生产竞争力指数

年份	2016	2017	2018	2019	2020
宁夏	0.002	0.018	0.016	0.013	−0.002
陕西	0.040	0.074	0.075	0.066	0.064
差额	−0.038	−0.056	−0.059	−0.053	−0.066
内蒙古	0.028	0.046	0.049	0.043	0.039
差额	−0.026	−0.028	−0.033	−0.030	−0.041
山西	0.004	0.016	0.019	0.017	0.012
差额	−0.002	0.002	−0.003	−0.004	−0.014
河南	−0.001	0.011	0.010	0.008	0.006
差额	0.003	0.007	0.006	0.005	−0.008
青海	−0.002	0.037	0.037	0.040	0.026
差额	0.004	−0.019	−0.021	−0.027	−0.028
甘肃	−0.011	0.031	0.026	0.031	0.011
差额	0.013	−0.013	−0.010	−0.018	−0.013

续表

年份	2016	2017	2018	2019	2020
全国	0.009	0.023	0.023	0.025	0.020
差额	−0.007	−0.005	−0.007	−0.012	−0.022

数据来源：2017—2021 年中国、宁夏、沿黄六省区统计年鉴数据计算所得

备注：差额为 0.000 时，红色（0.000）代表负值，黑色（0.000）代表正值。

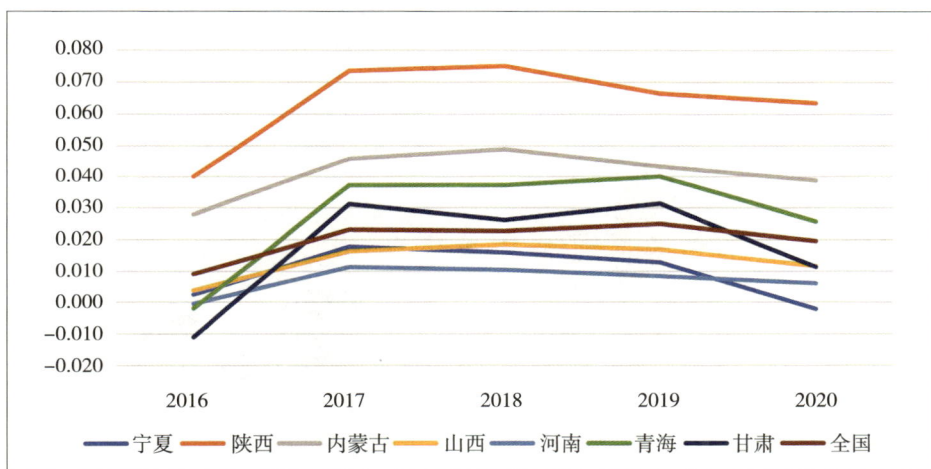

图 4-2 宁夏与全国及沿黄六省区煤炭开采和洗选业生产竞争力指数对比

表 4-3 2020 年宁夏与全国及沿黄六省区煤炭开采和洗选业生产竞争力指标对比

	成本费用利润率	总资产利润率
宁夏	−0.017	−0.004
陕西	0.480	0.129
差额	−0.497	−0.133
内蒙古	0.293	0.078
差额	−0.310	−0.082
山西	0.092	0.019
差额	−0.109	−0.023
河南	0.042	0.016
差额	−0.059	−0.020
青海	0.208	0.038
差额	−0.225	−0.042

续表

	成本费用利润率	总资产利润率
甘肃	0.083	0.026
差额	−0.100	−0.030
全国	0.151	0.037
差额	−0.168	−0.041

数据来源：2021 年中国、宁夏、沿黄六省区统计年鉴数据计算所得

备注：差额为 0.000 时，红色（0.000）代表负值，黑色（0.000）代表正值。

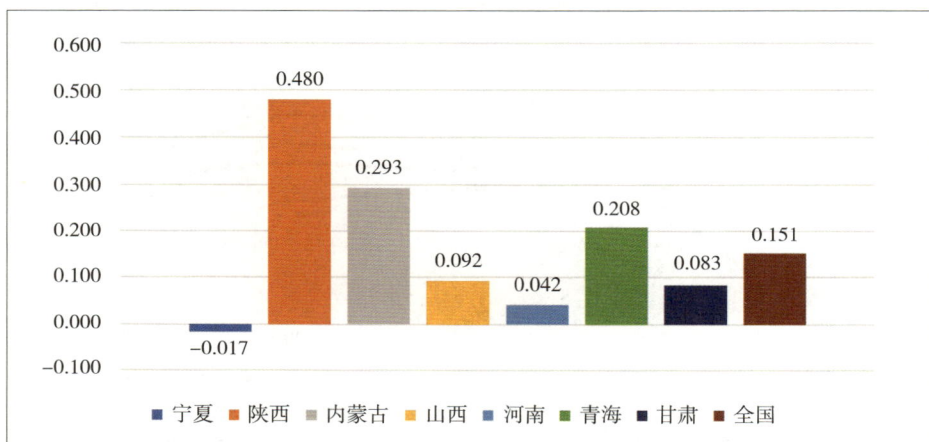

图 4-3　宁夏与全国及沿黄六省区煤炭开采和洗选业生产竞争力指标对比
（成本费用利润率）

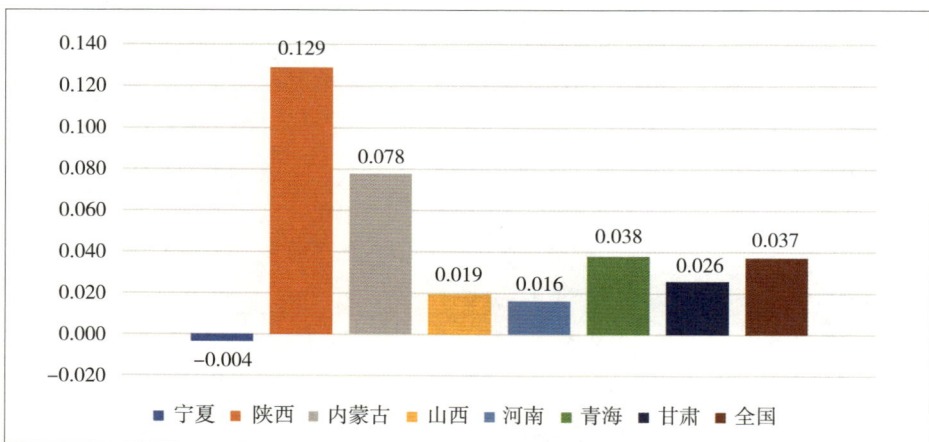

图 4-4　宁夏与全国及沿黄六省区煤炭开采和洗选业生产竞争力指标对比
（总资产利润率）

（3）市场竞争力指数对比分析

由表4-4、图4-5可知，2016—2020年宁夏煤炭开采和洗选业市场竞争力指数总体平稳，变化不大，指数为0.021、0.026、0.027、0.025、0.022。宁夏与全国及沿黄六省区对比总体差距不大，处于中上水平，但低于陕西、内蒙古和青海。与陕西差距最大，差额为0.007、0.008、0.007、0.008和0.011。2020年宁夏该行业市场竞争力开始减弱，仅比河南和甘肃高0.003和0.001。为此，课题组对2020年市场竞争力指数相关指标进行分析。

由表4-5、图4-6、图4-7可知，2020年宁夏煤炭开采和洗选业市场竞争力指数较低的原因是主营业务利润收入比全部低于全国沿黄六省区，主营业务利润收入指数为-0.012，其中，与陕西差距最大，差距0.274，与河南差距最小，为0.048，与全国平均水平相差0.119，反映出宁夏该行业企业单位主营业务获得的利润水平较低。宁夏煤炭开采和洗选业市场竞争力指数另一个指标主营业务收入成本比与全国及沿黄六省区对比，总体处在中等偏下水平，高于山西、河南、甘肃。

表4-4　宁夏与全国及沿黄六省区煤炭开采和洗选业市场竞争力指数对比

年份	2016	2017	2018	2019	2020
宁夏	0.021	0.026	0.027	0.025	0.022
陕西	0.028	0.034	0.034	0.033	0.033
差额	−0.007	−0.008	−0.007	−0.008	−0.011
内蒙古	0.025	0.029	0.030	0.028	0.028
差额	−0.004	−0.003	−0.003	−0.003	−0.006
山西	0.021	0.024	0.025	0.024	0.023
差额	0.000	0.002	0.002	0.001	−0.001
河南	0.018	0.020	0.020	0.020	0.019
差额	0.003	0.006	0.007	0.005	0.003
青海	0.019	0.029	0.028	0.029	0.026
差额	0.002	−0.003	−0.001	−0.004	−0.004
甘肃	0.016	0.026	0.026	0.023	0.021
差额	0.005	0.000	0.001	0.002	0.001

续表

年份	2016	2017	2018	2019	2020
全国	0.021	0.024	0.024	0.025	0.024
差额	0.000	0.002	0.003	0.000	−0.002

数据来源：2017—2021 年中国、宁夏、沿黄六省区统计年鉴数据计算所得

备注：差额为 0.000 时，红色（0.000）代表负值，黑色（0.000）代表正值。

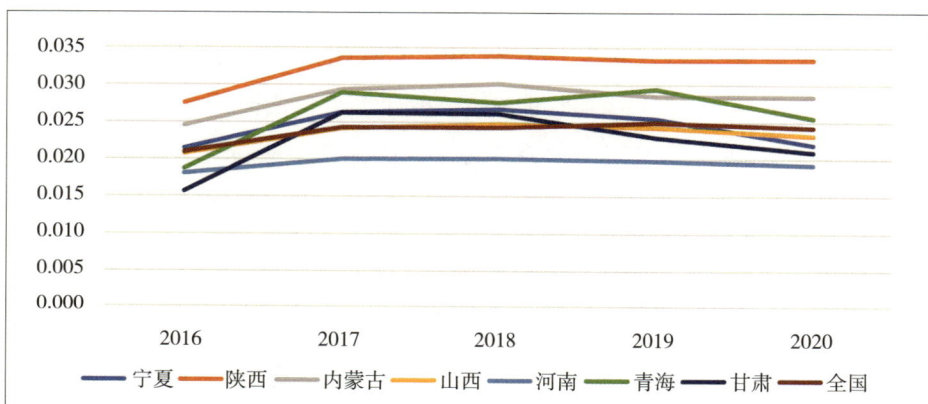

图 4-5　宁夏与全国及沿黄六省区煤炭开采和洗选业市场竞争力指数对比

表 4-5　2020 年宁夏与全国及沿黄六省区煤炭开采和洗选业市场竞争力指标对比

	主营业务收入成本比	主营业务利润收入比
宁夏	1.389	−0.012
陕西	1.829	0.262
差额	−0.440	−0.274
内蒙古	1.597	0.184
差额	−0.208	−0.196
山西	1.384	0.067
差额	0.005	−0.079
河南	1.170	0.036
差额	0.219	−0.048
青海	1.458	0.143
差额	−0.069	−0.155
甘肃	1.245	0.067
差额	0.144	−0.079

续表

	主营业务收入成本比	主营业务利润收入比
全国	1.414	0.107
差额	−0.025	−0.119

数据来源：2021年中国、宁夏、沿黄六省区统计年鉴数据计算所得

备注：差额为0.000时，红色（0.000）代表负值，黑色（0.000）代表正值。

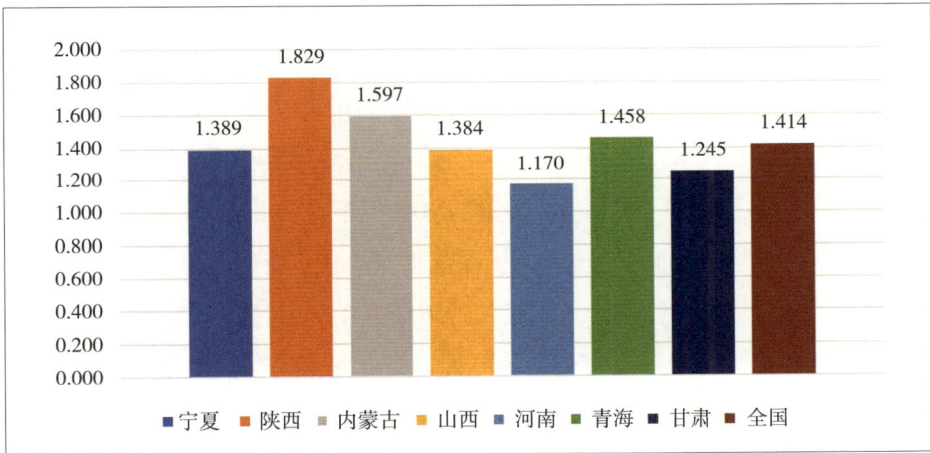

图4-6　宁夏与全国及沿黄六省区煤炭开采和洗选业市场竞争力指标对比
（主营业务收入成本比）

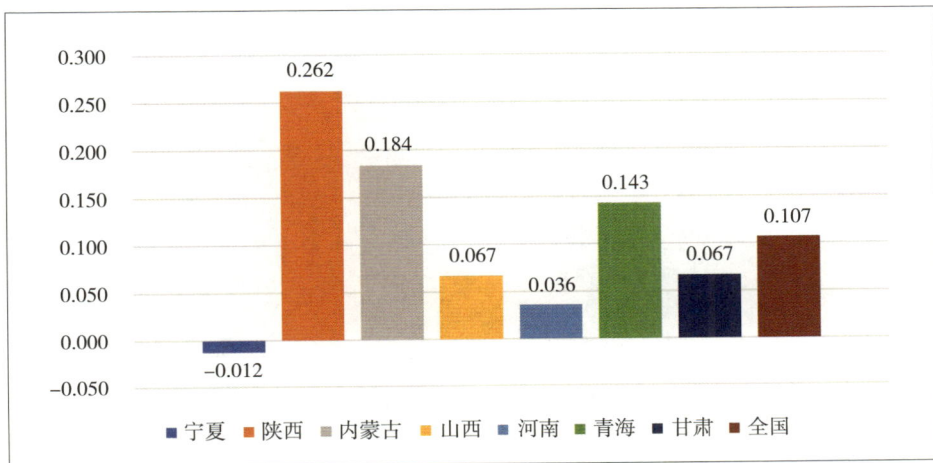

图4-7　宁夏与全国及沿黄六省区煤炭开采和洗选业市场竞争力指标对比
（主营业务利润收入比）

（4）社会竞争力指数对比分析

由表 4-6、图 4-8 可知，2016—2020 年宁夏煤炭开采和洗选业社会竞争力指数呈加快上升态势，指数分别为 0.028、0.034、0.049、0.063、0.050。宁夏与全国及沿黄六省区对比优势凸显，仅在 2016 和 2017 年略低于内蒙古，其他年份均较高。2016—2020 年与全国平均水平相比，分别高 0.011、0.015、0.031、0.048 和 0.036。特别是 2020 年宁夏受新冠疫情影响社会竞争力指数有所下降，但仍保持在第一位。为进一步讨论宁夏在该行业社会竞争力取得优势的原因，课题组选择了未受疫情影响的 2019 年为研究对象，对社会竞争力指数相关指标进行分析。

由表 4-7、图 4-9、图 4-10 可知，2019 年宁夏煤炭开采和洗选业社会竞争力指数优势凸显的原因是单位能耗营收比均高于全国及沿黄六省区，比全国平均水平高 6.653，比排名第二位的青海高 1.029，比排名最后一位的甘肃高 7.602。反映出宁夏该行业企业能源消费水平和节能降耗状况有较大改善。宁夏煤炭开采和洗选业社会竞争力指数另一个指标就业比中，宁夏处于中上游水平，仅比内蒙古、山西低 0.008 和 0.249。分别比陕西、河南、青海、甘肃和全国高 0.085、0.135、0.128、0.091、0.159。反映出宁夏该行业企业就业率比较高。

表 4-6　宁夏与全国及沿黄六省区煤炭开采和洗选业社会竞争力指数

年份	2016	2017	2018	2019	2020
宁夏	0.028	0.034	0.049	0.063	0.050
陕西	0.026	0.029	0.037	0.036	0.034
差额	0.002	0.005	0.012	0.027	0.016
内蒙古	0.033	0.036	0.020	0.023	0.038
差额	−0.005	−0.002	0.029	0.040	0.012
山西	0.012	0.015	0.015	0.015	0.016
差额	0.016	0.019	0.034	0.048	0.034
河南	0.009	0.015	0.021	0.017	0.018
差额	0.019	0.019	0.028	0.046	0.032

续表

年份	2016	2017	2018	2019	2020
青海	0.021	0.027	0.036	0.055	0.048
差额	0.007	0.007	0.013	0.008	0.002
甘肃	0.006	0.006	0.006	0.009	0.011
差额	0.022	0.028	0.043	0.054	0.039
全国	0.017	0.019	0.018	0.015	0.014
差额	0.011	0.015	0.031	0.048	0.036

数据来源：2017—2021 年中国、宁夏、沿黄六省区统计年鉴数据计算所得

备注：差额为 0.000 时，红色（0.000）代表负值，黑色（0.000）代表正值。

图 4-8 宁夏与全国及沿黄六省区煤炭开采和洗选业社会竞争力指数对比

表 4-7 2019 年宁夏与全国及沿黄六省区煤炭开采和洗选业社会竞争力指标对比

	就业比	单位能耗营收
宁夏	0.195	8.823
陕西	0.110	5.098
差额	0.085	3.725
内蒙古	0.203	3.019
差额	−0.008	5.804
山西	0.444	1.652
差额	−0.249	7.171
河南	0.060	2.374
差额	0.135	6.449

续表

	就业比	单位能耗营收
青海	0.067	7.794
差额	0.128	1.029
甘肃	0.104	1.221
差额	0.091	7.602
全国	0.036	2.170
差额	0.159	6.653

数据来源：2020 年中国、宁夏、沿黄六省区统计年鉴数据计算所得

备注：差额为 0.000 时，红色（0.000）代表负值，黑色（0.000）代表正值。

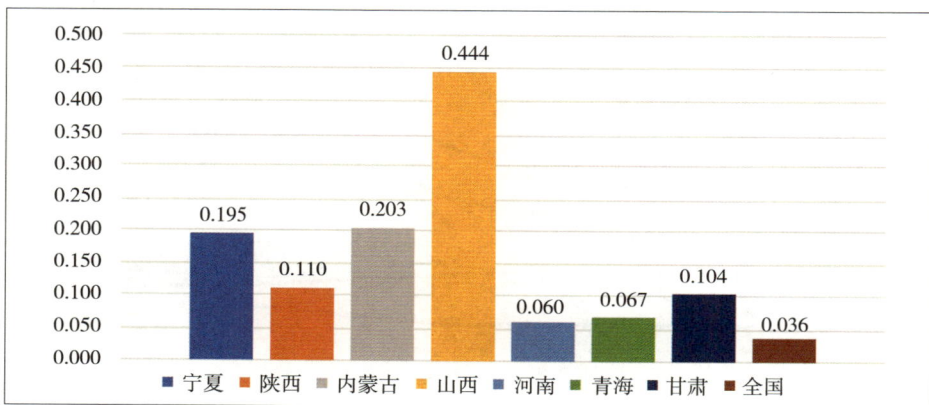

图 4-9　2019 年宁夏与全国及沿黄六省区煤炭开采和洗选业社会竞争力指标对比（就业比）

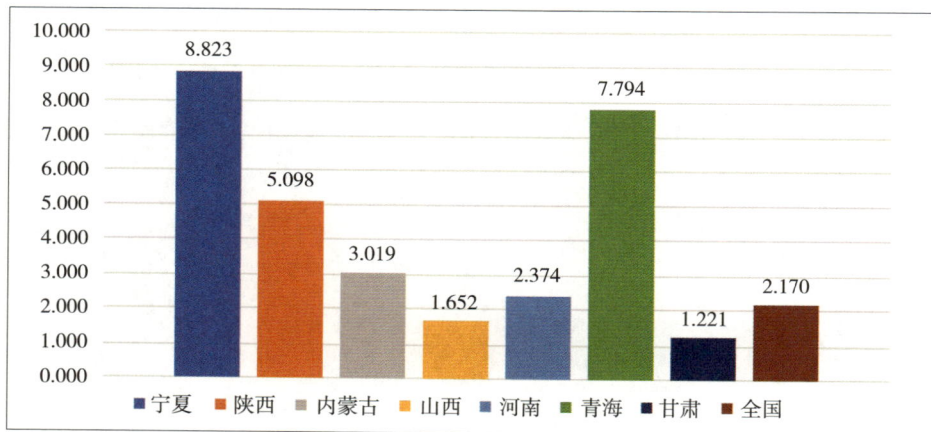

图 4-10　2019 年宁夏与全国及沿黄六省区煤炭开采和洗选业社会竞争力指标对比
（单位能耗营收）

4.3.2　农副食品加工业

（1）综合竞争力指数对比分析

由表 4-8、图 4-11 可知，2016—2020 年宁夏农副食品加工业综合竞争力指数呈波动上升态势，尽管在 2020 年遭受疫情影响仍然达到了最大值，综合竞争力指数分别为 0.073、0.060、0.061、0.057、0.081。宁夏与全国及沿黄六省区对比总体处于中上游水平，综合竞争力在 2020 年高于全国、内蒙古、山西、青海和甘肃省，低于陕西和河南省，与河南差距最大，与两省区差距分别为 0.033、0.038。2019 年宁夏低于全国和山西，指数分别为 0.017、0.015，但 2020 年实现反超。

表 4-8　宁夏与全国及沿黄六省区农副食品加工业综合竞争力指数对比

年份	2016	2017	2018	2019	2020
宁夏	0.073	0.060	0.061	0.057	0.081
陕西	0.128	0.121	0.118	0.133	0.114
差额	−0.055	−0.061	−0.057	−0.076	−0.033
内蒙古	0.085	0.041	0.040	0.039	0.037
差额	−0.012	0.019	0.021	0.018	0.044
山西	0.069	0.056	0.044	0.072	0.034
差额	0.004	0.004	0.017	−0.015	0.047
河南	0.131	0.164	0.132	0.129	0.119
差额	−0.058	−0.104	−0.071	−0.072	−0.038
青海	0.035	0.044	0.046	0.031	0.039
差额	0.038	0.016	0.015	0.026	0.042
甘肃	0.052	0.050	0.046	0.057	0.052
差额	0.021	0.010	0.015	0.000	0.029
全国	0.095	0.089	0.075	0.074	0.076
差额	−0.022	−0.029	−0.014	−0.017	0.005

数据来源：2017—2021 年中国、宁夏、沿黄六省区统计年鉴数据计算所得

备注：差额为 0.000 时，红色（0.000）代表负值，黑色（0.000）代表正值。

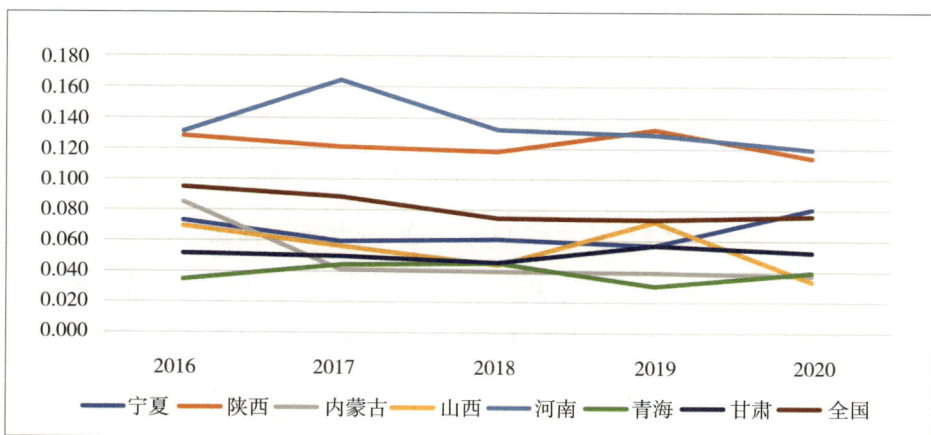

图4-11 宁夏与全国及沿黄六省区农副食品加工业综合竞争力指数对比

（2）生产竞争力指数对比分析

由表4-9、图4-12可知，2016—2020年宁夏农副食品加工业生产竞争力指数总体平稳，变化不大，指数为0.024、0.013、0.012、0.008、0.019。宁夏与全国及沿黄六省区对比总体处于中下游水平，整体低于全国、陕西和河南，2016年仅略高于青海和甘肃，2017年略高于内蒙古和青海。宁夏与排名前列的陕西差距很大，2016—2020年差距分别为0.035、0.037、0.032、0.044、0.027。2020年宁夏逐渐上升至第四名并且总体缩小了与陕西和河南的差距，但在之前的2019年中宁夏生产竞争力指数却是5年间的最低值。为此，课题组选取了2019年对生产竞争力指数相关指标进行分析。

由表4-10、图4-13、图4-14可知，2019年宁夏农副食品加工业生产竞争力指数低的原因是成本费用利润率和总资产利润率整体低于全国、陕西、山西、河南和甘肃，其中，与陕西差距最大，两项指标分别差0.052和0.125，与甘肃差距最小，差额为0.018和0.010。反映出宁夏农副食品加工业企业2019年发生的所有成本费用所带来的收益能力较弱，企业运用其全部资产获取利润的能力也较弱。

表 4-9 宁夏与全国及沿黄六省区农副食品加工业生产竞争力指数对比

年份	2016	2017	2018	2019	2020
宁夏	0.024	0.013	0.012	0.008	0.019
陕西	0.059	0.050	0.044	0.052	0.046
差额	−0.035	−0.037	−0.032	−0.044	−0.027
内蒙古	0.045	0.010	0.007	0.006	0.006
差额	−0.021	0.003	0.005	0.002	0.013
山西	0.029	0.016	0.008	0.024	−0.001
差额	−0.005	−0.003	0.004	−0.016	0.020
河南	0.058	0.060	0.054	0.046	0.041
差额	−0.034	−0.047	−0.042	−0.038	−0.022
青海	0.006	0.008	0.008	−0.004	0.006
差额	0.018	0.005	0.004	0.012	0.013
甘肃	0.016	0.015	0.013	0.015	0.014
差额	0.008	−0.002	−0.001	−0.007	0.005
全国	0.041	0.038	0.029	0.029	0.030
差额	−0.017	−0.025	−0.017	−0.021	−0.011

数据来源：2017—2021 年中国、宁夏、沿黄六省区统计年鉴数据计算所得
备注：差额为 0.000 时，红色（0.000）代表负值，黑色（0.000）代表正值。

图 4-12 宁夏与全国及沿黄六省区农副食品加工业生产竞争力指数对比

表 4-10　2019 年宁夏与全国及沿黄六省区农副食品加工业生产竞争力指标对比

	成本费用利润率	总资产利润率
宁夏	0.018	0.014
陕西	0.070	0.139
差额	−0.052	−0.125
内蒙古	0.014	0.012
差额	0.004	0.002
山西	0.041	0.055
差额	−0.023	−0.041
河南	0.080	0.108
差额	−0.062	−0.094
青海	−0.011	−0.005
差额	0.029	0.019
甘肃	0.036	0.024
差额	−0.018	−0.010
全国	0.048	0.069
差额	−0.030	−0.055

数据来源：2020 年中国、宁夏、沿黄六省区统计年鉴数据计算所得

备注：差额为 0.000 时，红色（0.000）代表负值，黑色（0.000）代表正值。

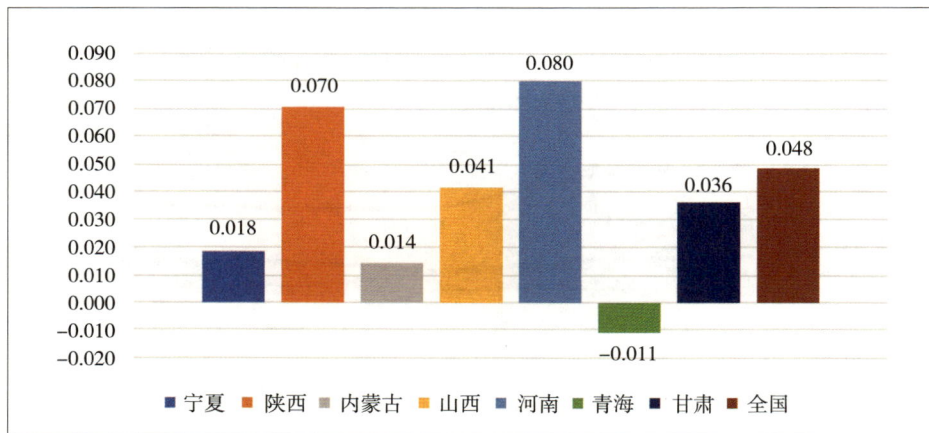

图 4-13　宁夏与全国及沿黄六省区农副食品加工业生产竞争力指标对比
（成本费用利润率）

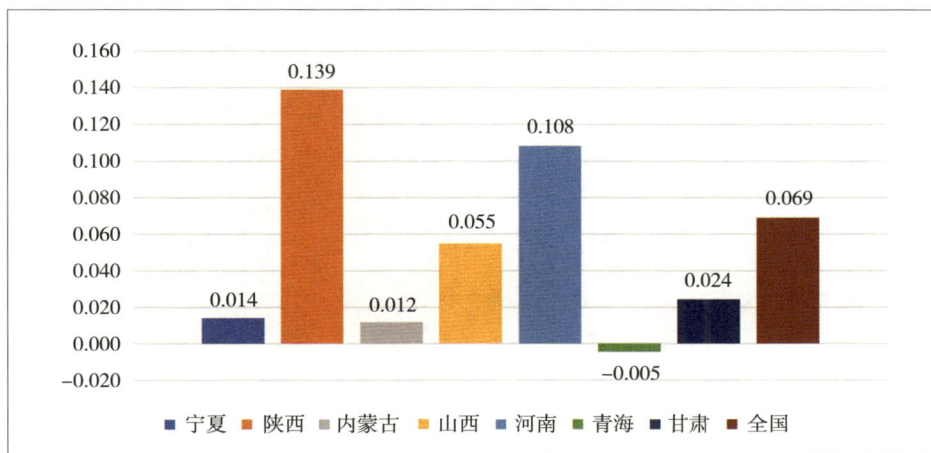

图 4-14 宁夏与全国及沿黄六省区农副食品加工业生产竞争力指标对比
（总资产利润率）

（3）市场竞争力指数对比分析

由表 4-11、图 4-15 可知，2016—2020 年宁夏农副食品加工业市场竞争力指数总体平稳，变化不大，指数为 0.025、0.024、0.025、0.025、0.026。宁夏与全国及沿黄六省区对比总体差距不大，但处于中下水平，整体低于陕西、河南和甘肃。与河南差距最大，差额为 0.001、0.002、0.002、0.001 和 0.000。2020 年宁夏该行业市场竞争力开始增强，仅比河南低 0.000，但比全国和其他省份高。为此，课题组对 2020 年市场竞争力指数相关指标进行分析。

由表 4-12、图 4-16、图 4-17 可知，2020 年宁夏农副食品加工业市场竞争力指数较高的原因是主营业务收入成本比全部仅比全国低 0.079，主营业务收入成本比指数为 1.165，其中，领先内蒙古最多，为 0.060。宁夏主营业务利润收入比处于中等水平，比内蒙古、山西、青海和甘肃高，比全国、陕西和河南低，反映出宁夏该行业企业单位主营业务获得的利润水平还有进一步提高的空间。

表 4-11　宁夏与全国及沿黄六省区农副食品加工业市场竞争力指数对比

年份	2016	2017	2018	2019	2020
宁夏	0.025	0.024	0.025	0.025	0.026
陕西	0.026	0.026	0.025	0.026	0.026
差额	−0.001	−0.002	−0.000	−0.001	0.000
内蒙古	0.026	0.025	0.024	0.024	0.024
差额	−0.001	−0.001	0.001	0.001	0.002
山西	0.025	0.024	0.024	0.024	0.023
差额	−0.000	0.000	0.001	0.001	0.003
河南	0.026	0.026	0.027	0.026	0.026
差额	−0.001	−0.002	−0.002	−0.001	−0.000
青海	0.024	0.024	0.024	0.024	0.025
差额	0.001	0.000	0.001	0.001	0.001
甘肃	0.025	0.025	0.025	0.025	0.025
差额	0.000	−0.001	−0.000	−0.000	0.001
全国	0.025	0.025	0.025	0.025	0.025
差额	−0.000	−0.001	−0.000	−0.000	0.001

数据来源：2017—2021 年中国、宁夏、沿黄六省区统计年鉴数据计算所得

备注：差额为 0.000 时，红色（0.000）代表负值，黑色（0.000）代表正值。

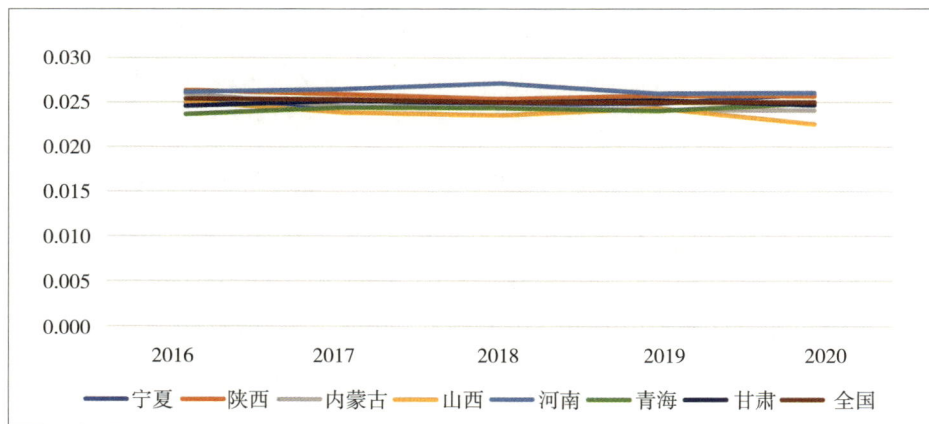

图 4-15　宁夏与全国及沿黄六省区农副食品加工业市场竞争力指数对比

表 4-12 2020 年宁夏与全国及沿黄六省区农副食品加工业市场竞争力指标对比

	主营业务收入成本比	主营业务利润收入比
宁夏	1.165	0.038
陕西	1.130	0.062
差额	0.035	−0.024
内蒙古	1.105	0.013
差额	0.060	0.025
山西	1.047	−0.001
差额	0.118	0.039
河南	1.136	0.073
差额	0.029	−0.035
青海	1.140	0.015
差额	0.025	0.023
甘肃	1.115	0.030
差额	0.050	0.008
全国	1.244	0.046
差额	−0.079	−0.008

数据来源：2020 年中国、宁夏、沿黄六省区统计年鉴数据计算所得
备注：差额为 0.000 时，红色（0.000）代表负值，黑色（0.000）代表正值。

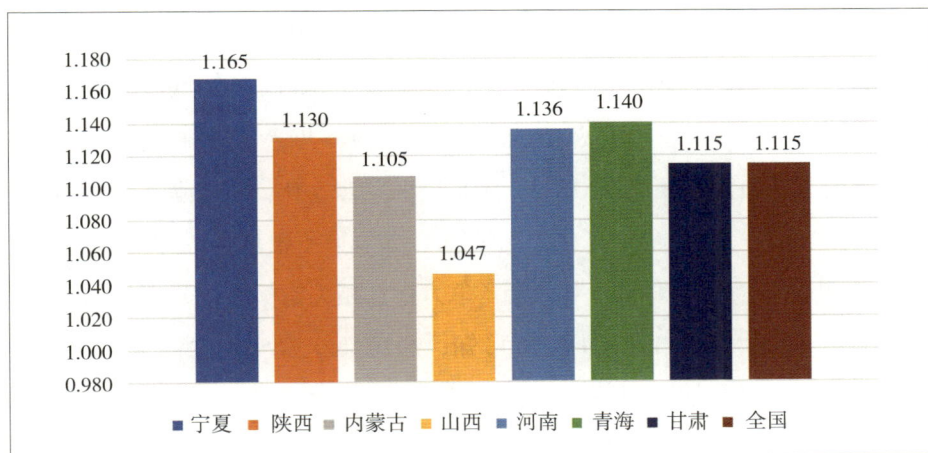

图 4-16 宁夏与全国及沿黄六省区农副食品加工业市场竞争力指标对比
（主营业务收入成本比）

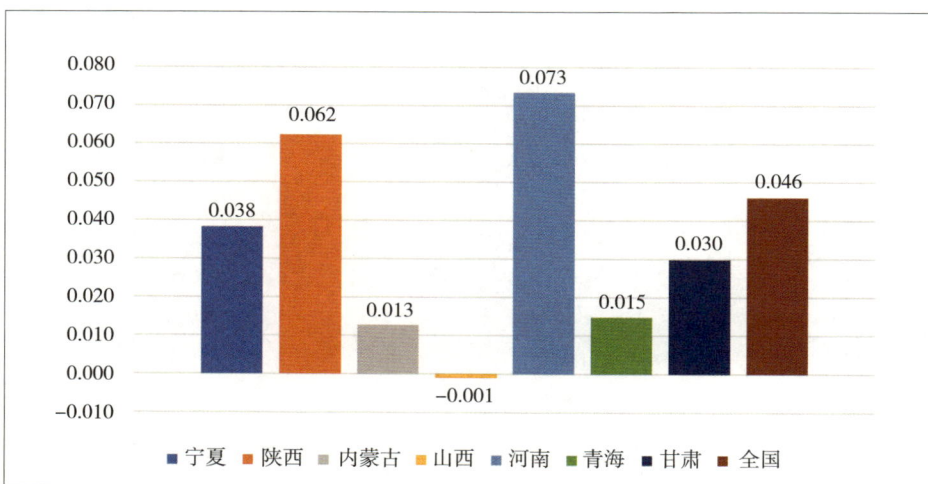

图4-17　宁夏与全国及沿黄六省区农副食品加工业市场竞争力指标对比
（主营业务利润收入比）

（4）社会竞争力指数对比分析

由表4-13、图4-18可知，2016—2020年宁夏农副食品加工业社会竞争力指数呈平稳上升态势，特别是在2020年达到了2019年的2倍，指数分别为0.024、0.022、0.024、0.024、0.036。宁夏与全国及沿黄六省区对比略有优势，但是全面落后于陕西和河南，并且在2019年落后于山西，差额为0.000，在2016和2017年落后于全国，差额为0.005和0.003。在2017年宁夏与河南差距最大，差额为0.056。但是在2020年，宁夏排名上升到第三位，比全国、山西和甘肃高0.015、0.024和0.022，比内蒙古和青海高0.029和0.027。为进一步讨论宁夏在该行业社会竞争力不断增强的原因，课题组选择了2020年为研究对象，对社会竞争力指数相关指标进行分析。

由表4-14、图4-19、图4-20可知，2020年宁夏农副食品加工业社会竞争力指数上升较快的原因是单位能耗营收取得了较大进步，仅比陕西和河南低3.505和9.638，比全国平均水平高8.843，比排名最后一位的内蒙古高16.870。反映出宁夏该行业企业能源消费水平和节能降耗状况有较大改善。在另一个指标就业比中，宁夏处于下游水平，仅比山西和青海高0.012

和 0.008。分别比全国、陕西、内蒙古、河南和甘肃低 0.014、0.014、0.012、0.042、0.015。反映出宁夏该行业企业就业率比较低。

表 4-13 宁夏与全国及沿黄六省区农副食品加工业社会竞争力指数对比

年份	2016	2017	2018	2019	2020
宁夏	0.024	0.022	0.024	0.024	0.036
陕西	0.043	0.046	0.049	0.055	0.042
差额	−0.019	−0.024	−0.025	−0.031	−0.006
内蒙古	0.014	0.007	0.008	0.009	0.007
差额	0.010	0.015	0.016	0.015	0.029
山西	0.015	0.017	0.013	0.024	0.012
差额	0.009	0.005	0.011	−0.000	0.024
河南	0.047	0.078	0.051	0.057	0.053
差额	−0.023	−0.056	−0.027	−0.033	−0.017
青海	0.005	0.012	0.014	0.010	0.009
差额	0.019	0.010	0.010	0.014	0.027
甘肃	0.011	0.009	0.008	0.017	0.014
差额	0.013	0.013	0.016	0.007	0.022
全国	0.029	0.025	0.020	0.020	0.021
差额	−0.005	−0.003	0.004	0.004	0.015

数据来源：2017—2021 年中国、宁夏、沿黄六省区统计年鉴数据计算所得
备注：差额为 0.000 时，红色（0.000）代表负值，黑色（0.000）代表正值。

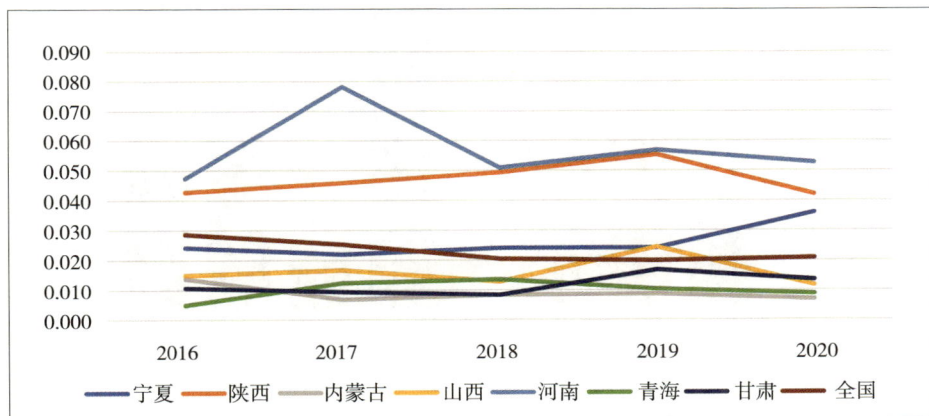

图 4-18 宁夏与全国及沿黄六省区农副食品加工业社会竞争力指数对比

表 4-14　2020 年宁夏与全国及沿黄六省区农副食品加工业社会竞争力指标对比

	就业比	单位能耗营收
宁夏	0.022	20.842
陕西	0.036	24.347
差额	−0.014	−3.505
内蒙古	0.034	3.972
差额	−0.012	16.870
山西	0.010	6.769
差额	0.012	14.073
河南	0.064	30.480
差额	−0.042	−9.638
青海	0.014	5.048
差额	0.008	15.794
甘肃	0.037	7.814
差额	−0.015	13.028
全国	0.036	11.999
差额	−0.014	8.843

数据来源：2021 年中国、宁夏、沿黄六省区统计年鉴数据计算所得

备注：差额为 0.000 时，红色（0.000）代表负值，黑色（0.000）代表正值。

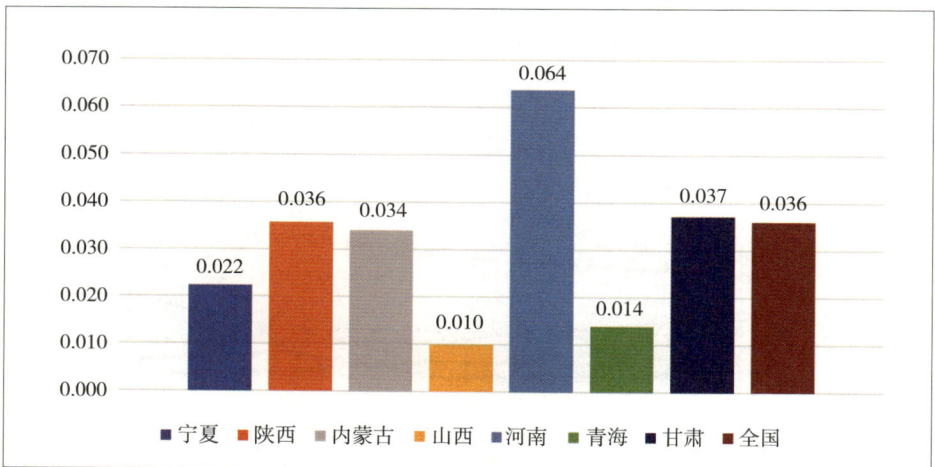

图 4-19　宁夏与全国及沿黄六省区农副食品加工业社会竞争力指标对比
（就业比）

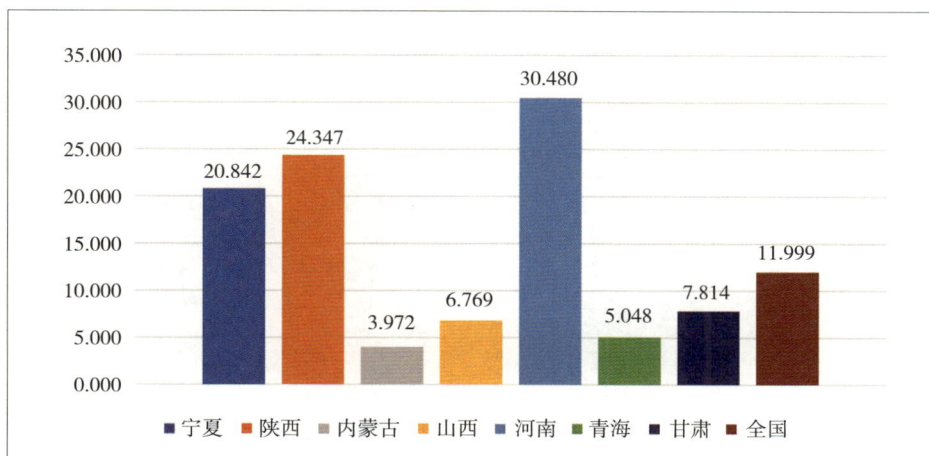

图 4-20 宁夏与全国及沿黄六省区农副食品加工业社会竞争力指标对比
（单位能耗营收）

4.3.3 食品制造业

（1）综合竞争力指数对比分析

由表 4-15、图 4-21 可知，2016—2020 年宁夏食品制造业综合竞争力指数呈波动下降态势，综合竞争力指数分别为 0.056、0.046、0.037、0.043、0.042。宁夏与全国及沿黄六省区对比总体处于下游水平，仅在 2016 年和 2019 年比青海高 0.012 和 0.007，其余年份均低于全国和沿黄六省区。总体来看，与河南差距最大，2016—2020 年差距分别为 0.052、0.077、0.066、0.067、0.057。

表 4-15 宁夏与全国及沿黄六省区食品制造业综合竞争力指数对比

年份	2016	2017	2018	2019	2020
宁夏	0.056	0.046	0.037	0.043	0.042
陕西	0.108	0.104	0.109	0.105	0.092
差额	−0.052	−0.058	−0.072	−0.062	−0.050
内蒙古	0.069	0.075	0.072	0.089	0.076
差额	−0.013	−0.029	−0.035	−0.046	−0.034

续表

年份	2016	2017	2018	2019	2020
山西	0.059	0.064	0.065	0.074	0.063
差额	−0.003	−0.018	−0.028	−0.031	−0.021
河南	0.108	0.123	0.103	0.110	0.099
差额	−0.052	−0.077	−0.066	−0.067	−0.057
青海	0.044	0.072	0.062	0.036	0.049
差额	0.012	−0.026	−0.025	0.007	−0.007
甘肃	0.064	0.068	0.066	0.059	0.050
差额	−0.008	−0.022	−0.029	−0.016	−0.008
全国	0.096	0.090	0.083	0.087	0.084
差额	−0.040	−0.044	−0.046	−0.044	−0.042

数据来源：2017—2021年中国、宁夏、沿黄六省区统计年鉴数据计算所得

备注：差额为 0.000 时，红色（0.000）代表负值，黑色（0.000）代表正值。

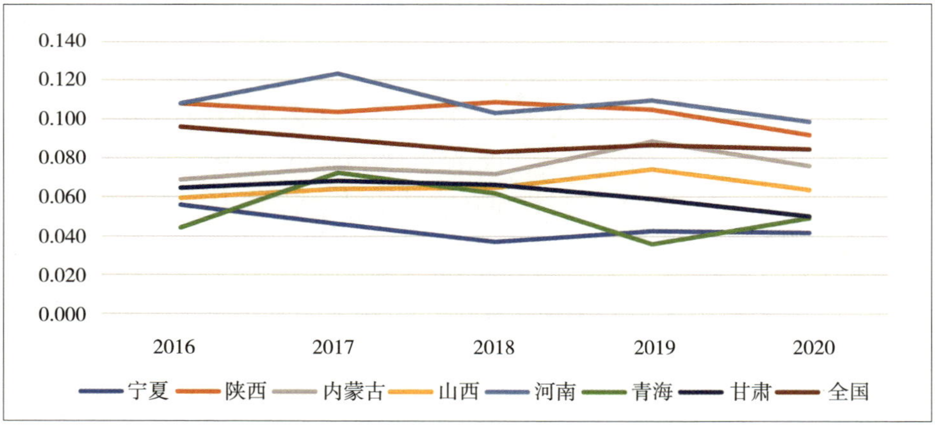

图4-21 宁夏与全国及沿黄六省区食品制造业综合竞争力指数对比

（2）生产竞争力指数对比分析

由表4-16、图4-22可知，2016—2020年宁夏食品制造业生产竞争力指数总体处于波动下降趋势，2016—2020年间指数为0.025、0.016、0.008、0.012、0.011。宁夏与全国及沿黄六省区对比总体处于下游水平，整体低于全国、陕西、内蒙古和河南，在2016年略高于山西、青海和甘肃，2017年

和 2019 年略高于青海。宁夏与排名前列的陕西总体差距较大，2016—2020
年差距分别为 0.019、0.021、0.027、0.025、0.021。在 2018 年和 2020 年宁
夏均处于末位，特别是在 2018 年跌落到最低点。为了探明原因，课题组选
取了 2018 年对生产竞争力指数相关指标进行了分析。

由表 4-17、图 4-23、图 4-24 可知，2018 年宁夏食品制造业生产竞争
力指数低的原因是成本费用利润率和总资产利润率整体低于全国和沿黄六省
区，仅总资产利润率上与青海持平。其中，宁夏成本费用利润率与内蒙古差
距最大，为 0.092，与青海差距最小，差额为 0.038。从总资产利润率来看，
宁夏与陕西差距最大，为 0.125。反映出宁夏食品制造业企业 2018 年发生的
所有成本费用所带来的收益能力很弱，企业运用其全部资产获取利润的能力
也很弱。

表 4-16 宁夏与全国及沿黄六省区食品制造业生产竞争力指数对比

年份	2016	2017	2018	2019	2020
宁夏	0.025	0.016	0.008	0.012	0.011
陕西	0.044	0.037	0.035	0.037	0.032
差额	−0.019	−0.021	−0.027	−0.025	−0.021
内蒙古	0.030	0.033	0.029	0.048	0.033
差额	−0.005	−0.017	−0.021	−0.036	−0.022
山西	0.024	0.021	0.021	0.022	0.020
差额	0.001	−0.005	−0.013	−0.010	−0.009
河南	0.036	0.036	0.028	0.034	0.030
差额	−0.011	−0.020	−0.020	−0.022	−0.019
青海	0.013	0.013	0.013	−0.003	0.012
差额	0.012	0.003	−0.005	0.015	−0.001
甘肃	0.024	0.021	0.021	0.018	0.013
差额	0.001	−0.005	−0.013	−0.006	−0.002
全国	0.033	0.030	0.028	0.031	0.029
差额	−0.008	−0.014	−0.020	−0.019	−0.018

数据来源：2017—2021 年中国、宁夏、沿黄六省区统计年鉴数据计算所得
备注：差额为 0.000 时，红色（0.000）代表负值，黑色（0.000）代表正值。

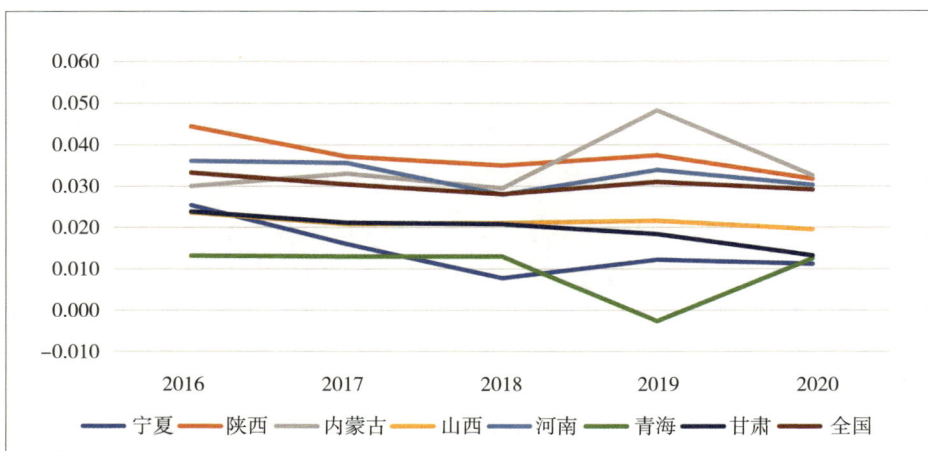

图 4-22　宁夏与全国及沿黄六省区食品制造业生产竞争力指数对比

表 4-17　2018 年宁夏与全国及沿黄六省区食品制造业生产竞争力指标对比

	成本费用利润率	总资产利润率
宁夏	0.033	0.024
陕西	0.107	0.149
差额	−0.074	−0.125
内蒙古	0.125	0.091
差额	−0.092	−0.067
山西	0.088	0.065
差额	−0.055	−0.041
河南	0.111	0.094
差额	−0.078	−0.070
青海	0.071	0.024
差额	−0.038	0.000
甘肃	0.100	0.052
差额	−0.067	−0.028
全国	0.106	0.099
差额	−0.073	−0.075

数据来源：2019 年中国、宁夏、沿黄六省区统计年鉴数据计算所得

备注：差额为 0.000 时，红色（0.000）代表负值，黑色（0.000）代表正值。

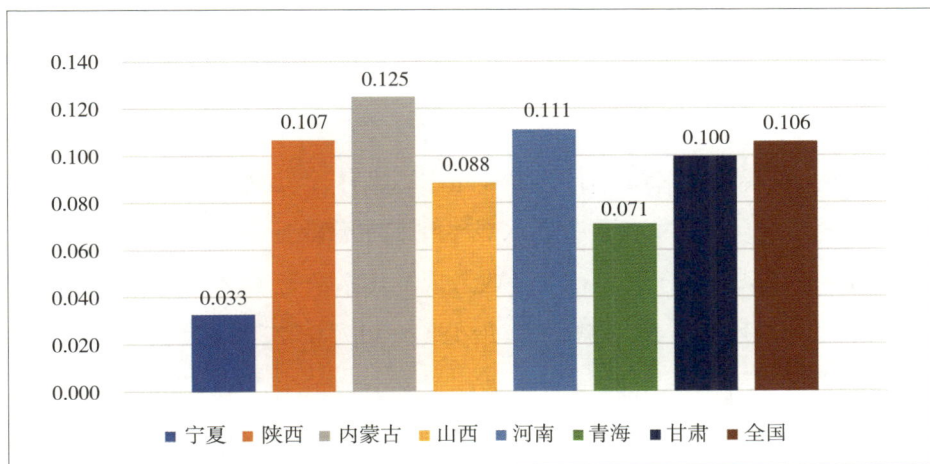

图 4-23 宁夏与全国及沿黄六省区食品制造业生产竞争力指标对比
（成本费用利润率）

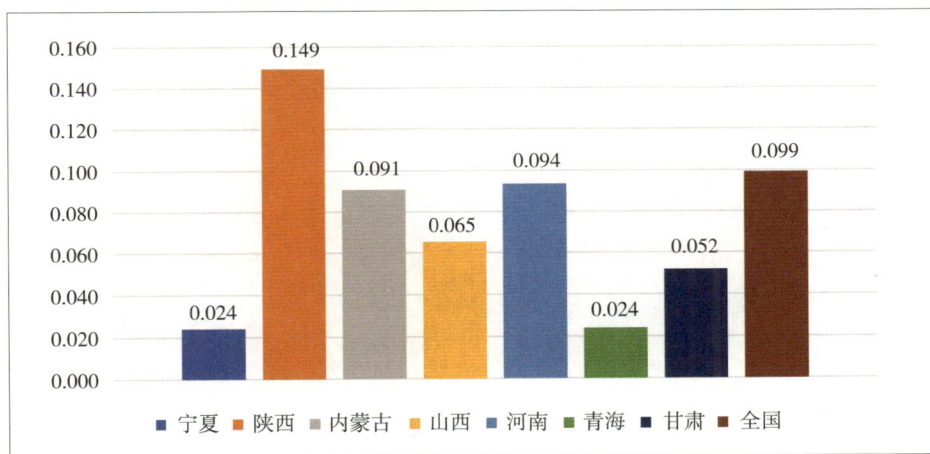

图 4-24 宁夏与全国及沿黄六省区食品制造业生产竞争力指标对比
（总资产利润率）

（3）市场竞争力指数对比分析

由表 4-18、图 4-25 可知，2016—2020 年宁夏食品制造业市场竞争力指数总体平稳，变化不大，指数为 0.025、0.024、0.023、0.023、0.023。宁夏与全国及沿黄六省区对比总体差距不大，但处于下游水平，整体低于陕西和内蒙古。与内蒙古差距最大，差额为 0.001、0.003、0.004、0.005、0.003。

但是从 2016 年开始，宁夏市场竞争力指数排名一直下跌，在 2018 年跌至最后一名并保持到 2020 年。为此，课题组对 2018 年市场竞争力指数相关指标进行分析。

由表 4-19、图 4-26、图 4-27 可知，2018 年宁夏食品制造业市场竞争力指数很低的原因是主营业务收入成本比和主营业务利润收入比全面低于全国和沿黄六省区，宁夏主营业务收入成本比指数为 1.185，其中，落后内蒙古最多，差额为 0.141，落后河南最少，差额为 0.022。宁夏主营业务利润收入比落后内蒙古最多，差额为 0.066，落后青海最少，差额为 0.028。反映出宁夏该行业企业单位主营业务的销售竞争力和获得的利润水平需要引起重视。

表 4-18　宁夏与全国及沿黄六省区食品制造业市场竞争力指数对比

年份	2016	2017	2018	2019	2020
宁夏	0.025	0.024	0.023	0.023	0.023
陕西	0.026	0.026	0.026	0.025	0.025
差额	−0.001	−0.002	−0.003	−0.002	−0.002
内蒙古	0.026	0.027	0.027	0.028	0.026
差额	−0.001	−0.003	−0.004	−0.005	−0.003
山西	0.025	0.025	0.025	0.025	0.025
差额	0.000	−0.001	−0.002	−0.002	−0.002
河南	0.024	0.023	0.024	0.025	0.024
差额	0.001	0.001	−0.001	−0.002	−0.001
青海	0.024	0.025	0.025	0.023	0.025
差额	0.001	−0.001	−0.002	−0.000	−0.002
甘肃	0.025	0.025	0.025	0.025	0.024
差额	0.000	−0.001	−0.002	−0.002	−0.001
全国	0.025	0.025	0.026	0.026	0.026
差额	0.000	−0.001	−0.003	−0.003	−0.003

数据来源：2017—2021 年中国、宁夏、沿黄六省区统计年鉴数据计算所得
备注：差额为 0.000 时，红色（0.000）代表负值，黑色（0.000）代表正值。

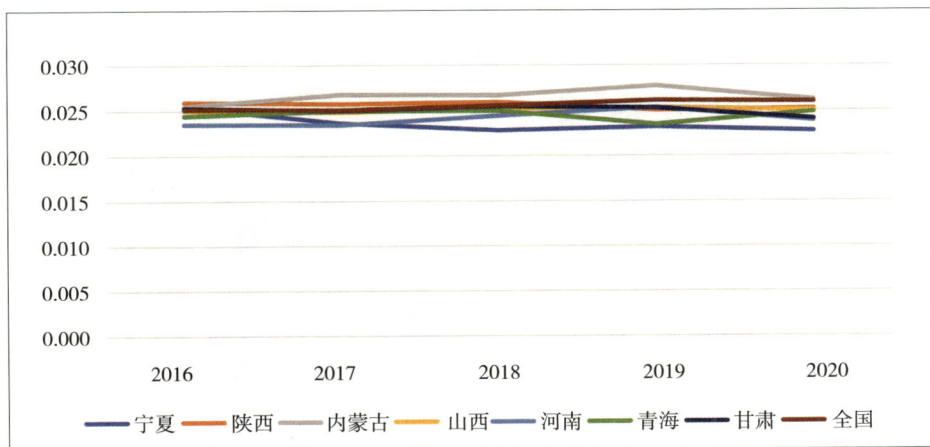

图 4-25 宁夏与全国及沿黄六省区食品制造业市场竞争力指数对比

表 4-19 2018 年宁夏与全国及沿黄六省区食品制造业市场竞争力指标对比

	主营业务收入成本比	主营业务利润收入比
宁夏	1.185	0.028
陕西	1.297	0.082
差额	−0.112	−0.055
内蒙古	1.326	0.094
差额	−0.141	−0.066
山西	1.272	0.070
差额	−0.087	−0.042
河南	1.207	0.092
差额	−0.022	−0.064
青海	1.273	0.056
差额	−0.088	−0.028
甘肃	1.276	0.078
差额	−0.091	−0.050
全国	1.276	0.083
差额	−0.091	−0.055

数据来源：2019 年中国、宁夏、沿黄六省区统计年鉴数据计算所得

备注：差额为 0.000 时，红色（0.000）代表负值，黑色（0.000）代表正值。

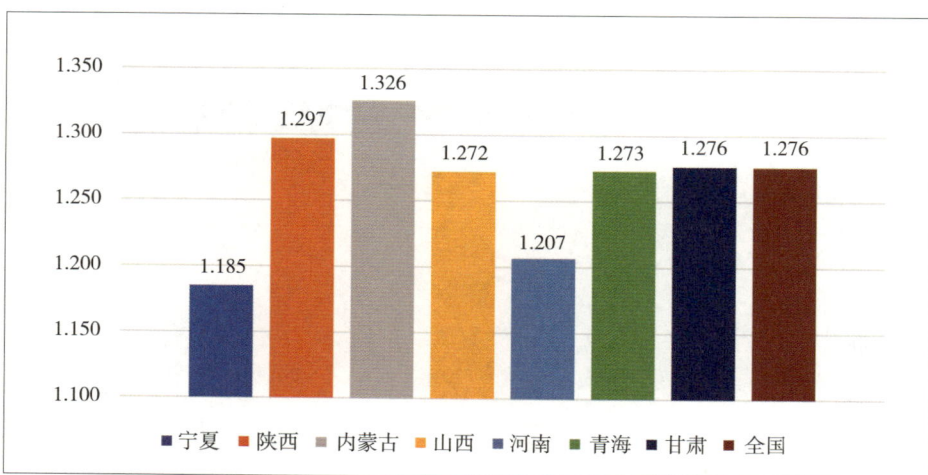

图 4-26　宁夏与全国及沿黄六省区食品制造业市场竞争力指标对比
（主营业务收入成本比）

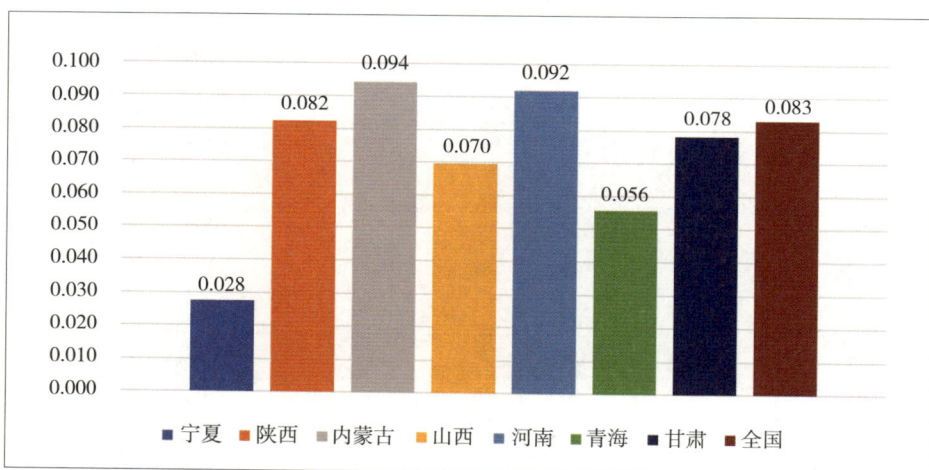

图 4-27　宁夏与全国及沿黄六省区食品制造业市场竞争力指标对比
（主营业务利润收入比）

（4）社会竞争力指数对比分析

由表 4-20、图 4-28 可知，2016—2020 年宁夏食品制造业社会竞争力指数呈平稳态势，常年处于末位。尽管能看出略有提升，但幅度很小，指数分别为 0.005、0.007、0.007、0.007、0.008。宁夏与全国及沿黄六省区对比全面落后，与全国相比，差额分别为 0.033、0.027、0.022、0.023、0.021。与河南差距最大，差额分别为 0.043、0.057、0.044、0.043、0.037。课题组选择了 2020 年为研究对象，对社会竞争力指数相关指标进行分析。

由表 4-21、图 4-29、图 4-30 可知，2020 年宁夏食品制造业社会竞争力指数全面落后的原因是单位能耗营收全面低于全国和其他沿黄六省区，其中与河南差距最大，为 11.870，与青海差距最小，为 1.351。反映出宁夏该行业企业能源消费水平和节能降耗状况不容乐观。另一个指标就业比中，宁夏处于中上游水平，仅比内蒙古和河南低 0.008 和 0.002。分别比全国、陕西、山西、青海和甘肃高 0.020、0.014、0.034、0.032、0.024。反映出宁夏该行业企业就业率比较高。

表 4-20　宁夏与全国及沿黄六省区食品制造业社会竞争力指数对比

年份	2016	2017	2018	2019	2020
宁夏	0.005	0.007	0.007	0.007	0.008
陕西	0.038	0.041	0.048	0.042	0.035
差额	−0.033	−0.034	−0.041	−0.035	−0.027
内蒙古	0.013	0.015	0.015	0.013	0.017
差额	−0.008	−0.008	−0.008	−0.006	−0.009
山西	0.011	0.018	0.018	0.027	0.019
差额	−0.006	−0.011	−0.011	−0.020	−0.011
河南	0.048	0.064	0.051	0.050	0.045
差额	−0.043	−0.057	−0.044	−0.043	−0.037
青海	0.007	0.034	0.024	0.015	0.012
差额	−0.002	−0.027	−0.017	−0.008	−0.004
甘肃	0.015	0.022	0.020	0.015	0.013
差额	−0.010	−0.015	−0.013	−0.008	−0.005
全国	0.038	0.034	0.029	0.030	0.029
差额	−0.033	−0.027	−0.022	−0.023	−0.021

数据来源：2017—2021 年中国、宁夏、沿黄六省区统计年鉴数据计算所得

备注：差额为 0.000 时，红色（0.000）代表负值，黑色（0.000）代表正值。

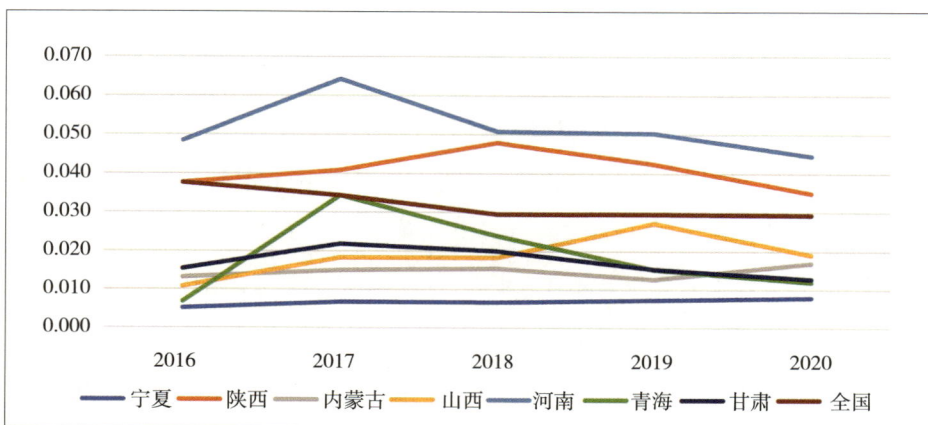

图 4-28　宁夏与全国及沿黄六省区食品制造业社会竞争力指数对比

表 4-21　2020 年宁夏与全国及沿黄六省区食品制造业社会竞争力指标对比

	就业比	单位能耗营收
宁夏	0.042	2.507
陕西	0.028	11.273
差额	0.014	−8.766
内蒙古	0.050	5.421
差额	−0.008	−2.914
山西	0.008	6.145
差额	0.034	−3.638
河南	0.044	14.377
差额	−0.002	−11.870
青海	0.010	3.858
差额	0.032	−1.351
甘肃	0.018	4.124
差额	0.024	−1.617
全国	0.022	9.479
差额	0.020	−6.972

数据来源：2021 年中国、宁夏、沿黄六省区统计年鉴数据计算所得

备注：差额为 0.000 时，红色（0.000）代表负值，黑色（0.000）代表正值。

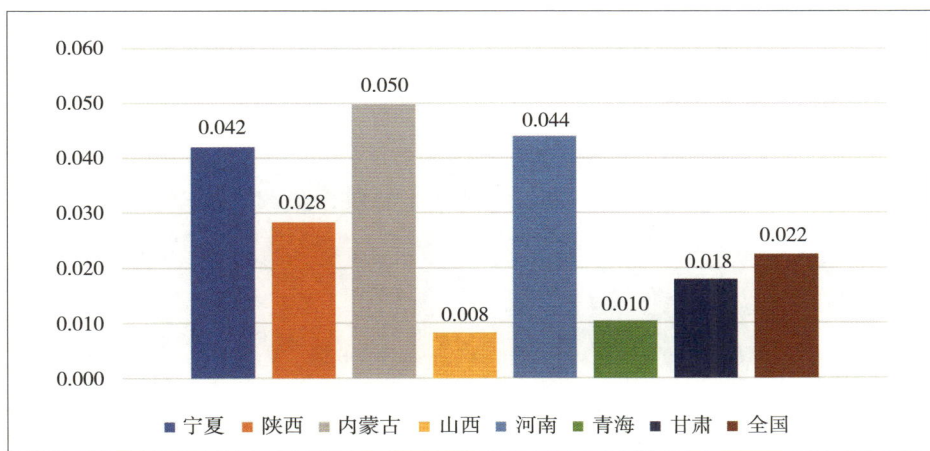

图 4-29　宁夏与全国及沿黄六省区食品制造业社会竞争力指标对比
（就业比）

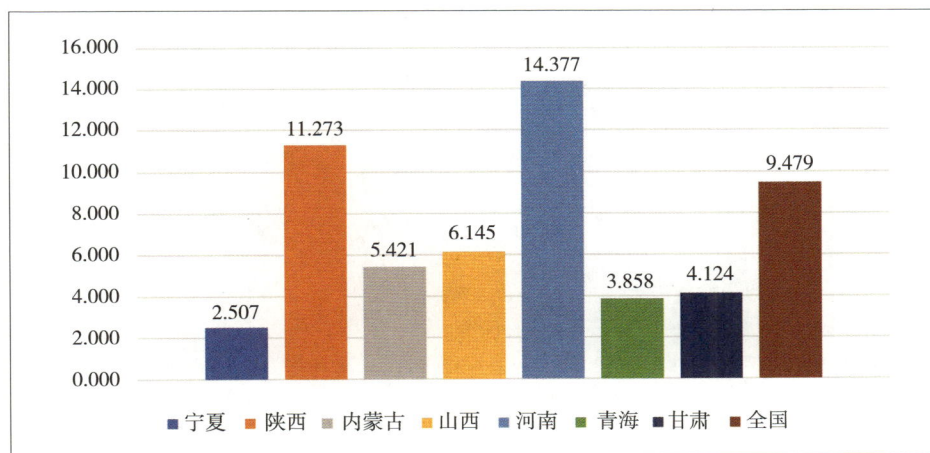

图 4-30　宁夏与全国及沿黄六省区食品制造业社会竞争力指标对比
（单位能耗营收）

4.3.4　酒、饮料和精制茶制造业

（1）综合竞争力指数对比分析

由表 4-22、图 4-31 可知，2016—2020 年，宁夏酒、饮料和精制茶制造业综合竞争力指数呈平稳态势，综合竞争力指数分别为 0.071、0.062、0.070、0.061、0.065。宁夏与全国及沿黄六省区对比总体处于中下游水平，五年

间全面落后于全国、陕西和河南，其中与全国的差距分别为 0.014、0.027、0.024、0.039、0.042，与陕西的差距最大，差额分别为 0.048、0.059、0.052、0.076、0.035。

表 4-22　宁夏与全国及沿黄六省区酒、饮料和精制茶制造业综合竞争力指数对比

年份	2016	2017	2018	2019	2020
宁夏	0.071	0.062	0.070	0.061	0.065
陕西	0.119	0.121	0.122	0.137	0.100
差额	−0.048	−0.059	−0.052	−0.076	−0.035
内蒙古	0.054	0.031	0.031	0.035	0.031
差额	0.017	0.031	0.039	0.026	0.034
山西	0.052	0.066	0.089	0.116	0.110
差额	0.019	−0.004	−0.019	−0.055	−0.045
河南	0.088	0.107	0.086	0.076	0.075
差额	−0.017	−0.045	−0.016	−0.015	−0.010
青海	0.074	0.054	0.054	0.048	0.032
差额	−0.003	0.008	0.016	0.013	0.033
甘肃	0.050	0.057	0.056	0.059	0.064
差额	0.021	0.005	0.014	0.002	0.001
全国	0.085	0.089	0.094	0.100	0.107
差额	−0.014	−0.027	−0.024	−0.039	−0.042

数据来源：2017—2021 年中国、宁夏、沿黄六省区统计年鉴数据计算所得
备注：差额为 0.000 时，红色（0.000）代表负值，黑色（0.000）代表正值。

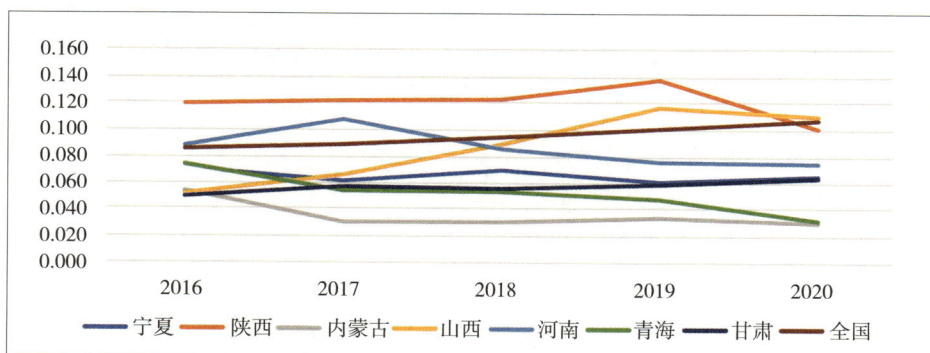

图 4-31　宁夏与全国及沿黄六省区酒、饮料和精制茶制造业综合竞争力指数对比

（2）生产竞争力指数对比分析

由表4-23、图4-32可知，2016—2020年宁夏酒、饮料和精制茶制造业生产竞争力指数总体处于平稳态势，2016—2020年指数为0.027、0.017、0.022、0.020、0.018。宁夏与全国及沿黄六省区对比总体处于中下游水平，整体低于全国和陕西，2016—2020年与全国的差距分别为0.006、0.019、0.019、0.026、0.032，与陕西的差距分别为0.017、0.026、0.015、0.015、0.012。由于各年份间差距不大，因此课题组选取了距离目前最近的2020年对生产竞争力指数相关指标进行分析。

由表4-24、图4-33、图4-34可知，2020年宁夏酒、饮料和精制茶制造业生产竞争力指数偏低的原因是成本费用利润率和总资产利润率整体低于全国和其他所有省区。其中，宁夏成本费用利润率与全国的差距为0.143，与山西差距最大，为0.215，与陕西差距最小，为0.013。但是比内蒙古、河南和青海高0.087、0.006和0.145。从总资产利润率来看，宁夏与全国的差距最大为0.102，但是比内蒙古和青海高0.019和0.032。反映出酒、饮料和精制茶制造业企业2020年发生的所有成本费用所带来的收益能力较差，企业运用其全部资产获取利润的能力也较弱。

表4-23　宁夏与全国及沿黄六省区酒、饮料和精制茶制造业生产竞争力指数对比

年份	2016	2017	2018	2019	2020
宁夏	0.027	0.017	0.022	0.020	0.018
陕西	0.044	0.043	0.037	0.035	0.030
差额	−0.017	−0.026	−0.015	−0.015	−0.012
内蒙古	0.017	0.004	0.001	0.006	0.004
差额	0.010	0.013	0.021	0.014	0.014
山西	0.013	0.018	0.036	0.057	0.058
差额	0.014	−0.001	−0.014	−0.037	−0.040
河南	0.027	0.028	0.025	0.024	0.024
差额	0.000	−0.011	−0.003	−0.004	−0.006
青海	0.035	0.010	0.010	0.003	−0.005
差额	−0.008	0.007	0.012	0.017	0.023

续表

年份	2016	2017	2018	2019	2020
甘肃	0.017	0.021	0.020	0.022	0.025
差额	0.010	−0.004	0.002	−0.002	−0.007
全国	0.033	0.036	0.041	0.046	0.050
差额	−0.006	−0.019	−0.019	−0.026	−0.032

数据来源：2017—2021 年中国、宁夏、沿黄六省区统计年鉴数据计算所得
备注：差额为 0.000 时，红色（0.000）代表负值，黑色（0.000）代表正值。

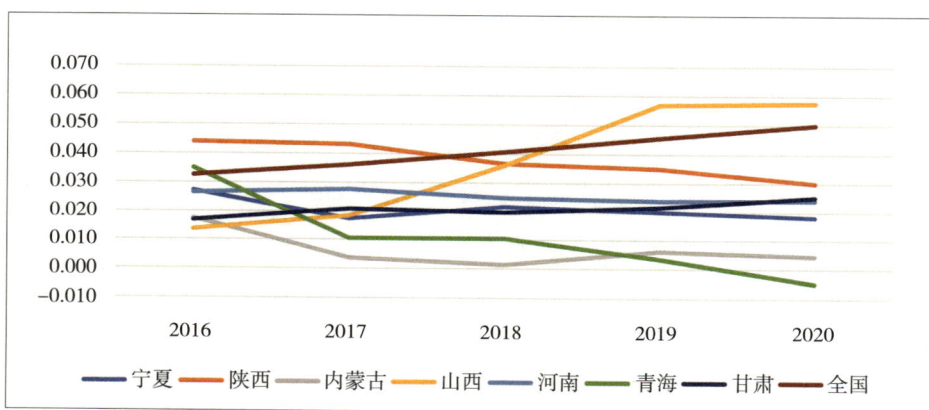

图 4-32　宁夏与全国及沿黄六省区酒、饮料和精制茶制造业生产竞争力指数对比

表 4-24　2020 年宁夏与全国及沿黄六省区酒、饮料和精制茶制造业生产竞争力指标对比

	成本费用利润率	总资产利润率
宁夏	0.113	0.028
陕西	0.126	0.106
差额	−0.013	−0.078
内蒙古	0.026	0.009
差额	0.087	0.019
山西	0.328	0.116
差额	−0.215	−0.088
河南	0.107	0.080
差额	0.006	−0.052
青海	−0.032	−0.005
差额	0.145	0.032

续表

	成本费用利润率	总资产利润率
甘肃	0.139	0.056
差额	−0.026	−0.028
全国	0.256	0.130
差额	−0.143	−0.102

数据来源：2021年中国、宁夏、沿黄六省区统计年鉴数据计算所得

备注：差额为0.000时，红色（0.000）代表负值，黑色（0.000）代表正值。

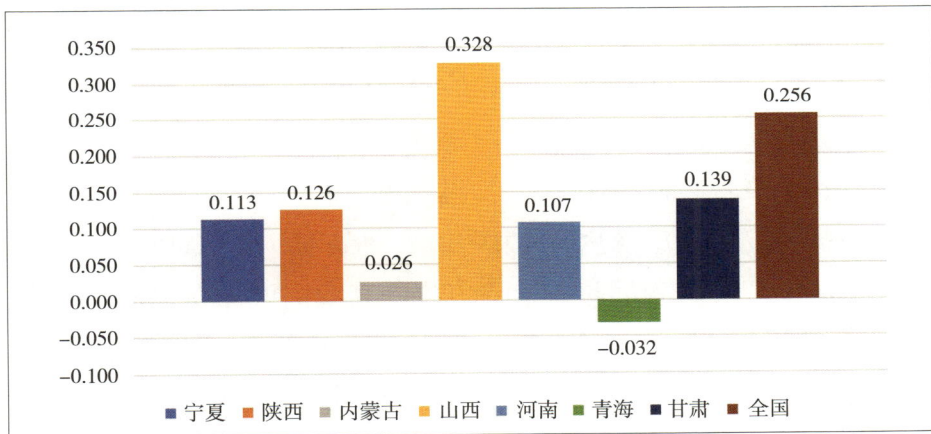

图4-33　宁夏与全国及沿黄六省区酒、饮料和精制茶制造业生产竞争力指标对比
（成本费用利润率）

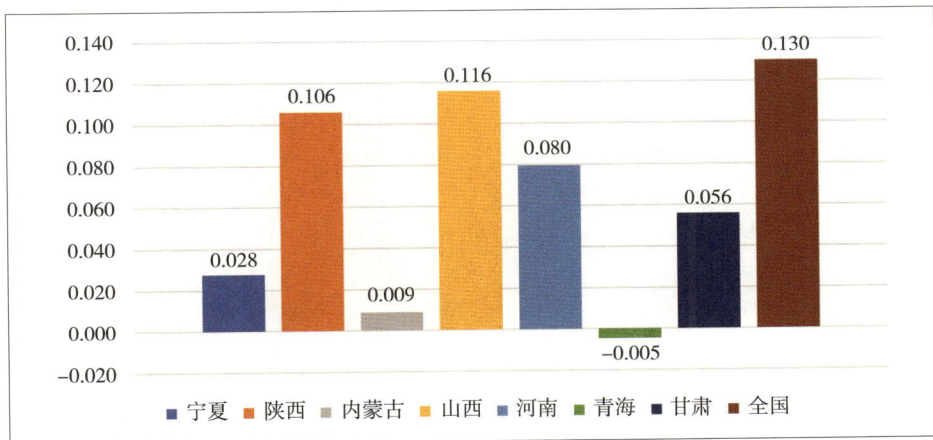

图4-34　宁夏与全国及沿黄六省区酒、饮料和精制茶制造业生产竞争力指标对比
（总资产利润率）

（3）市场竞争力指数对比分析

由表 4-25、图 4-35 可知，2016—2020 年宁夏酒、饮料和精制茶制造业市场竞争力指数总体平稳，变化不大，指数为 0.027、0.025、0.025、0.025、0.024。宁夏与全国及沿黄六省区对比总体差距不大，但逐渐落后于全国和沿黄六省区，从 2018 年开始整体低于全国、山西和甘肃省。在 2020 年与山西差距最大，为 0.009。从 2019 年开始，宁夏市场竞争力指数排名一直下跌到第五名并持续到 2020 年，并且在 2020 年与一些省份的差距拉大。为此，课题组对 2020 年市场竞争力指数相关指标进行分析。

由表 4-26、图 4-36、图 4-37 可知，2020 年宁夏酒、饮料和精制茶制造业市场竞争力指数较低的原因是主营业务收入成本比和主营业务利润收入比低于全国和其他沿黄六省区，仅对内蒙古和河南有绝对优势。主营业务收入成本比指数为 1.439，落后于全国、山西、青海与甘肃，其中，与全国的差距为 0.061，落后山西最多，差额为 0.778，落后甘肃最少，差额为 0.013。宁夏主营业务利润收入比比全国低 0.063，落后山西最多，差额为 0.070，落后陕西最少，差额为 0.014，反映出宁夏该行业企业单位主营业务的销售竞争力和获得的利润水平潜在的退步风险需要引起重视。

表 4-25　宁夏与全国及沿黄六省区酒、饮料和精制茶制造业市场竞争力指数对比

年份	2016	2017	2018	2019	2020
宁夏	0.027	0.025	0.025	0.025	0.024
陕西	0.025	0.024	0.024	0.023	0.023
差额	0.002	0.001	0.001	0.002	0.001
内蒙古	0.021	0.023	0.023	0.023	0.021
差额	0.006	0.002	0.002	0.002	0.003
山西	0.022	0.023	0.030	0.039	0.033
差额	0.005	0.002	−0.005	−0.014	−0.009
河南	0.021	0.021	0.022	0.022	0.022
差额	0.006	0.004	0.003	0.003	0.002
青海	0.026	0.026	0.025	0.029	0.030
差额	0.001	−0.001	0.000	−0.004	−0.006

续表

年份	2016	2017	2018	2019	2020
甘肃	0.024	0.025	0.025	0.025	0.026
差额	0.003	−0.000	−0.000	−0.000	−0.002
全国	0.024	0.024	0.026	0.027	0.028
差额	0.003	0.001	−0.001	−0.002	−0.004

数据来源：2017—2021 年中国、宁夏、沿黄六省区统计年鉴数据计算所得

备注：差额为 0.000 时，红色（0.000）代表负值，黑色（0.000）代表正值。

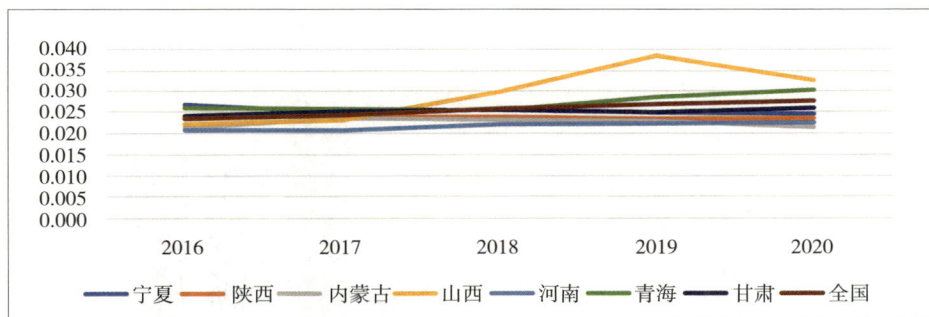

图 4-35　宁夏与全国及沿黄六省区酒、饮料和精制茶制造业市场竞争力指数对比

表 4-26　2020 年宁夏与全国及沿黄六省区酒、饮料和精制茶制造业生产竞争力
指标对比

	主营业务收入成本比	主营业务利润收入比
宁夏	1.439	0.086
陕西	1.339	0.100
差额	0.100	−0.014
内蒙古	1.380	0.027
差额	0.059	0.059
山西	2.217	0.156
差额	−0.778	−0.070
河南	1.285	0.081
差额	0.154	0.005
青海	1.742	0.012
差额	−0.303	0.074

续表

	主营业务收入成本比	主营业务利润收入比
甘肃	1.452	0.080
差额	−0.013	0.006
全国	1.500	0.149
差额	−0.061	−0.063

数据来源：2021 年中国、宁夏、沿黄六省区统计年鉴数据计算所得

备注：差额为 0.000 时，红色（0.000）代表负值，黑色（0.000）代表正值。

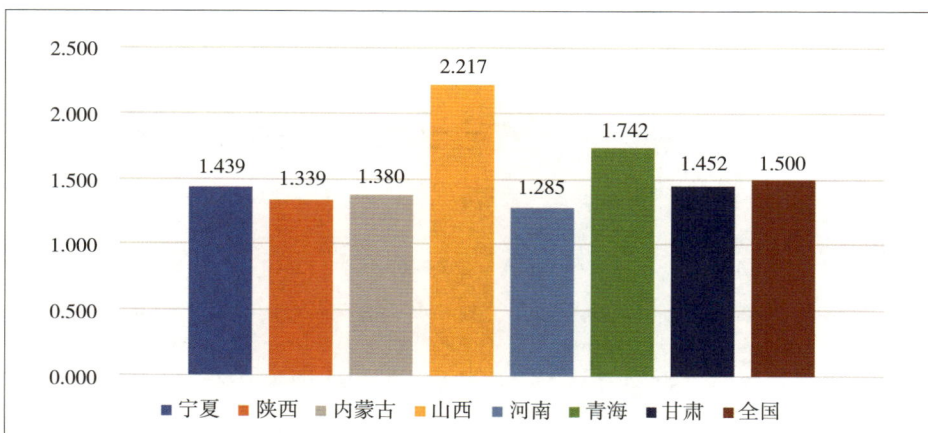

图 4-36　宁夏与全国及沿黄六省区酒、饮料和精制茶制造业生产竞争力指标对比
（主营业务收入成本比）

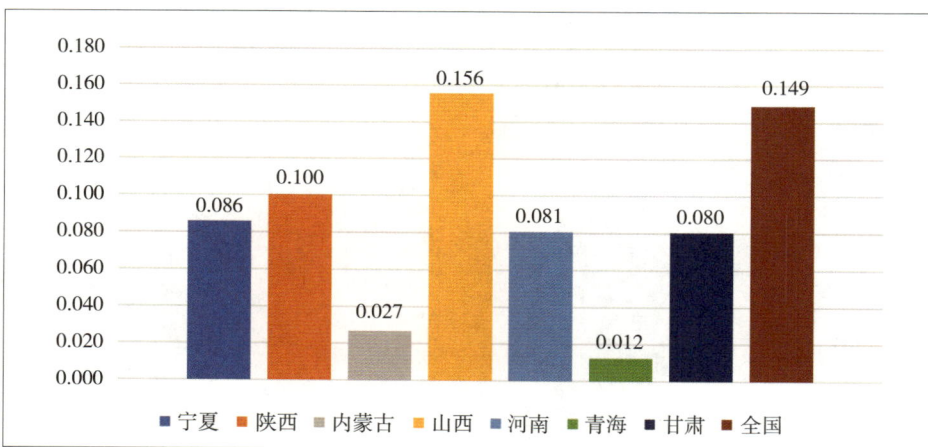

图 4-37　宁夏与全国及沿黄六省区酒、饮料和精制茶制造业生产竞争力指标对比
（主营业务利润收入比）

（4）社会竞争力指数对比分析

由表4–27、图4–38可知，2016—2020年宁夏酒、饮料和精制茶制造业社会竞争力指数呈平稳态势，处于中等水平。指数分别为0.017、0.020、0.023、0.016、0.023。在五年间整体落后于陕西、河南和全国，但是整体比内蒙古、青海和甘肃高。宁夏与全国相比，差距为0.012、0.008、0.005、0.012、0.006。与陕西差距最大，差额为0.033、0.034、0.039、0.062、0.024。课题组选择2020年为研究对象，对社会竞争力指数相关指标进行分析。

由表4–28、图4–39、图4–40可知，2020年，宁夏酒、饮料和精制茶制造业社会竞争力指数处于中游水平的原因是单位能耗营收具有一定优势，只落后于全国、陕西和河南，其中，与全国相比，差距为2.751，与陕西差距最大，为10.306，与河南差距最小，为2.372。反映出宁夏该行业企业能源消费水平和节能降耗状况良好但是与较发达省区仍有一定的差距。竞争力指数另一个指标就业比中，宁夏处于末位，分别比全国低0.008，与陕西差距最大，为0.023。反映出宁夏该行业企业就业率不容乐观。

表4–27　宁夏与全国及沿黄六省区酒、饮料和精制茶制造业社会竞争力指数对比

年份	2016	2017	2018	2019	2020
宁夏	0.017	0.020	0.023	0.016	0.023
陕西	0.050	0.054	0.062	0.078	0.047
差额	−0.033	−0.034	−0.039	−0.062	−0.024
内蒙古	0.016	0.004	0.007	0.006	0.005
差额	0.001	0.016	0.016	0.010	0.018
山西	0.016	0.025	0.023	0.021	0.019
差额	0.001	−0.005	−0.000	−0.005	0.004
河南	0.041	0.059	0.039	0.030	0.028
差额	−0.024	−0.039	−0.016	−0.014	−0.005
青海	0.013	0.018	0.018	0.016	0.007
差额	0.004	0.002	0.005	0.000	0.016
甘肃	0.009	0.011	0.011	0.013	0.013
差额	0.008	0.009	0.012	0.003	0.010

续表

年份	2016	2017	2018	2019	2020
全国	0.029	0.028	0.028	0.028	0.029
差额	−0.012	−0.008	−0.005	−0.012	−0.006

数据来源：2017—2021 年中国、宁夏、沿黄六省区统计年鉴数据计算所得

备注：差额为 0.000 时，红色（0.000）代表负值，黑色（0.000）代表正值。

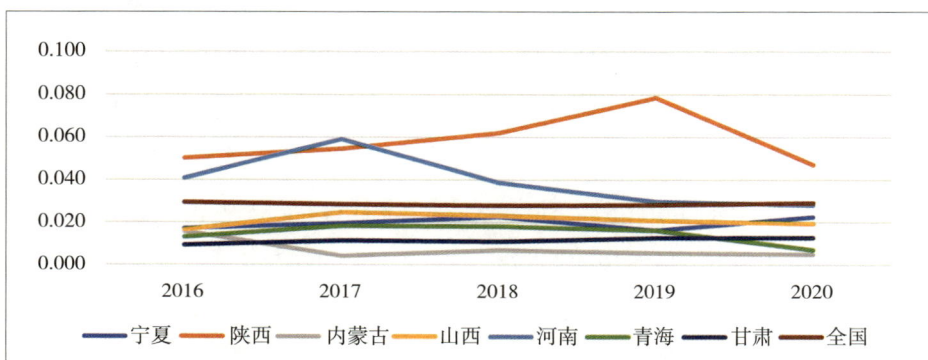

图 4-38　宁夏与全国及沿黄六省区酒、饮料和精制茶制造业社会竞争力指数对比

表 4-28　2020 年宁夏与全国及沿黄六省区酒、饮料和精制茶制造业社会竞争力
指标对比

	就业比	单位能耗营收
宁夏	0.007	9.604
陕西	0.030	19.911
差额	−0.023	−10.306
内蒙古	0.013	2.107
差额	−0.006	7.497
山西	0.012	8.219
差额	−0.005	1.385
河南	0.018	11.976
差额	−0.011	−2.372
青海	0.020	2.988
差额	−0.013	6.616
甘肃	0.022	5.409
差额	−0.015	4.195

续表

	就业比	单位能耗营收
全国	0.015	12.355
差额	−0.008	−2.751

数据来源：2021 年中国、宁夏、沿黄六省区统计年鉴数据计算所得

备注：差额为 0.000 时，红色（0.000）代表负值，黑色（0.000）代表正值。

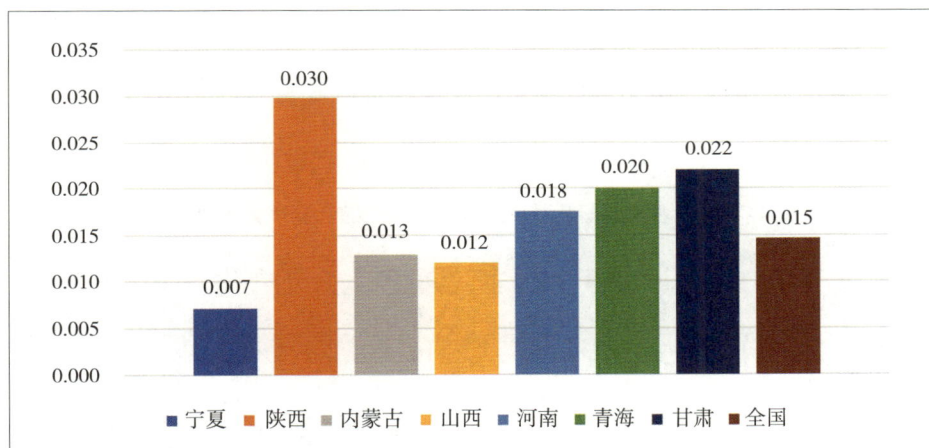

图 4-39　宁夏与全国及沿黄六省区酒、饮料和精制茶制造业社会竞争力指标对比
（就业比）

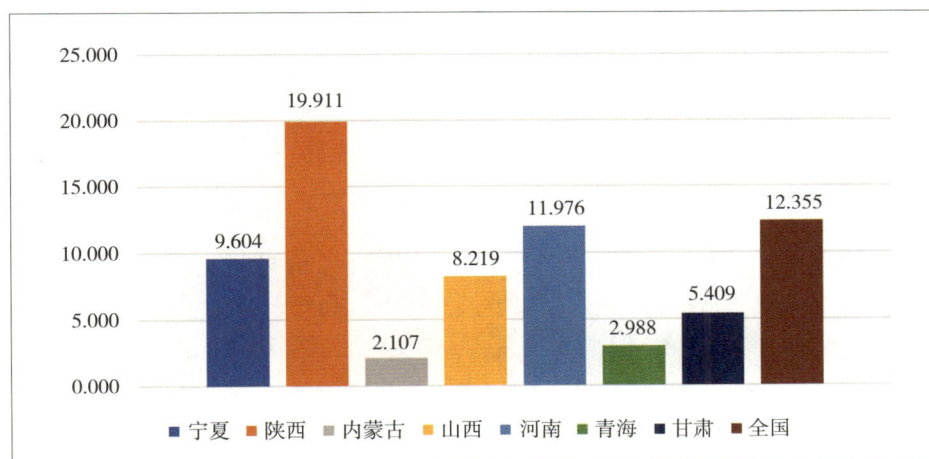

图 4-40　宁夏与全国及沿黄六省区酒、饮料和精制茶制造业社会竞争力指标对比
（单位能耗营收）

4.3.5 纺织业

（1）综合竞争力指数对比分析

由表 4-29、图 4-41 可知，2016—2020 年宁夏纺织业综合竞争力指数呈大幅下降态势，综合竞争力指数分别为 0.129、0.054、0.027、0.011、0.019。宁夏与全国及沿黄六省区对比总体处于下游水平，特别是在 2018 年，宁夏比全国低 0.046，与河南差距最大，差额为 0.116，与山西和甘肃差距最小，差额分别为 0.010 和 0.006。总体来看与陕西差距最大，在 2016—2020 年差距分别为 0.042、0.094、0.114、0.125、0.091。

表 4-29　宁夏与全国及沿黄六省区纺织业综合竞争力指数对比

年份	2016	2017	2018	2019	2020
宁夏	0.129	0.054	0.027	0.011	0.019
陕西	0.171	0.148	0.141	0.136	0.110
差额	−0.042	−0.094	−0.114	−0.125	−0.091
内蒙古	0.154	0.058	0.085	0.081	0.005
差额	−0.025	−0.004	−0.058	−0.070	0.014
山西	0.026	0.042	0.037	0.039	0.049
差额	0.103	0.012	−0.010	−0.028	−0.030
河南	0.124	0.153	0.143	0.146	0.129
差额	0.005	−0.099	−0.116	−0.135	−0.110
青海	0.080	0.052	0.066	0.008	−0.049
差额	0.049	0.002	−0.039	0.003	0.068
甘肃	0.053	0.059	0.033	0.048	0.028
差额	0.076	−0.005	−0.006	−0.037	−0.009
全国	0.094	0.087	0.073	0.072	0.076
差额	0.035	−0.033	−0.046	−0.061	−0.057

数据来源：2017—2021 年中国、宁夏、沿黄六省区统计年鉴数据计算所得
备注：差额为 0.000 时，红色（0.000）代表负值，黑色（0.000）代表正值。

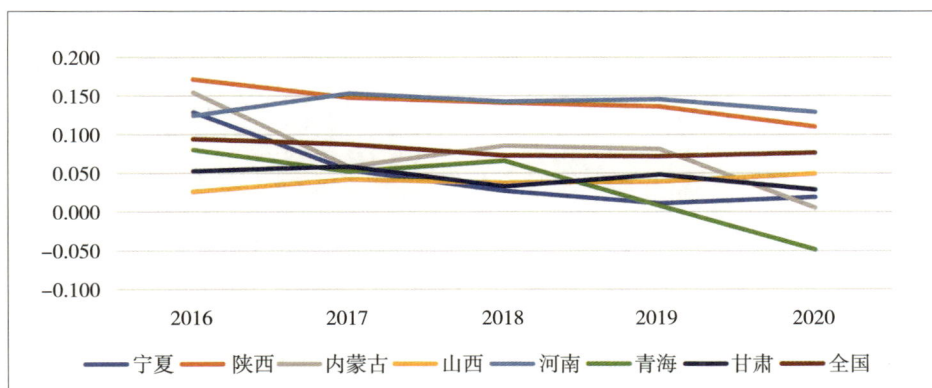

图 4-41　宁夏与全国及沿黄六省区纺织业综合竞争力指数对比

（2）生产竞争力指数对比分析

由表 4-30、图 4-42 可知，2016—2020 年，宁夏纺织业生产竞争力指数总体处于下降态势，并且从 2017 年开始生产竞争力指数下降为负值。2016—2020 年间指数为 0.033、-0.012、-0.024、-0.036、-0.024。宁夏与全国及沿黄六省区对比，总体处于落后水平，仅在 2016 年高于山西、青海和甘肃省，在 2020 年高于内蒙古和青海省。2016—2020 年与全国的差距分别为 0.021、0.061、0.062、0.074、0.066，与陕西差距最大，差距分别为 0.076、0.101、0.101、0.107、0.080。由于各年份间差距不大，因此课题组选取了最低点 -0.036 的 2019 年对生产竞争力指数相关指标进行分析。

由表 4-31、图 4-43、图 4-44 可知，2019 年宁夏纺织业生产竞争力指数落后的原因是成本费用利润率和总资产利润率整体低于全国和沿黄六省区。其中，宁夏成本费用利润率与全国的差距为 0.132；与河南差距最大，差额为 0.184；与青海差距最小，差额为 0.037。从总资产利润率来看，宁夏与全国的差距为 0.080；与陕西差距最大，差额为 0.140；与青海差距最小，差额为 0.005。反映出纺织业企业 2019 年发生的所有成本费用所带来的收益能力差，企业运用其全部资产获取利润的能力弱。

表 4-30　宁夏与全国及沿黄六省区纺织业生产竞争力指数对比

年份	2016	2017	2018	2019	2020
宁夏	0.033	−0.012	−0.024	−0.036	−0.024
陕西	0.109	0.089	0.077	0.071	0.056
差额	−0.076	−0.101	−0.101	−0.107	−0.080
内蒙古	0.060	0.020	0.013	−0.008	−0.025
差额	−0.027	−0.032	−0.037	−0.028	0.001
山西	−0.002	0.009	0.009	0.008	0.019
差额	0.035	−0.021	−0.033	−0.044	−0.043
河南	0.071	0.071	0.073	0.074	0.061
差额	−0.038	−0.083	−0.097	−0.110	−0.085
青海	0.011	0.005	0.005	−0.021	−0.069
差额	0.022	−0.017	−0.029	−0.015	0.045
甘肃	0.013	0.025	0.001	0.016	−0.001
差额	0.020	−0.037	−0.025	−0.052	−0.023
全国	0.054	0.049	0.038	0.038	0.042
差额	−0.021	−0.061	−0.062	−0.074	−0.066

数据来源：2017—2021 年中国、宁夏、沿黄六省区统计年鉴数据计算所得
备注：差额为 0.000 时，红色（0.000）代表负值，黑色（0.000）代表正值。

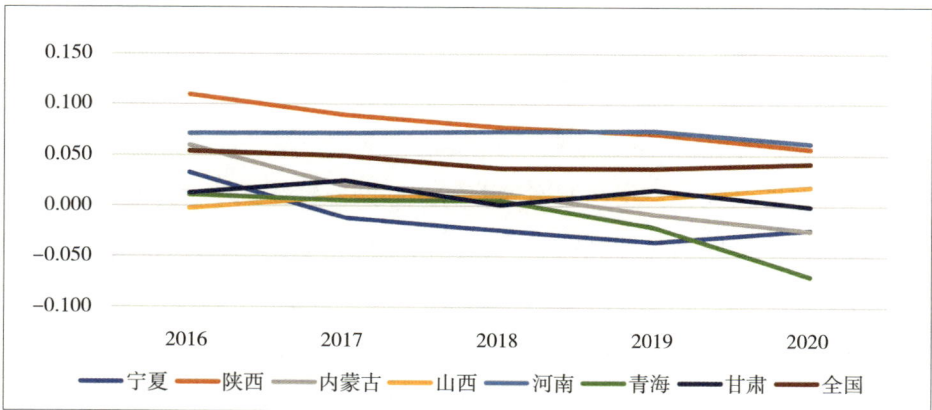

图 4-42　宁夏与全国及沿黄六省区纺织业生产竞争力指数对比

表 4-31　2019 年宁夏与全国及沿黄六省区纺织业生产竞争力指标对比

	成本费用利润率	总资产利润率
宁夏	−0.080	−0.023
陕西	0.088	0.117
差额	−0.168	−0.140
内蒙古	−0.015	−0.008
差额	−0.065	−0.015
山西	0.013	0.011
差额	−0.093	−0.034
河南	0.104	0.110
差额	−0.184	−0.133
青海	−0.043	−0.018
差额	−0.037	−0.005
甘肃	0.034	0.013
差额	−0.114	−0.036
全国	0.052	0.057
差额	−0.132	−0.080

数据来源：2020 年中国、宁夏、沿黄六省区统计年鉴数据计算所得

备注：差额为 0.000 时，红色（0.000）代表负值，黑色（0.000）代表正值。

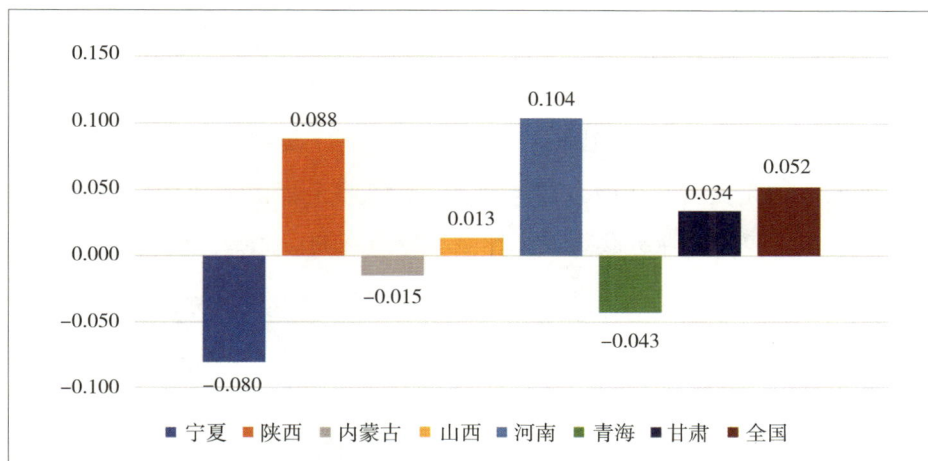

图 4-43　宁夏与全国及沿黄六省区纺织业生产竞争力指标对比
（成本费用利润率）

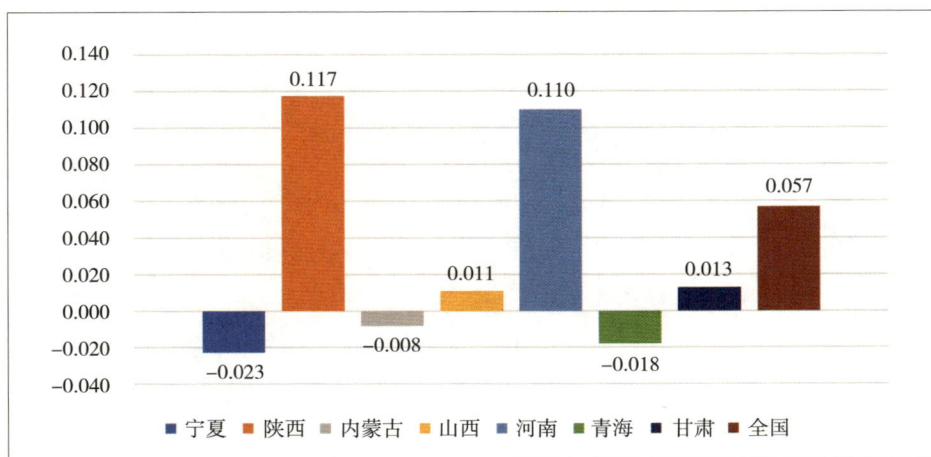

图 4-44　宁夏与全国及沿黄六省区纺织业生产竞争力指标对比
（总资产利润率）

（3）市场竞争力指数对比分析

由表 4-32、图 4-45 可知，2016—2020 年宁夏纺织业市场竞争力指数总体平稳，变化不大，指数为 0.029、0.023、0.023、0.021、0.022。宁夏与全国及沿黄六省区对比总体差距不大，但整体落后于全国和沿黄六省区，仅在 2016 年排名第二位，从 2017 年开始整体低于全国和其他沿黄省区，在 2019 年达到了最低值，但是在 2020 年有所回升，超过了内蒙古和青海。为此，课题组对 2019 年市场竞争力指数相关指标进行分析。

由表 4-33、图 4-46、图 4-47 可知，2019 年宁夏纺织业市场竞争力指数很低的原因是主营业务收入成本比和主营业务利润收入比均低于全国和沿黄六省区，仅主营业务收入成本比高于青海 0.001。主营业务收入成本比指数为 1.047，其中，与全国的差距为 0.088；落后河南最多，差额为 0.119；落后内蒙古最少，差额为 0.017。宁夏主营业务利润收入比比全国低 0.123；落后河南最多，差额为 0.166；落后青海最少，差额为 0.036，反映出宁夏该行业企业单位主营业务的销售竞争力和获得的利润水平有待提高。

表 4-32   宁夏与全国及沿黄六省区纺织业市场竞争力指数对比

年份	2016	2017	2018	2019	2020
宁夏	0.029	0.023	0.023	0.021	0.022
陕西	0.029	0.028	0.027	0.027	0.026
差额	−0.000	−0.005	−0.004	−0.006	−0.004
内蒙古	0.027	0.025	0.025	0.023	0.022
差额	0.002	−0.002	−0.002	−0.002	0.000
山西	0.024	0.024	0.025	0.024	0.025
差额	0.005	−0.001	−0.002	−0.003	−0.003
河南	0.027	0.027	0.028	0.028	0.027
差额	0.002	−0.004	−0.005	−0.007	−0.005
青海	0.023	0.023	0.023	0.022	0.018
差额	0.006	−0.000	−0.000	−0.001	0.004
甘肃	0.025	0.025	0.024	0.025	0.025
差额	0.004	−0.002	−0.001	−0.004	−0.003
全国	0.026	0.026	0.026	0.026	0.027
差额	0.003	−0.003	−0.003	−0.005	−0.004

数据来源：2017—2021 年中国、宁夏、沿黄六省区统计年鉴数据计算所得

备注：差额为 0.000 时，红色（0.000）代表负值，黑色（0.000）代表正值。

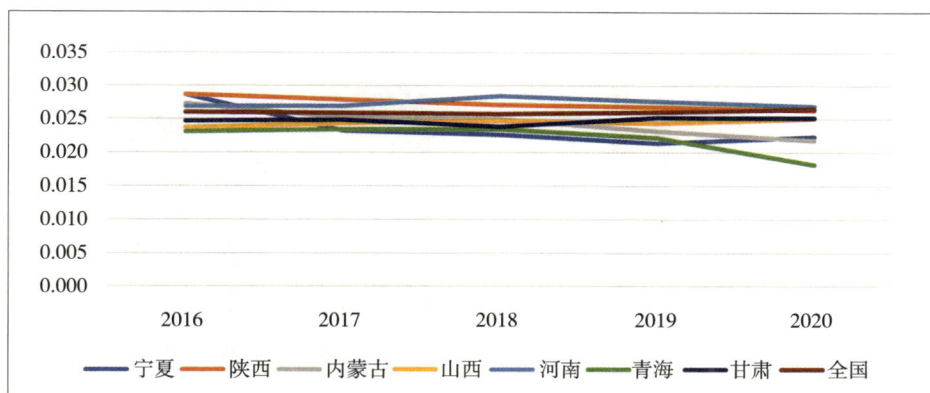

图 4-45   宁夏与全国及沿黄六省区纺织业市场竞争力指数对比

表 4-33　2019 年宁夏与全国及沿黄六省区纺织业市场竞争力指标对比

	主营业务收入成本比	主营业务利润收入比
宁夏	1.047	−0.077
陕西	1.137	0.077
差额	−0.090	−0.154
内蒙古	1.064	−0.014
差额	−0.017	−0.063
山西	1.092	0.012
差额	−0.045	−0.089
河南	1.166	0.089
差额	−0.119	−0.166
青海	1.046	−0.041
差额	0.001	−0.036
甘肃	1.113	0.031
差额	−0.066	−0.108
全国	1.135	0.046
差额	−0.088	−0.123

数据来源：2020 年中国、宁夏、沿黄六省区统计年鉴数据计算所得

备注：差额为 0.000 时，红色（0.000）代表负值，黑色（0.000）代表正值。

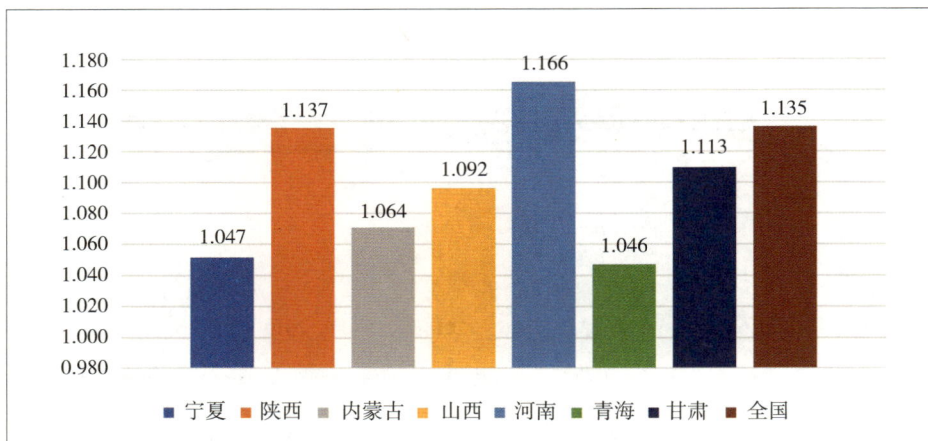

图 4-46　宁夏与全国及沿黄六省区纺织业市场竞争力指标对比
（主营业务收入成本比）

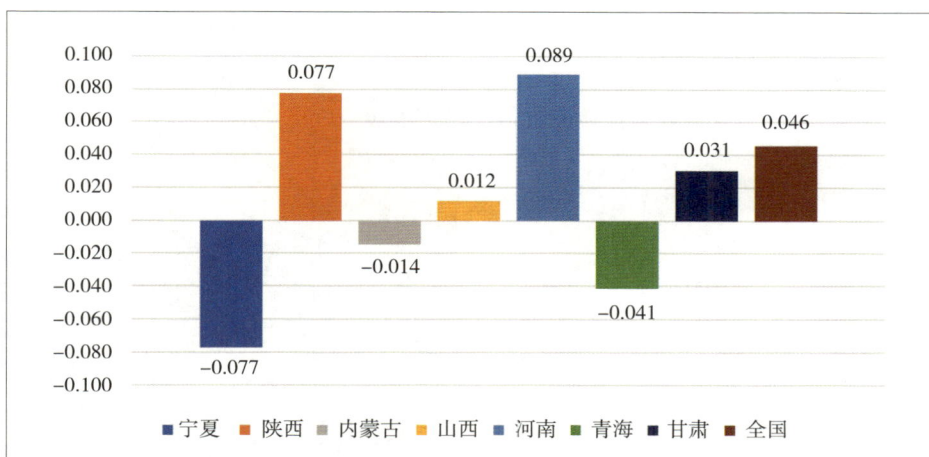

图 4-47　宁夏与全国及沿黄六省区纺织业市场竞争力指标对比
（主营业务利润收入比）

（4）社会竞争力指数对比分析

由表 4-34、图 4-48 可知，2016—2020 年，宁夏纺织业社会竞争力指数呈大幅下降趋势，但仍处于中上等水平，指数分别为 0.067、0.042、0.029、0.025、0.020。五年间，整体领先于全国、山西和甘肃省，但是与河南和陕西有一定的差距。宁夏与全国相比，领先其 0.053、0.030、0.019、0.016、0.012；但是在 2017—2020 年全面落后于河南省，差额分别为 0.013、0.012、0.019、0.021。课题组选择 2020 年为研究对象，对社会竞争力指数相关指标进行分析。

由表 4-35、图 4-49、图 4-50 可知，2020 年宁夏纺织业社会竞争力指数处于中上游水平的原因是单位能耗营收和就业比都具有一定优势。其中，宁夏的单位能耗营收与全国相比，高 4.718。宁夏与河南差距最大，比其低 8.329，与陕西也存在差距，比其低为 3.101。反映出宁夏该行业企业能源消费水平和节能降耗状况具备一定优势但是与较发达省区仍有一定差距。另一个指标就业比中，宁夏同样处于中上游水平，仅比全国和河南低 0.008 和 0.010。分别比陕西、内蒙古、山西、青海和甘肃高 0.010、0.024、0.027、0.016、0.025，反映出宁夏该行业企业就业率比较高。

表 4–34 宁夏与全国及沿黄六省区纺织业社会竞争力指数对比

年份	2016	2017	2018	2019	2020
宁夏	0.067	0.042	0.029	0.025	0.020
陕西	0.034	0.031	0.037	0.039	0.028
差额	0.033	0.011	−0.008	−0.014	−0.008
内蒙古	0.067	0.013	0.047	0.066	0.008
差额	0.000	0.029	−0.018	−0.041	0.012
山西	0.004	0.008	0.003	0.006	0.005
差额	0.063	0.034	0.026	0.019	0.015
河南	0.027	0.055	0.041	0.044	0.041
差额	0.040	−0.013	−0.012	−0.019	−0.021
青海	0.046	0.023	0.037	0.006	0.002
差额	0.021	0.019	−0.008	0.019	0.018
甘肃	0.015	0.009	0.008	0.007	0.004
差额	0.052	0.033	0.021	0.018	0.016
全国	0.014	0.012	0.010	0.009	0.008
差额	0.053	0.030	0.019	0.016	0.012

数据来源：2017—2021 年中国、宁夏、沿黄六省区统计年鉴数据计算所得
备注：差额为 0.000 时，红色（0.000）代表负值，黑色（0.000）代表正值。

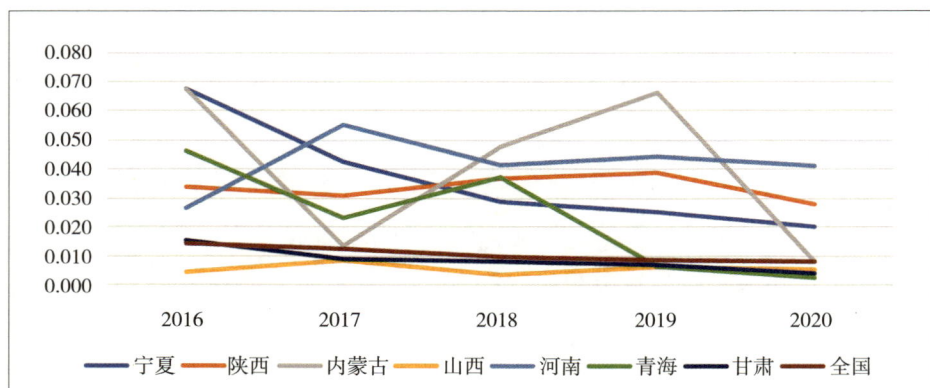

图 4–48 宁夏与全国及沿黄六省区纺织业社会竞争力指数对比

表 4–35　2020 年宁夏与全国及沿黄六省区纺织业社会竞争力指标对比

	就业比	单位能耗营收
宁夏	0.029	7.875
陕西	0.019	10.976
差额	0.010	−3.101
内蒙古	0.005	3.212
差额	0.024	4.663
山西	0.002	2.093
差额	0.027	5.782
河南	0.039	16.205
差额	−0.010	−8.330
青海	0.013	0.959
差额	0.016	6.916
甘肃	0.004	1.567
差额	0.025	6.308
全国	0.037	3.157
差额	−0.008	4.718

数据来源：2021 年中国、宁夏、沿黄六省区统计年鉴数据计算所得

备注：差额为 0.000 时，红色（0.000）代表负值，黑色（0.000）代表正值。

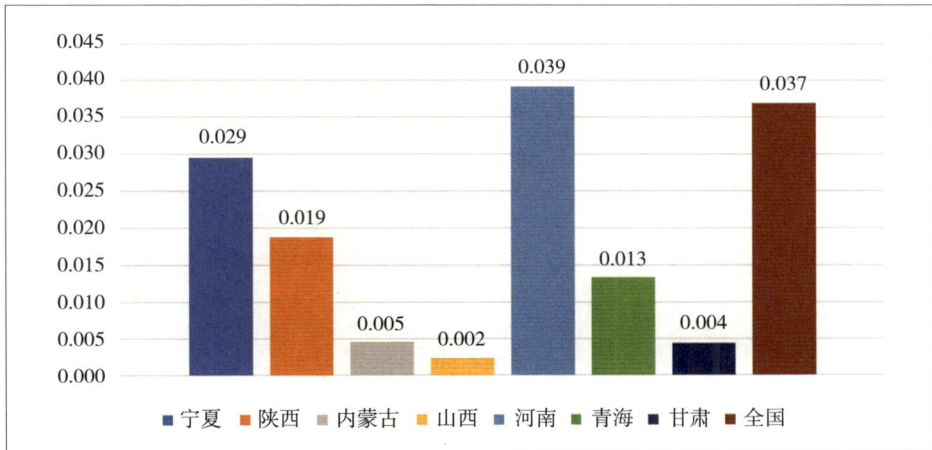

图 4–49　宁夏与全国及沿黄六省区纺织业社会竞争力指标对比
（就业比）

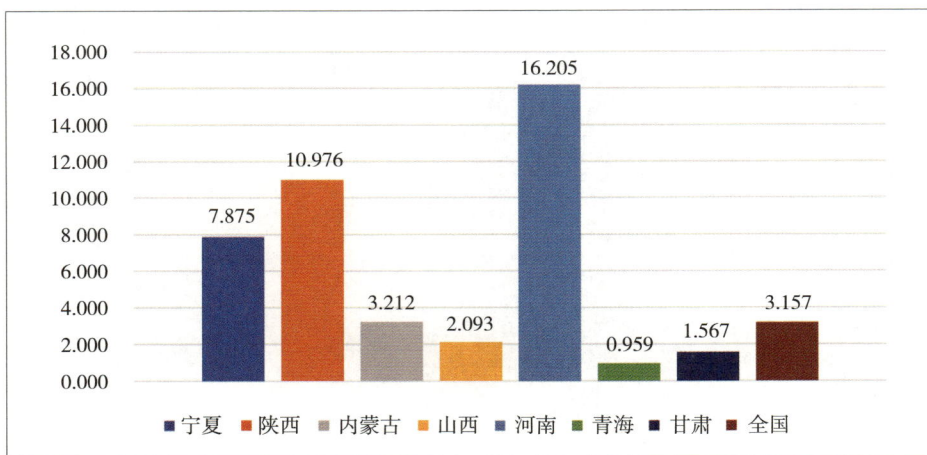

图 4-50　宁夏与全国及沿黄六省区纺织业社会竞争力指标对比
（单位能耗营收）

4.3.6　印刷和记录媒介复制业

（1）综合竞争力指数对比分析

由表 4-36、图 4-51 可知，2016—2020 年，宁夏印刷和记录媒介复制业综合竞争力指数变化呈 U 字形，综合竞争力指数分别为 0.076、0.045、0.047、0.044、0.071。宁夏与全国及沿黄六省区对比总体处于中下游水平，全面落后于全国、陕西和河南省，与全国的差距分别为 0.046、0.073、0.057、0.066、0.034；总体来看，与陕西差距最大，在 2016—2020 年差距分别为 0.063、0.139、0.110、0.106、0.084。

表 4-36　宁夏与全国及沿黄六省区印刷和记录媒介复制业综合竞争力指数对比

年份	2016	2017	2018	2019	2020
宁夏	0.076	0.045	0.047	0.044	0.071
陕西	0.139	0.184	0.157	0.150	0.155
差额	−0.063	−0.139	−0.110	−0.106	−0.084
内蒙古	0.139	0.043	0.063	0.069	0.039
差额	−0.063	0.002	−0.016	−0.025	0.032

续表

年份	2016	2017	2018	2019	2020
山西	0.062	0.059	0.050	0.060	0.046
差额	0.014	−0.014	−0.003	−0.016	0.025
河南	0.136	0.176	0.153	0.150	0.146
差额	−0.060	−0.131	−0.106	−0.106	−0.075
青海	0.032	0.048	0.048	−0.100	−0.090
差额	0.044	−0.003	−0.001	0.144	0.161
甘肃	0.068	0.031	−0.020	−0.035	−0.001
差额	0.008	0.014	0.067	0.079	0.072
全国	0.122	0.118	0.104	0.110	0.105
差额	−0.046	−0.073	−0.057	−0.066	−0.034

数据来源：2017—2021 年中国、宁夏、沿黄六省区统计年鉴数据计算所得
备注：差额为 0.000 时，红色（0.000）代表负值，黑色（0.000）代表正值。

图 4-51　宁夏与全国及沿黄六省区印刷和记录媒介复制业综合竞争力指数对比

（2）生产竞争力指数对比分析

由表 4-37、图 4-52 可知，2016—2020 年宁夏印刷和记录媒介复制业生产竞争力指数趋势同样大致为 U 字形，指数分别为 0.033、0.003、0.007、0.005、0.028。宁夏与全国及沿黄六省区对比总体处于中下游水平，整体低于全国、河南和陕西，2016—2020 年与全国的差距分别为 0.039、0.066、0.053、0.060、0.033，与陕西的差距分别为 0.029、0.074、0.059、0.053、0.035，与河南的差距分别为 0.046、0.080、0.077、0.071、0.041。由于 2019 年是转折较大的时间点，因此课题组选取了 2019 年对生产竞争力指数相关

指标进行分析。

由表 4-38、图 4-53、图 4-54 可知，2019 年宁夏印刷和记录媒介复制业生产竞争力指数偏低的原因是成本费用利润率和总资产利润率整体低于全国、陕西、内蒙古、山西和河南。其中，宁夏成本费用利润率与全国的差距为 0.076，与河南差距最大，差额为 0.094，与山西差距最小，差额为 0.025；但是比青海和甘肃高 0.220 和 0.123。从总资产利润率来看，宁夏与全国的差距为 0.074，与河南差距最大，差额为 0.085，与内蒙古差距最小，差额为 0.006。反映出印刷和记录媒介复制业企业 2019 年发生的所有成本费用所带来的收益能力较差，企业运用其全部资产获取利润的能力也较弱。

表 4-37　宁夏与全国及沿黄六省区印刷和记录媒介复制业生产竞争力指数对比

年份	2016	2017	2018	2019	2020
宁夏	0.033	0.003	0.007	0.005	0.028
陕西	0.062	0.077	0.066	0.058	0.063
差额	−0.029	−0.074	−0.059	−0.053	−0.035
内蒙古	0.092	0.009	0.008	0.019	0.006
差额	−0.059	−0.006	−0.001	−0.014	0.022
山西	0.025	0.021	0.013	0.019	0.011
差额	0.008	−0.018	−0.006	−0.014	0.017
河南	0.079	0.083	0.084	0.076	0.069
差额	−0.046	−0.080	−0.077	−0.071	−0.041
青海	0.008	0.002	0.002	−0.124	−0.110
差额	0.025	0.001	0.005	0.129	0.138
甘肃	0.032	−0.004	−0.050	−0.066	−0.032
差额	0.001	0.007	0.057	0.071	0.060
全国	0.072	0.069	0.060	0.065	0.061
差额	−0.039	−0.066	−0.053	−0.060	−0.033

数据来源：2017—2021 年中国、宁夏、沿黄六省区统计年鉴数据计算所得
备注：差额为 0.000 时，红色（0.000）代表负值，黑色（0.000）代表正值。

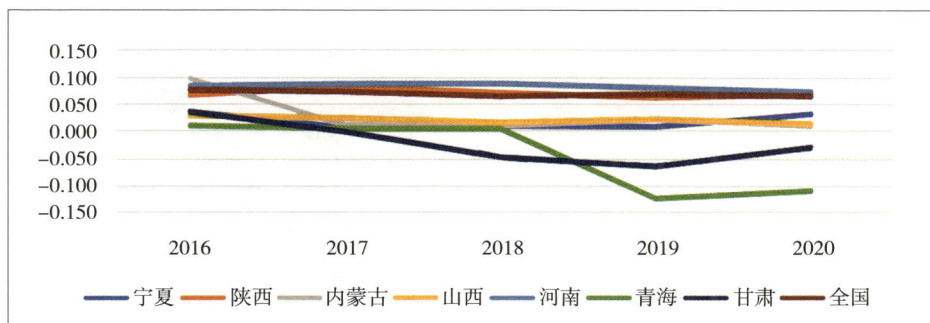

图 4-52　宁夏与全国及沿黄六省区印刷和记录媒介复制业生产竞争力指数对比

表 4-38　2019 年宁夏与全国及沿黄六省区印刷和记录媒介复制业生产竞争力指标对比

	成本费用利润率	总资产利润率
宁夏	0.008	0.005
陕西	0.065	0.081
差额	−0.057	−0.076
内蒙古	0.037	0.011
差额	−0.029	−0.006
山西	0.033	0.015
差额	−0.025	−0.010
河南	0.102	0.090
差额	−0.094	−0.085
青海	−0.212	−0.101
差额	0.220	0.106
甘肃	−0.115	−0.052
差额	0.123	0.057
全国	0.084	0.079
差额	−0.076	−0.074

数据来源：2020 年中国、宁夏、沿黄六省区统计年鉴数据计算所得

备注：差额为 0.000 时，红色（0.000）代表负值，黑色（0.000）代表正值。

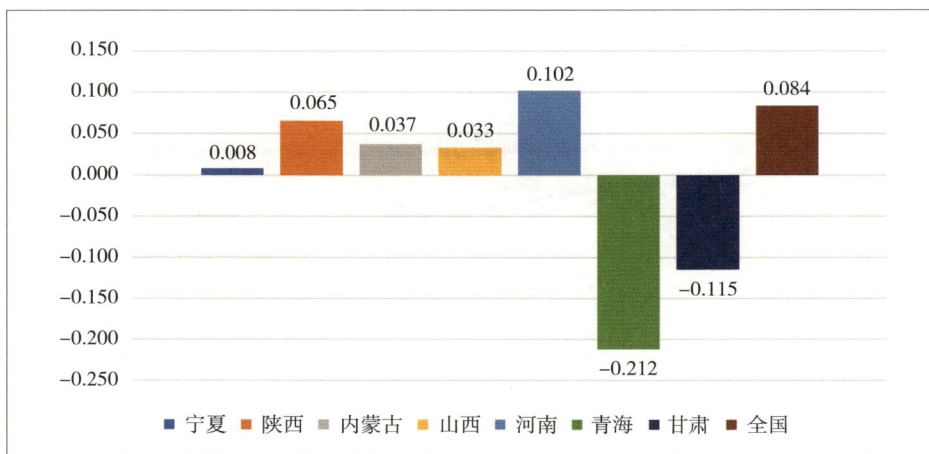

图 4-53 宁夏与全国及沿黄六省区印刷和记录媒介复制业生产竞争力指标对比
（成本费用利润率）

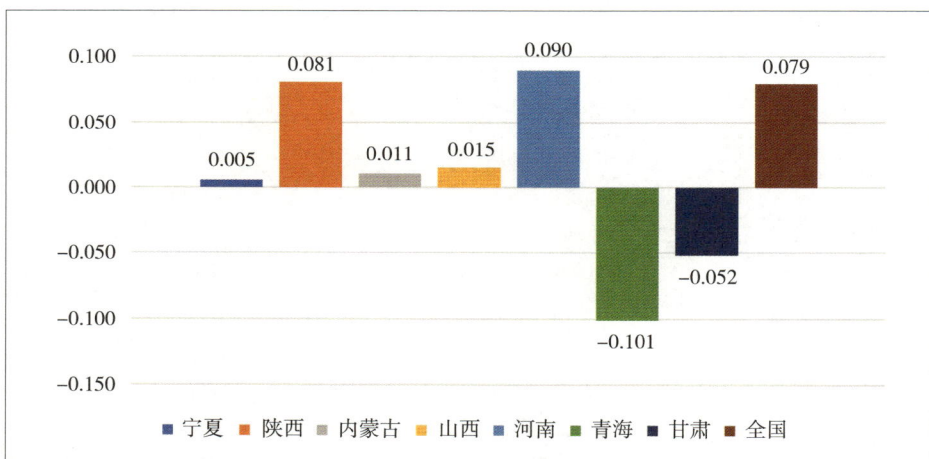

图 4-54 宁夏与全国及沿黄六省区印刷和记录媒介复制业生产竞争力指标对比
（总资产利润率）

（3）市场竞争力指数对比分析

由表 4-39、图 4-55 可知，2016—2020 年宁夏印刷和记录媒介复制业市场竞争力指数总体平稳，变化不大，指数为 0.025、0.024、0.024、0.024、0.026。宁夏与全国及沿黄六省区对比总体差距不大，并逐渐领先于一些省区，从 2018 年开始宁夏排名逐渐上升，但是整体上落后于全国、陕西、内蒙古和河南省。尽管在 2020 年宁夏排名上升至第五位，但仍比全国略低，为 0.001。为此，课题组对 2020 年市场竞争力指数相关指标进行分析。

由表 4-40、图 4-56、图 4-57 可知，2020 年宁夏印刷和记录媒介复制业市场竞争力指数较低的原因是主营业务收入成本比和主营业务利润收入略低于全国、陕西、内蒙古和河南省，但是对山西、青海和甘肃有优势。主营业务收入成本比指数为 1.192，其中，与全国的差距为 0.017，落后内蒙古最多，差额为 0.028；落后陕西最少，差额为 0.002。宁夏主营业务利润收入比落后于河南、全国和陕西，差额分别为 0.035、0.031、0.030，反映出宁夏该行业企业单位主营业务的销售竞争力和获得的利润水平尽管有所进步，但是还有进一步提升的空间。

表 4-39　宁夏与全国及沿黄六省区印刷和记录媒介复制业市场竞争力指数对比

年份	2016	2017	2018	2019	2020
宁夏	0.025	0.024	0.024	0.024	0.026
陕西	0.028	0.027	0.026	0.026	0.026
差额	−0.003	−0.003	−0.002	−0.002	−0.000
内蒙古	0.027	0.026	0.025	0.028	0.026
差额	−0.002	−0.002	−0.001	−0.004	−0.000
山西	0.026	0.025	0.025	0.025	0.025
差额	−0.001	−0.001	−0.001	−0.001	0.001
河南	0.025	0.025	0.027	0.027	0.026
差额	−0.000	−0.001	−0.003	−0.003	−0.000
青海	0.024	0.022	0.022	0.018	0.018
差额	0.001	0.002	0.002	0.006	0.007
甘肃	0.028	0.026	0.022	0.022	0.024
差额	−0.004	−0.002	0.002	0.002	0.002
全国	0.026	0.026	0.026	0.027	0.027
差额	−0.001	−0.002	−0.002	−0.003	−0.001

数据来源：2017—2021 年中国、宁夏、沿黄六省区统计年鉴数据计算所得

备注：差额为 0.000 时，红色（0.000）代表负值，黑色（0.000）代表正值。

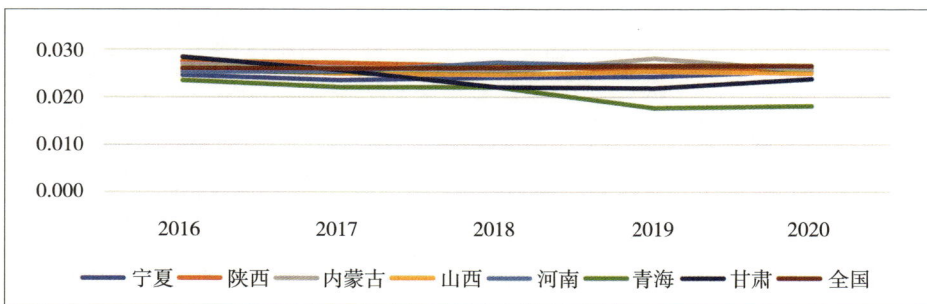

图 4-55 宁夏与全国及沿黄六省区印刷和记录媒介复制业市场竞争力指数对比

表 4-40 2020年宁夏与全国及沿黄六省区印刷和记录媒介复制业市场竞争力
指标对比

	主营业务收入成本比	主营业务利润收入比
宁夏	1.192	0.037
陕西	1.194	0.067
差额	−0.002	−0.030
内蒙古	1.220	0.011
差额	−0.028	0.026
山西	1.185	0.015
差额	0.007	0.022
河南	1.204	0.072
差额	−0.012	−0.035
青海	1.046	−0.177
差额	0.146	0.214
甘肃	1.191	−0.047
差额	0.001	0.084
全国	1.209	0.068
差额	−0.017	−0.031

数据来源：2021年中国、宁夏、沿黄六省区统计年鉴数据计算所得
备注：差额为0.000时，红色（0.000）代表负值，黑色（0.000）代表正值。

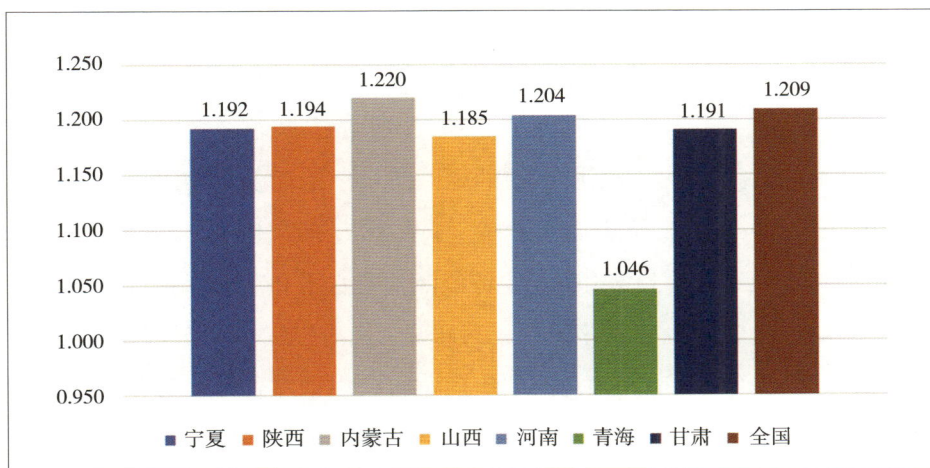

图 4-56 宁夏与全国及沿黄六省区印刷和记录媒介复制业市场竞争力指标对比
（主营业务收入成本比）

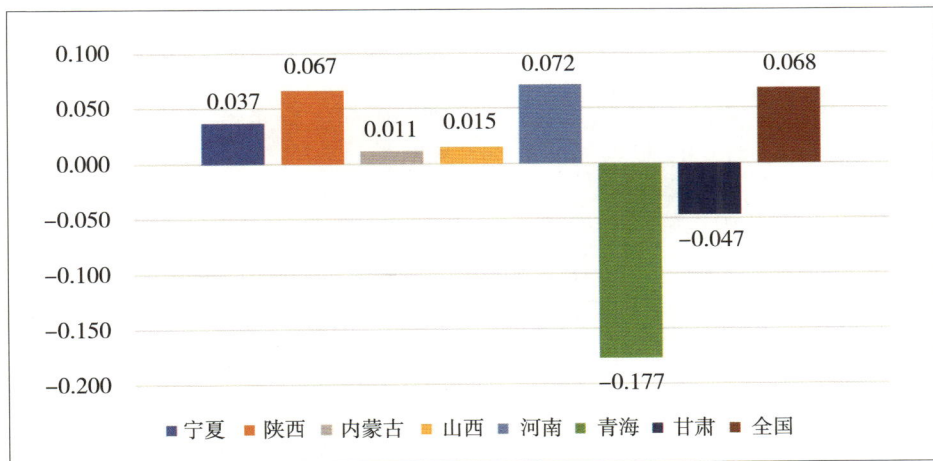

图 4-57 宁夏与全国及沿黄六省区印刷和记录媒介复制业市场竞争力指标对比
（主营业务利润收入比）

（4）社会竞争力指数对比分析

由表 4-41、图 4-58 可知，2016—2020 年，宁夏印刷和记录媒介复制业社会竞争力指数呈平稳态势，但处于中下等水平。指数分别为 0.018、0.018、0.016、0.015、0.017。在五年间整体落后于陕西、河南和全国，但是整体比甘肃高，宁夏与全国相比，差距为 0.006、0.005、0.002、0.004、0.001；与陕西差距最大，差额为 0.031、0.061、0.048、0.052、0.047。课题组选择了 2019 年为研究对象，对社会竞争力指数相关指标进行分析。

由表 4-42、图 4-59、图 4-60 可知，2019 年宁夏印刷和记录媒介复制业社会竞争力指数处于中下游水平的原因是单位能耗营收相对落后，与全国相比，差距为 3.065；与陕西差距最大，差额为 36.778；与山西差距最小，差额为 1.130，反映出宁夏该行业企业能源消费水平和节能降耗状况不容乐观。另一个指标就业比中，宁夏处于第四位，相对较好，仅比全国、陕西和河南低 0.004、0.002 和 0.002，分别比内蒙古、山西、青海和甘肃高 0.006、0.005、0.003、0.003，反映出宁夏该行业企业就业率比较高。

表 4-41　宁夏与全国及沿黄六省区印刷和记录媒介复制业社会竞争力指数对比

年份	2016	2017	2018	2019	2020
宁夏	0.018	0.018	0.016	0.015	0.017
陕西	0.049	0.079	0.064	0.067	0.065
差额	−0.031	−0.061	−0.048	−0.052	−0.047
内蒙古	0.019	0.009	0.030	0.022	0.007
差额	−0.001	0.009	−0.014	−0.008	0.010
山西	0.011	0.014	0.012	0.016	0.011
差额	0.007	0.004	0.004	−0.001	0.006
河南	0.031	0.067	0.043	0.048	0.050
差额	−0.013	−0.049	−0.027	−0.033	−0.033
青海	0.001	0.024	0.025	0.006	0.002
差额	0.017	−0.006	−0.009	0.009	0.015
甘肃	0.008	0.010	0.007	0.009	0.007
差额	0.010	0.008	0.009	0.006	0.010
全国	0.024	0.023	0.018	0.019	0.018
差额	−0.006	−0.005	−0.002	−0.004	−0.001

数据来源：2017—2021 年中国、宁夏、沿黄六省区统计年鉴数据计算所得

备注：差额为 0.000 时，红色（0.000）代表负值，黑色（0.000）代表正值。

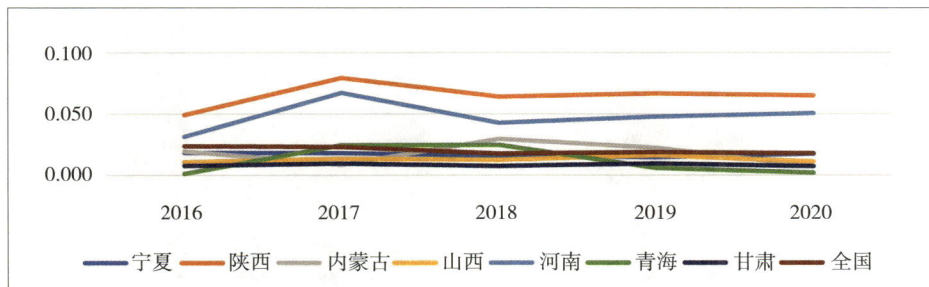

图 4-58   宁夏与全国及沿黄六省区印刷和记录媒介复制业社会竞争力指数对比

表 4-42   2019 年宁夏与全国及沿黄六省区印刷和记录媒介复制业社会竞争力指标对比

	就业比	单位能耗营收
宁夏	0.007	10.309
陕西	0.009	47.087
差额	−0.002	−36.778
内蒙古	0.001	15.720
差额	0.006	−5.411
山西	0.002	11.439
差额	0.005	−1.130
河南	0.009	33.794
差额	−0.002	−23.485
青海	0.004	4.198
差额	0.003	6.111
甘肃	0.004	6.688
差额	0.003	3.621
全国	0.011	13.374
差额	−0.004	−3.065

数据来源：2020 年中国、宁夏、沿黄六省区统计年鉴数据计算所得

备注：差额为 0.000 时，红色（0.000）代表负值，黑色（0.000）代表正值。

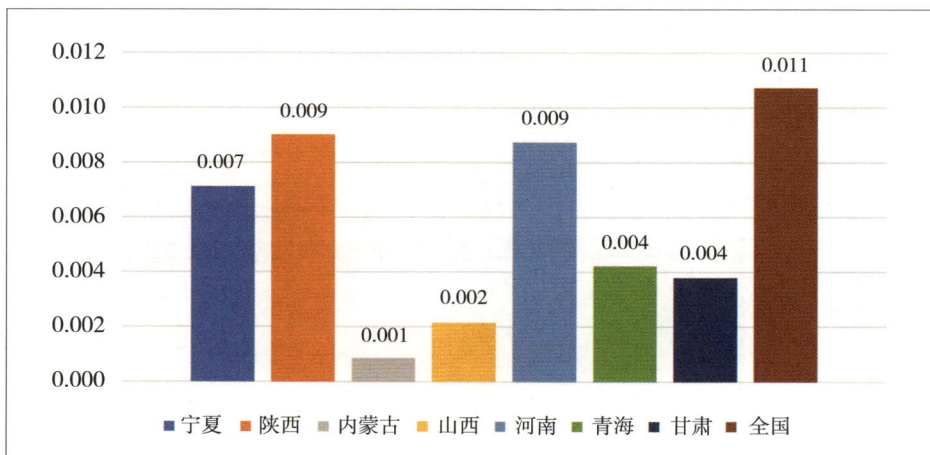

图 4-59　宁夏与全国及沿黄六省区印刷和记录媒介复制业社会竞争力指标对比
（就业比）

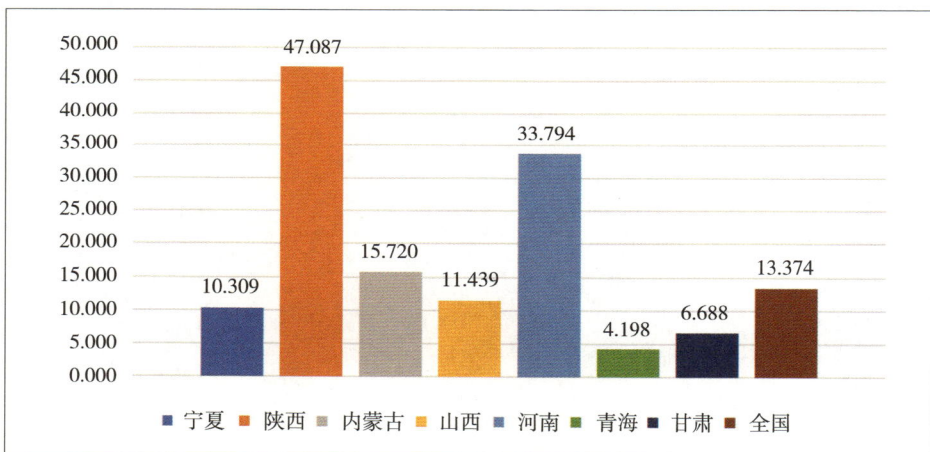

图 4-60　宁夏与全国及沿黄六省区印刷和记录媒介复制业社会竞争力指标对比
（单位能耗营收）

4.3.7　医药制造业

（1）综合竞争力指数对比分析

由表 4-43、图 4-61 可知，2016—2020 年宁夏医药制造业综合竞争力指数呈波动上升态势，综合竞争力指数分别为 0.026、0.038、0.018、0.019、0.046。宁夏与全国及沿黄六省区对比总体处于下游水平，仅在 2020 年比山西高 0.000，其余年份均低于全国和其他沿黄省区。总体来看，与全国的差距分别为 0.053、0.045、0.068、0.069、0.047，与陕西差距最大，在 2016—2020 年差距分别为 0.099、0.094、0.115、0.126、0.082。

表 4-43　宁夏与全国及沿黄六省区医药制造业综合竞争力指数对比

年份	2016	2017	2018	2019	2020
宁夏	0.026	0.038	0.018	0.019	0.046
陕西	0.125	0.132	0.133	0.145	0.128
差额	−0.099	−0.094	−0.115	−0.126	−0.082
内蒙古	0.043	0.058	0.058	0.041	0.057
差额	−0.017	−0.020	−0.040	−0.022	−0.011
山西	0.049	0.059	0.065	0.056	0.046
差额	−0.023	−0.021	−0.047	−0.037	0.000
河南	0.085	0.100	0.088	0.095	0.096
差额	−0.059	−0.062	−0.070	−0.076	−0.050
青海	0.057	0.064	0.063	0.073	0.086
差额	−0.031	−0.026	−0.045	−0.054	−0.040
甘肃	0.064	0.083	0.087	0.086	0.103
差额	−0.038	−0.045	−0.069	−0.067	−0.057
全国	0.079	0.083	0.086	0.088	0.093
差额	−0.053	−0.045	−0.068	−0.069	−0.047

数据来源：2017—2021 年中国、宁夏、沿黄六省区统计年鉴数据计算所得
备注：差额为 0.000 时，红色（0.000）代表负值，黑色（0.000）代表正值。

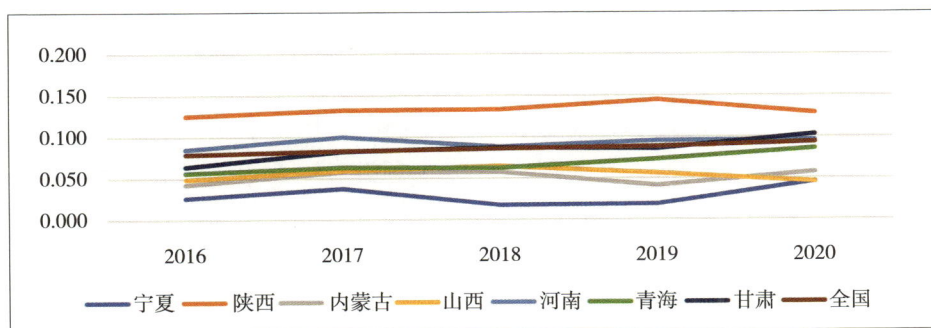

图 4-61　宁夏与全国及沿黄六省区医药制造业综合竞争力指数对比

（2）生产竞争力指数对比分析

由表4-44、图4-62可知，2016—2020年，宁夏医药制造业生产竞争力指数总体处于波动态势，2016—2020年间指数为0.005、0.015、−0.004、−0.004、0.020。宁夏与全国及沿黄六省区对比总体处于下游水平，仅在2017年比青海高0.000，在2020年比山西高0.009。2016—2020年与全国的差距分别为0.022、0.015、0.036、0.038、0.017；与甘肃的差距最大，差距分别为0.023、0.026、0.048、0.047、0.039。课题组选取了2019年对生产竞争力指数相关指标进行分析。

由表4-45、图4-63、图4-64可知，2019年宁夏医药制造业生产竞争力指数偏低的原因是成本费用利润率和总资产利润率整体低于全国和其他所有省区。其中，宁夏成本费用利润率与全国的差距为0.269，与甘肃差距最大，差额为0.365，与内蒙古差距最小，差额为0.142。从总资产利润率来看，宁夏与全国的差距为0.102，与河南差距最大，差额为0.130，与内蒙古差距最小，为0.035。反映出医药制造业企业2019年所有成本费用所带来的收益能力较差，企业运用其全部资产获取利润的能力也较弱。

表4-44　宁夏与全国及沿黄六省区医药制造业生产竞争力指数对比

年份	2016	2017	2018	2019	2020
宁夏	0.005	0.015	−0.004	−0.004	0.020
陕西	0.031	0.030	0.029	0.029	0.027
差额	−0.026	−0.015	−0.033	−0.033	−0.007
内蒙古	0.018	0.029	0.028	0.014	0.027
差额	−0.013	−0.014	−0.032	−0.018	−0.007
山西	0.020	0.024	0.024	0.019	0.011
差额	−0.015	−0.009	−0.028	−0.023	0.009
河南	0.025	0.025	0.029	0.032	0.026
差额	−0.020	−0.010	−0.033	−0.036	−0.006
青海	0.013	0.015	0.015	0.021	0.035
差额	−0.008	0.000	−0.019	−0.025	−0.015
甘肃	0.028	0.041	0.044	0.043	0.059
差额	−0.023	−0.026	−0.048	−0.047	−0.039

续表

年份	2016	2017	2018	2019	2020
全国	0.027	0.030	0.032	0.034	0.037
差额	−0.022	−0.015	−0.036	−0.038	−0.017

数据来源：2017—2021年中国、宁夏、沿黄六省区统计年鉴数据计算所得

备注：差额为0.000时，红色（0.000）代表负值，黑色（0.000）代表正值。

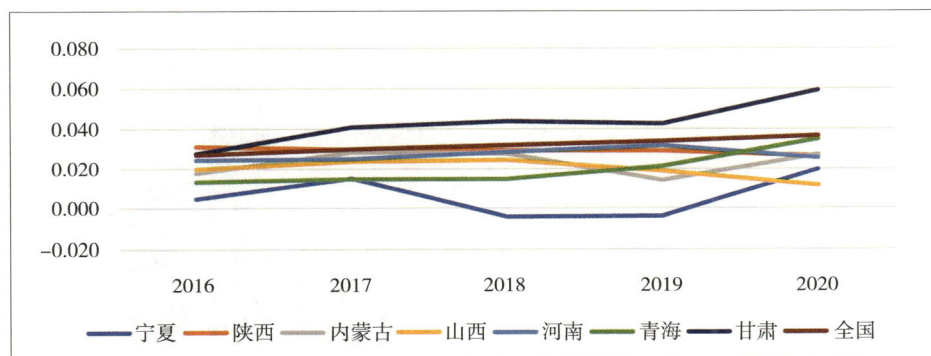

图4-62　宁夏与全国及沿黄六省区医药制造业生产竞争力指数对比

表4-45　2019年宁夏与全国及沿黄六省区医药制造业生产竞争力指标对比

	成本费用利润率	总资产利润率
宁夏	−0.031	−0.008
陕西	0.175	0.110
差额	−0.206	−0.118
内蒙古	0.111	0.027
差额	−0.142	−0.035
山西	0.143	0.041
差额	−0.174	−0.049
河南	0.189	0.122
差额	−0.220	−0.130
青海	0.172	0.037
差额	−0.203	−0.045
甘肃	0.334	0.083
差额	−0.365	−0.091

续表

	成本费用利润率	总资产利润率
全国	0.238	0.094
差额	−0.269	−0.102

数据来源：2020 年中国、宁夏、沿黄六省区统计年鉴数据计算所得

备注：差额为 0.000 时，红色（0.000）代表负值，黑色（0.000）代表正值。

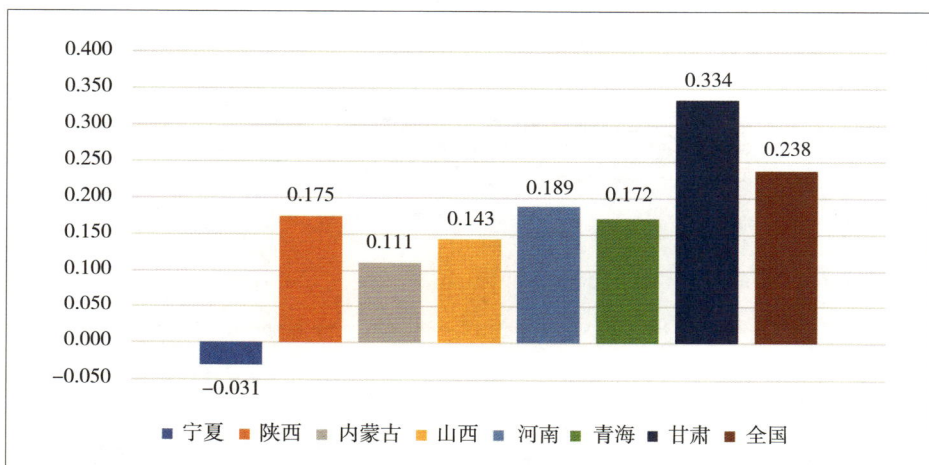

图 4-63　宁夏与全国及沿黄六省区医药制造业生产竞争力指标对比
（成本费用利润率）

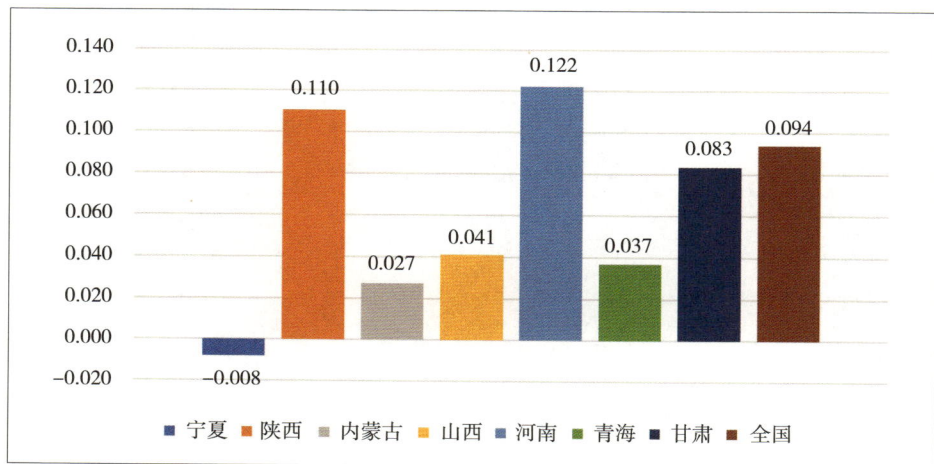

图 4-64　宁夏与全国及沿黄六省区医药制造业生产竞争力指标对比
（总资产利润率）

（3）市场竞争力指数对比分析

由表4-46、图4-65可知，2016—2020年，宁夏医药制造业市场竞争力指数总体平稳，变化不大，指数为0.020、0.021、0.019、0.020、0.024。宁夏与全国及沿黄六省区对比总体差距不大，但落后于全国和沿黄六省区，仅在2016年比内蒙古和河南高0.000和0.001，在2017年和2020年比河南高0.002和0.001；与全国的差距分别为0.003、0.003、0.008、0.008、0.004；自2020年开始，宁夏市场竞争力指数排名略微有所上升。为此，课题组选择对2020年市场竞争力指数相关指标进行分析。

由表4-47、图4-66、图4-67可知，2020年，宁夏医药制造业市场竞争力指数较低的原因是主营业务收入成本比和主营业务利润收入比低于全国和沿黄六省区，仅主营业务收入成本比高于河南0.074，主营业务利润收入比高于山西0.054。主营业务收入成本比指数为1.488，其中，与全国的差距为0.287，落后青海最多，差额为0.740。落后陕西最少，差额为0.098。宁夏主营业务利润收入比比全国低0.041，落后甘肃最多，为0.158，落后陕西最少，为0.000，反映出宁夏该行业企业单位主营业务的销售竞争力和获得的利润水平不高。

表4-46　宁夏与全国及沿黄六省区医药制造业市场竞争力指数对比

年份	2016	2017	2018	2019	2020
宁夏	0.020	0.021	0.019	0.020	0.024
陕西	0.024	0.024	0.025	0.025	0.025
差额	−0.004	−0.003	−0.006	−0.005	−0.001
内蒙古	0.020	0.026	0.026	0.024	0.026
差额	0.000	−0.005	−0.007	−0.004	−0.002
山西	0.025	0.028	0.030	0.028	0.026
差额	−0.005	−0.007	−0.011	−0.008	−0.002
河南	0.019	0.019	0.023	0.023	0.023
差额	0.001	0.002	−0.004	−0.003	0.001
青海	0.021	0.026	0.026	0.033	0.035
差额	−0.001	−0.005	−0.007	−0.013	−0.011

续表

年份	2016	2017	2018	2019	2020
甘肃	0.024	0.027	0.028	0.028	0.031
差额	−0.004	−0.006	−0.009	−0.008	−0.007
全国	0.023	0.024	0.027	0.028	0.028
差额	−0.003	−0.003	−0.008	−0.008	−0.004

数据来源：2017—2021 年中国、宁夏、沿黄六省区统计年鉴数据计算所得

备注：差额为 0.000 时，红色（0.000）代表负值，黑色（0.000）代表正值。

图 4-65　宁夏与全国及沿黄六省区医药制造业市场竞争力指数对比

表 4-47　2020 年宁夏与全国及沿黄六省区医药制造业市场竞争力指标对比

	主营业务收入成本比	主营业务利润收入比
宁夏	1.488	0.106
陕西	1.586	0.106
差额	−0.098	−0.000
内蒙古	1.658	0.131
差额	−0.170	−0.025
山西	1.686	0.052
差额	−0.198	0.054
河南	1.414	0.110
差额	0.074	−0.004
青海	2.228	0.131
差额	−0.740	−0.025
甘肃	1.808	0.264
差额	−0.320	−0.158

续表

	主营业务收入成本比	主营业务利润收入比
全国	1.775	0.147
差额	−0.287	−0.041

数据来源：2021年中国、宁夏、沿黄六省区统计年鉴数据计算所得

备注：差额为0.000时，红色（0.000）代表负值，黑色（0.000）代表正值。

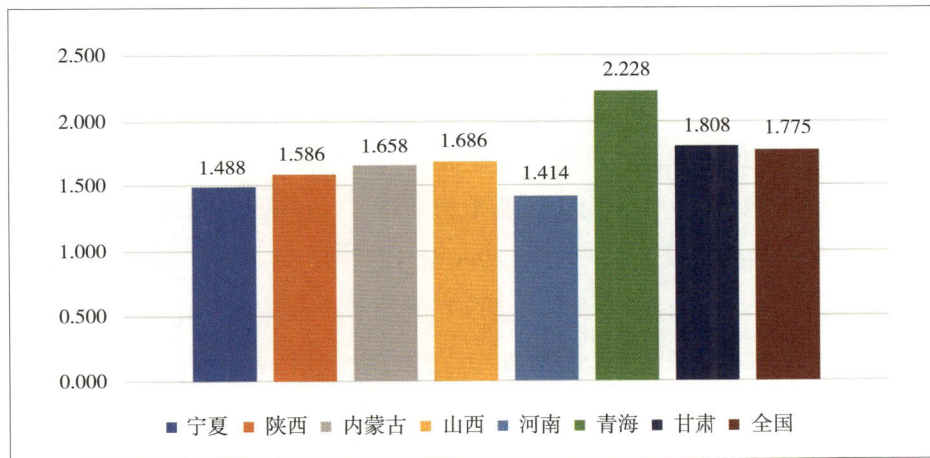

图4-66　宁夏与全国及沿黄六省区医药制造业市场竞争力指标对比
（主营业务收入成本比）

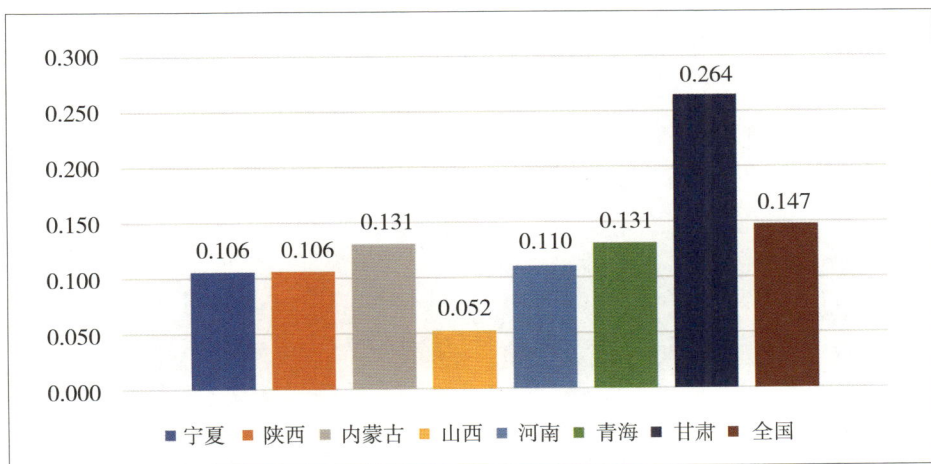

图4-67　宁夏与全国及沿黄六省区医药制造业市场竞争力指标对比
（主营业务利润收入比）

（4）社会竞争力指数对比分析

由表4-48、图4-68可知，2016—2020年宁夏医药制造业社会竞争力指数呈平稳态势，处于下游水平。指数分别为0.002、0.002、0.003、0.003、0.003。在五年间仅2019年比内蒙古高0.000，其余年份均落后于全国和沿黄六省区。宁夏与全国相比，差距为0.027、0.027、0.024、0.023、0.025；与陕西差距最大，差额为0.068、0.077、0.076、0.088、0.074。课题组选择了2019年作为研究对象，对社会竞争力指数相关指标进行分析。

由表4-49、图4-69、图4-70可知，2019年，宁夏医药制造业社会竞争力指数处于下游水平的原因是单位能耗营收和就业比均处于落后地位。其中单位能耗营收与全国相比，差距为9.783；与陕西差距最大，差额为36.869；与山西差距最小，差额为2.760，并且仅比内蒙古高0.015。反映出宁夏该行业企业能源消费水平和节能降耗状况不容乐观，特别是与较发达省区相比差距很大。另一个指标就业比中，宁夏处于第七位，仅比山西高0.003；分别比全国、陕西、内蒙古、河南、青海和甘肃低0.005、0.011、0.004、0.004、0.002和0.008。反映出宁夏该行业企业就业率同样很低的现状。

表4-48　宁夏与全国及沿黄六省区医药制造业社会竞争力指数对比

年份	2016	2017	2018	2019	2020
宁夏	0.002	0.002	0.003	0.003	0.003
陕西	0.070	0.079	0.079	0.091	0.077
差额	−0.068	−0.077	−0.076	−0.088	−0.074
内蒙古	0.005	0.003	0.004	0.003	0.004
差额	−0.003	−0.001	−0.001	0.000	−0.001
山西	0.004	0.008	0.010	0.009	0.008
差额	−0.002	−0.006	−0.007	−0.006	−0.005
河南	0.041	0.055	0.037	0.040	0.048
差额	−0.039	−0.053	−0.034	−0.037	−0.045
青海	0.022	0.023	0.022	0.019	0.016
差额	−0.020	−0.021	−0.019	−0.016	−0.013

续表

年份	2016	2017	2018	2019	2020
甘肃	0.013	0.015	0.015	0.015	0.013
差额	−0.011	−0.013	−0.012	−0.012	−0.010
全国	0.029	0.029	0.027	0.026	0.028
差额	−0.027	−0.027	−0.024	−0.023	−0.025

数据来源：2017—2021 年中国、宁夏、沿黄六省区统计年鉴数据计算所得

备注：差额为 0.000 时，红色（0.000）代表负值，黑色（0.000）代表正值。

图 4-68　宁夏与全国及沿黄六省区医药制造业社会竞争力指数对比

表 4-49　2019 年宁夏与全国及沿黄六省区医药制造业社会竞争力指标对比

	就业比	单位能耗营收
宁夏	0.020	1.178
陕西	0.031	38.047
差额	−0.011	−36.869
内蒙古	0.024	1.163
差额	−0.004	0.015
山西	0.017	3.938
差额	0.003	−2.760
河南	0.024	16.730
差额	−0.004	−15.552
青海	0.022	7.823
差额	−0.002	−6.645
甘肃	0.028	6.208
差额	−0.008	−5.030

续表

	就业比	单位能耗营收
全国	0.025	10.961
差额	−0.005	−9.783

数据来源：2020年中国、宁夏、沿黄六省区统计年鉴数据计算所得

备注：差额为0.000时，红色（0.000）代表负值，黑色（0.000）代表正值。

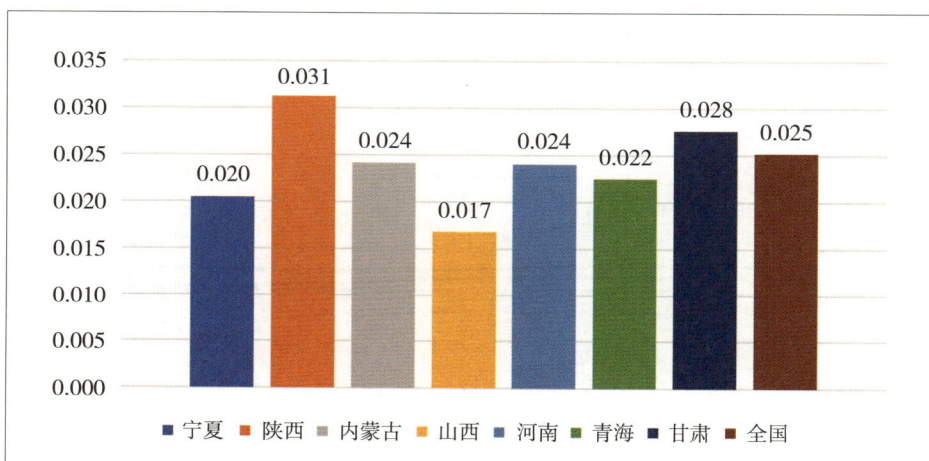

图4-69　宁夏与全国及沿黄六省区医药制造业社会竞争力指标对比
（就业比）

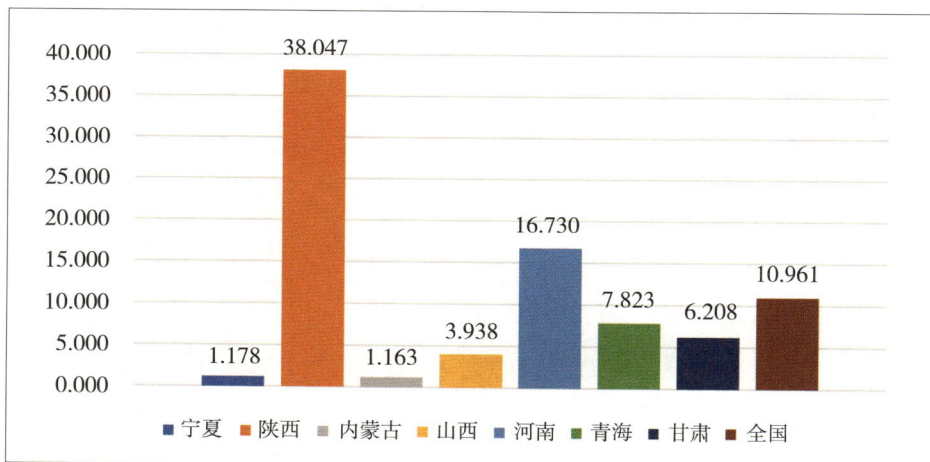

图4-70　宁夏与全国及沿黄六省区医药制造业社会竞争力指标对比
（单位能耗营收）

4.3.8 橡胶和塑料制品业

（1）综合竞争力指数对比分析

由表4-50、图4-71可知，2016—2020年宁夏橡胶和塑料制品业综合竞争力指数呈波动下降态势，综合竞争力指数分别为0.044、0.026、0.042、0.035、0.027。宁夏与全国及沿黄六省区对比总体处于下游水平，仅在2016—2019年比山西高，在2016年、2018年和2019年比青海高，其余年份均低于全国和其他沿黄省区。总体来看，2016—2020年与全国的差距分别为0.047、0.057、0.029、0.040、0.058，与河南差距最大，差额分别为0.125、0.140、0.100、0.099、0.093。

表4-50　宁夏与全国及沿黄六省区橡胶和塑料制品业综合竞争力指数对比

年份	2016	2017	2018	2019	2020
宁夏	0.044	0.026	0.042	0.035	0.027
陕西	0.138	0.126	0.114	0.110	0.099
差额	−0.094	−0.100	−0.072	−0.075	−0.072
内蒙古	0.139	0.081	0.100	0.072	0.071
差额	−0.095	−0.055	−0.058	−0.037	−0.044
山西	0.038	0.020	0.020	0.033	0.081
差额	0.006	0.006	0.022	0.002	−0.054
河南	0.169	0.166	0.142	0.134	0.120
差额	−0.125	−0.140	−0.100	−0.099	−0.093
青海	0.043	0.033	0.033	0.016	0.028
差额	0.001	−0.007	0.009	0.019	−0.001
甘肃	0.066	0.058	0.050	0.064	0.057
差额	−0.022	−0.032	−0.008	−0.029	−0.030
全国	0.091	0.083	0.071	0.075	0.085
差额	−0.047	−0.057	−0.029	−0.040	−0.058

数据来源：2017—2021年中国、宁夏、沿黄六省区统计年鉴数据计算所得
备注：差额为0.000时，红色（0.000）代表负值，黑色（0.000）代表正值。

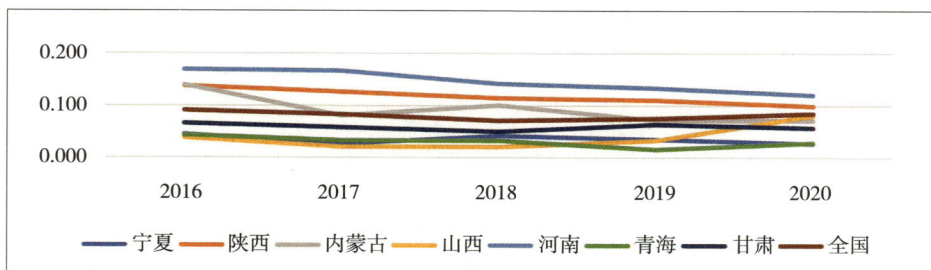

图 4-71　宁夏与全国及沿黄六省区橡胶和塑料制品业综合竞争力指数对比

（2）生产竞争力指数对比分析

由表 4-51、图 4-72 可知，2016—2020 年，宁夏橡胶和塑料制品业生产竞争力指数总体处于波动下降态势，指数分别为 0.011、-0.007、-0.005、0.000、-0.013。宁夏与全国及沿黄六省区对比总体处于下游水平，仅在 2016—2019 年高于山西、在 2019 年高于青海。2016—2020 年，与全国的差距分别为 0.036、0.048、0.037、0.036、0.058；与河南差距最大，差额分别为 0.057、0.072、0.072、0.059、0.063。课题组选取了五年间跌至最低值的 2020 年对生产竞争力指数相关指标进行分析。

由表 4-52、图 4-73、图 4-74 可知，2020 年，宁夏橡胶和塑料制品业生产竞争力指数偏低的原因是成本费用利润率和总资产利润率整体低于全国和沿黄六省区。其中，宁夏成本费用利润率与全国的差距为 0.116；与山西差距最大，差额为 0.140；与青海差距最小，差额为 0.028。从总资产利润率来看，宁夏与全国的差距为 0.091；与河南差距最大，差额为 0.098；与青海差距最小，差额为 0.013。反映出橡胶和塑料制品业企业 2020 年发生的所有成本费用所带来的收益能力很差，企业运用其全部资产获取利润的能力也很弱。

表 4-51　宁夏与全国及沿黄六省区橡胶和塑料制品业生产竞争力指数对比

年份	2016	2017	2018	2019	2020
宁夏	0.011	-0.007	-0.005	0.000	-0.013
陕西	0.042	0.031	0.035	0.037	0.035
差额	-0.031	-0.038	-0.040	-0.037	-0.048

续表

年份	2016	2017	2018	2019	2020
内蒙古	0.065	0.040	0.040	0.022	0.036
差额	−0.054	−0.047	−0.045	−0.022	−0.049
山西	0.008	−0.008	−0.007	−0.002	0.049
差额	0.003	0.001	0.002	0.002	−0.062
河南	0.068	0.065	0.067	0.059	0.050
差额	−0.057	−0.072	−0.072	−0.059	−0.063
青海	0.015	0.005	0.005	−0.010	−0.002
差额	−0.004	−0.012	−0.010	0.010	−0.011
甘肃	0.013	0.014	0.009	0.009	0.021
差额	−0.002	−0.021	−0.014	−0.009	−0.034
全国	0.047	0.041	0.032	0.036	0.045
差额	−0.036	−0.048	−0.037	−0.036	−0.058

数据来源：2017—2021 年中国、宁夏、沿黄六省区统计年鉴数据计算所得

备注：差额为 0.000 时，红色（0.000）代表负值，黑色（0.000）代表正值。

图 4-72　宁夏与全国及沿黄六省区橡胶和塑料制品业生产竞争力指数对比

表 4-52　2020 年宁夏与全国及沿黄六省区橡胶和塑料制品业生产竞争力指标对比

	成本费用利润率	总资产利润率
宁夏	−0.032	−0.016
陕西	0.083	0.043
差额	−0.115	−0.059

续表

	成本费用利润率	总资产利润率
内蒙古	0.083	0.047
差额	−0.115	−0.063
山西	0.108	0.066
差额	−0.140	−0.082
河南	0.097	0.082
差额	−0.129	−0.098
青海	−0.004	−0.003
差额	−0.028	−0.013
甘肃	0.051	0.023
差额	−0.083	−0.039
全国	0.084	0.075
差额	−0.116	−0.091

数据来源：2021 年中国、宁夏、沿黄六省区统计年鉴数据计算所得

备注：差额为 0.000 时，红色（0.000）代表负值，黑色（0.000）代表正值。

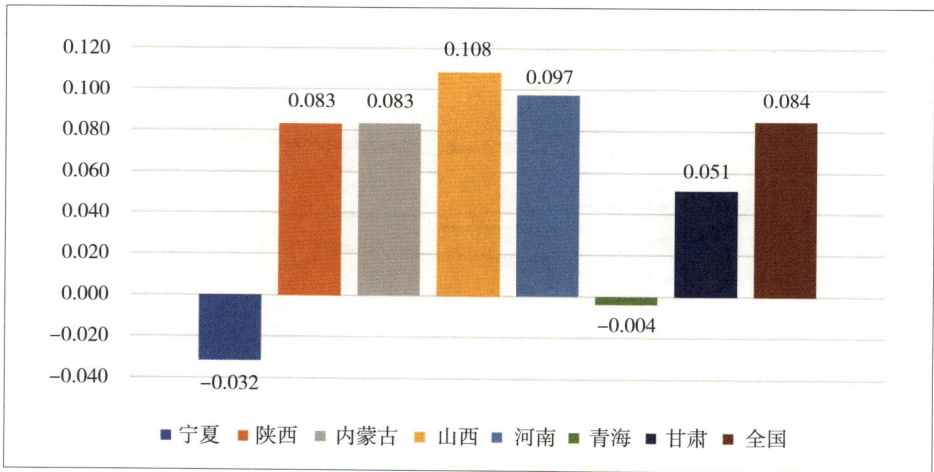

图 4-73 宁夏与全国及沿黄六省区橡胶和塑料制品业生产竞争力指标对比
（成本费用利润率）

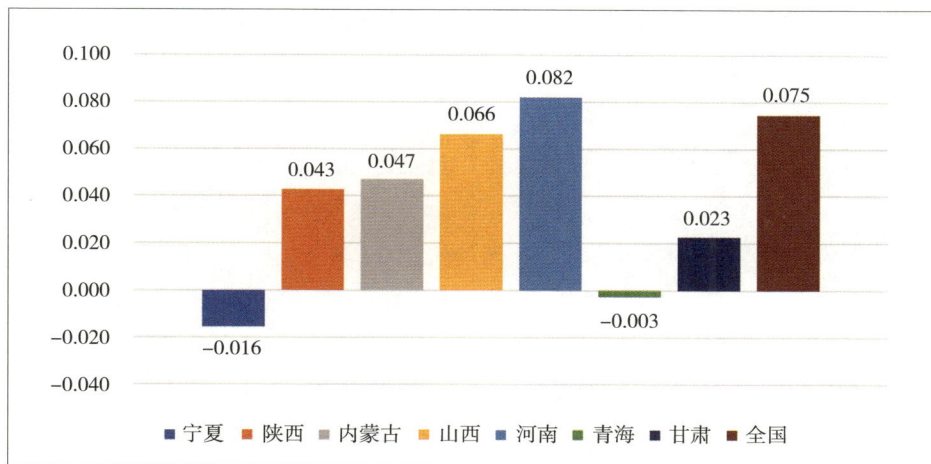

图 4-74 宁夏与全国及沿黄六省区橡胶和塑料制品业生产竞争力指标对比（总资产利润率）

（3）市场竞争力指数对比分析

由表 4-53、图 4-75 可知，2016—2020 年宁夏橡胶和塑料制品业市场竞争力指数总体平稳，变化不大，指数为 0.023、0.022、0.024、0.024、0.023。宁夏与全国及沿黄六省区对比总体差距不大，但总体落后于全国和沿黄六省区，特别是在五年间整体落后于全国、陕西、内蒙古和河南省。在 2017 年与内蒙古差距达到 0.005。尽管在 2019 年宁夏排名有所改善，上升到了第五位，但是在 2020 年又迅速下跌到第七位。为此，课题组对 2020 年市场竞争力指数相关指标进行分析。

由表 4-54、图 4-76、图 4-77 可知，2020 年宁夏橡胶和塑料制品业市场竞争力指数较低的原因是主营业务收入成本比和主营业务利润收入比均低于全国和其他省区，仅主营业务收入成本比对青海和甘肃省略有优势，主营业务收入成本比指数为 1.135，其中，与全国的差距为 0.075；落后山西最多，差额为 0.093；落后内蒙古最少，差额为 0.032。宁夏主营业务利润收入比为 −0.028，比全国低 0.098，落后山西最多，差额为 0.116，落后青海最少，差额为 0.025，反映出宁夏该行业企业单位主营业务的销售竞争力低下的现状和获得的利润水平的退步风险需要引起重视。

表 4-53　宁夏与全国及沿黄六省区橡胶和塑料制品业市场竞争力指数对比

年份	2016	2017	2018	2019	2020
宁夏	0.023	0.022	0.024	0.024	0.023
陕西	0.026	0.026	0.026	0.026	0.026
差额	−0.003	−0.004	−0.002	−0.002	−0.003
内蒙古	0.027	0.027	0.028	0.025	0.026
差额	−0.004	−0.005	−0.004	−0.001	−0.003
山西	0.023	0.022	0.023	0.024	0.027
差额	0.000	−0.000	0.001	0.000	−0.004
河南	0.026	0.026	0.028	0.027	0.027
差额	−0.003	−0.004	−0.004	−0.003	−0.004
青海	0.025	0.024	0.024	0.022	0.023
差额	−0.002	−0.002	−0.000	0.002	0.000
甘肃	0.024	0.024	0.024	0.024	0.024
差额	−0.001	−0.002	−0.000	0.000	−0.001
全国	0.026	0.025	0.025	0.026	0.027
差额	−0.003	−0.003	−0.001	−0.002	−0.004

数据来源：2017—2021 年中国、宁夏、沿黄六省区统计年鉴数据计算所得
备注：差额为 0.000 时，红色（0.000）代表负值，黑色（0.000）代表正值。

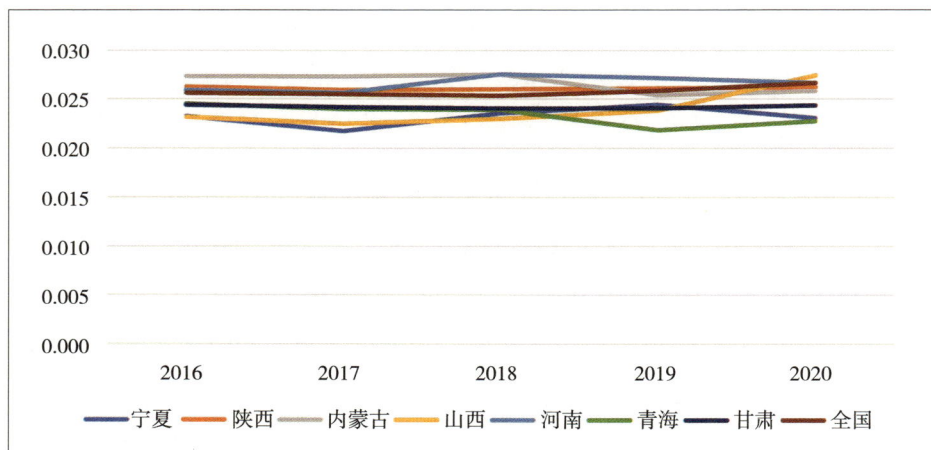

图 4-75　宁夏与全国及沿黄六省区橡胶和塑料制品业市场竞争力指数对比

表 4-54　2020 年宁夏与全国及沿黄六省区橡胶和塑料制品业市场竞争力指标对比

	主营业务收入成本比	主营业务利润收入比
宁夏	1.135	−0.028
陕西	1.187	0.070
差额	−0.052	−0.098
内蒙古	1.167	0.071
差额	−0.032	−0.099
山西	1.228	0.088
差额	−0.093	−0.116
河南	1.198	0.081
差额	−0.063	−0.109
青海	1.095	−0.003
差额	0.040	−0.025
甘肃	1.122	0.046
差额	0.013	−0.074
全国	1.210	0.070
差额	−0.075	−0.098

数据来源：2021 年中国、宁夏、沿黄六省区统计年鉴数据计算所得

备注：差额为 0.000 时，红色（0.000）代表负值，黑色（0.000）代表正值。

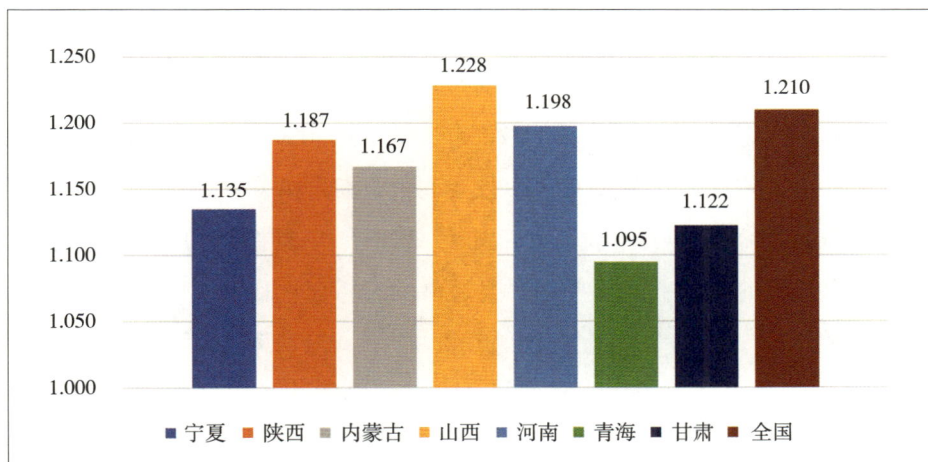

图 4-76　宁夏与全国及沿黄六省区橡胶和塑料制品业市场竞争力指标对比
（主营业务收入成本比）

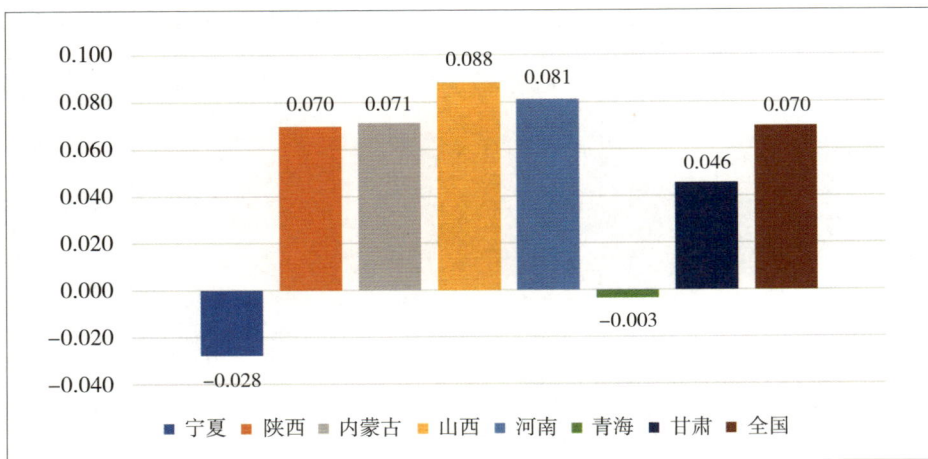

图 4-77　宁夏与全国及沿黄六省区橡胶和塑料制品业市场竞争力指标对比
（主营业务利润收入比）

（4）社会竞争力指数对比分析

由表 4-55、图 4-78 可知，2016—2020 年宁夏橡胶和塑料制品业社会竞争力指数呈波动上升态势，处于中下游水平，指数分别为 0.010、0.012、0.023、0.010、0.017。在五年间整体落后于陕西与河南，但是整体比青海高。宁夏与全国相比，在 2016 年、2017 年和 2019 年存在差距，差额分别为 0.009、0.005、0.004，在 2018 年和 2020 年比全国高，差额分别为 0.009 和 0.004。与陕西差距较大，差额分别为 0.059、0.057、0.030、0.037、0.021；与河南差距也较大，差额分别为 0.065、0.063、0.024、0.037、0.026。课题组选择了 2020 年作为研究对象，对社会竞争力指数相关指标进行分析。

由表 4-56、图 4-79、图 4-80 可知，2020 年宁夏橡胶和塑料制品业社会竞争力指数处于中上游水平的原因是单位能耗营收和就业比都具有优势，与全国相比，宁夏单位能耗营收比其高 1.406，与河南差距最大，差额为 10.079，与陕西差距也较大，差额为 8.016，但高于其他沿黄省区，反映出宁夏该行业企业能源消费水平和节能降耗状况有所改善但是与发达省区仍有一定的差距。另一个指标就业比中，宁夏处于第四位，仅比全国、陕西和河南低，差距分别为 0.025、0.005、0.010。分别比内蒙古、山西、青海和甘肃高

0.008、0.006、0.010、0.000，反映出宁夏该行业企业就业率处于中等水平。

表 4-55　宁夏与全国及沿黄六省区橡胶和塑料制品业社会竞争力指数对比

年份	2016	2017	2018	2019	2020
宁夏	0.010	0.012	0.023	0.010	0.017
陕西	0.069	0.069	0.053	0.047	0.038
差额	−0.059	−0.057	−0.030	−0.037	−0.021
内蒙古	0.047	0.013	0.032	0.024	0.009
差额	−0.037	−0.001	−0.009	−0.014	0.008
山西	0.006	0.006	0.004	0.011	0.005
差额	0.004	0.006	0.019	−0.001	0.012
河南	0.075	0.075	0.047	0.047	0.043
差额	−0.065	−0.063	−0.024	−0.037	−0.026
青海	0.003	0.004	0.004	0.004	0.007
差额	0.007	0.008	0.019	0.006	0.010
甘肃	0.028	0.020	0.017	0.030	0.012
差额	−0.018	−0.008	0.006	−0.020	0.005
全国	0.019	0.017	0.014	0.014	0.013
差额	−0.009	−0.005	0.009	−0.004	0.004

数据来源：2017—2021 年中国、宁夏、沿黄六省区统计年鉴数据计算所得

备注：差额为 0.000 时，红色（0.000）代表负值，黑色（0.000）代表正值。

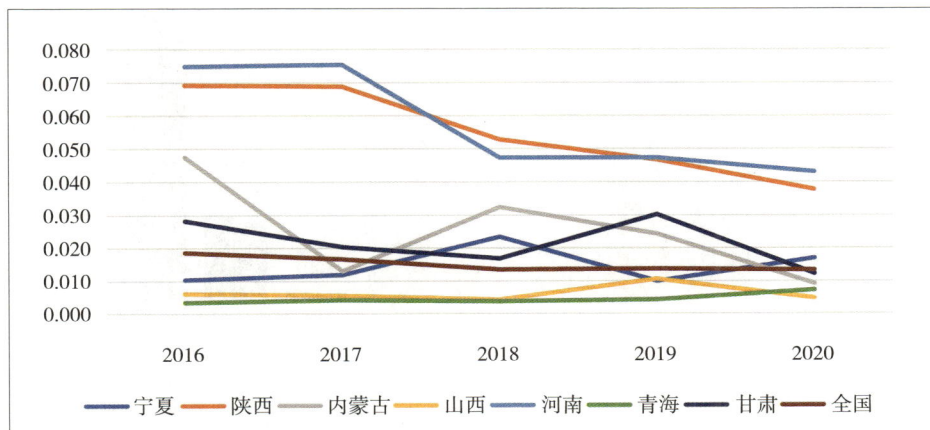

图 4-78　宁夏与全国及沿黄六省区橡胶和塑料制品业社会竞争力指数对比

表 4-56　2020 年宁夏与全国及沿黄六省区橡胶和塑料制品业社会竞争力指标对比

	就业比	单位能耗营收
宁夏	0.011	6.524
陕西	0.016	14.540
差额	−0.005	−8.016
内蒙古	0.003	3.545
差额	0.008	2.979
山西	0.005	1.819
差额	0.006	4.705
河南	0.021	16.603
差额	−0.010	−10.079
青海	0.001	2.782
差额	0.010	3.742
甘肃	0.011	4.698
差额	0.000	1.826
全国	0.036	5.118
差额	−0.025	1.406

数据来源：2021 年中国、宁夏、沿黄六省区统计年鉴数据计算所得

备注：差额为 0.000 时，红色（0.000）代表负值，黑色（0.000）代表正值。

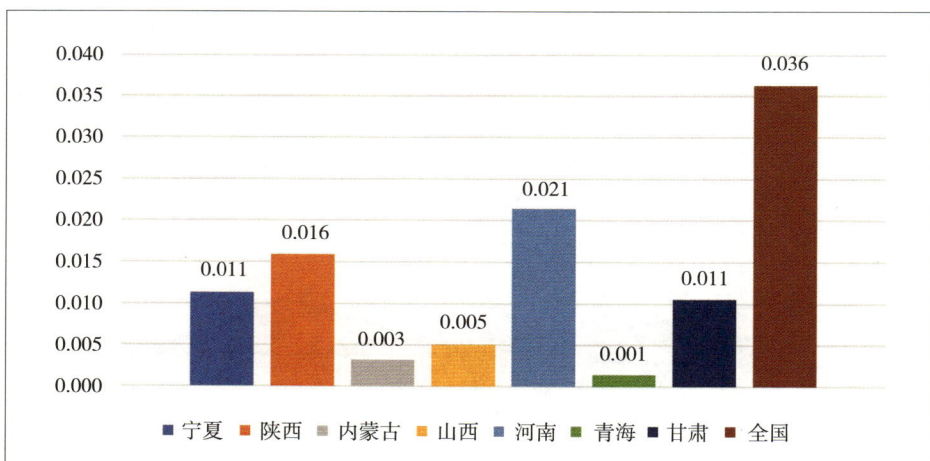

图 4-79　宁夏与全国及沿黄六省区橡胶和塑料制品业社会竞争力指标对比
（就业比）

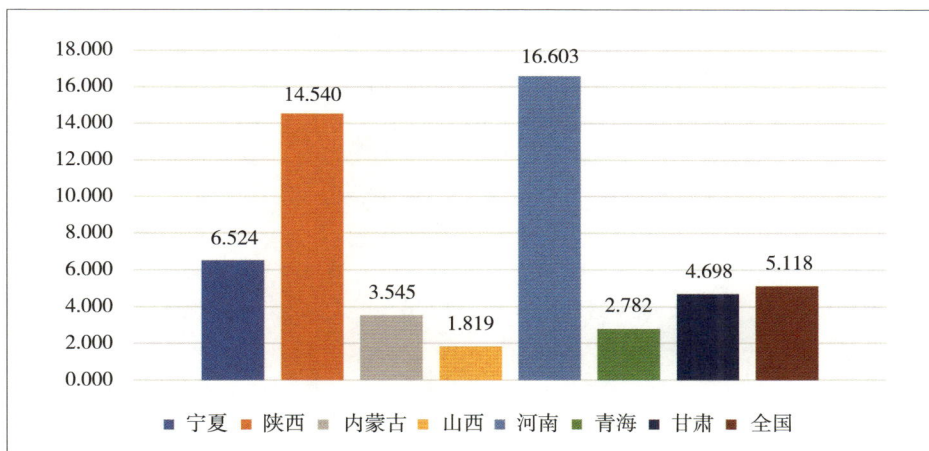

图 4-80 宁夏与全国及沿黄六省区橡胶和塑料制品业社会竞争力指标对比
（单位能耗营收）

4.3.9 石油、煤炭及其他燃料加工业

（1）综合竞争力指数对比分析

由表 4-57、图 4-81 可知，2016—2020 年宁夏石油、煤炭及其他燃料加工业综合竞争力指数呈波动下降态势，综合竞争力指数分别为 0.147、0.160、0.094、0.133、0.093。宁夏与全国及沿黄六省区对比总体处于上游水平，仅在 2018 年比全国、陕西、内蒙古、山西和河南低，差距分别为 0.009、0.003、0.008、0.023、0.012，其余年份均高于全国和其他沿黄省区。与全国相比，2016—2020 年，除 2018 年比全国低，其余年份均高于全国，差额分别为 0.041、0.050、0.059、0.027。然而值得注意的是，尽管在 2020 年宁夏仍处于第一位，但是与全国和其他沿黄六省区的优势正在不断减小。

表 4-57 宁夏与全国及沿黄六省区石油、煤炭及其他燃料加工业综合竞争力指数对比

年份	2016	2017	2018	2019	2020
宁夏	0.147	0.160	0.094	0.133	0.093
陕西	0.073	0.083	0.097	0.087	0.086
差额	0.074	0.077	−0.003	0.046	0.007

续表

年份	2016	2017	2018	2019	2020
内蒙古	0.041	0.116	0.102	0.065	0.055
差额	0.106	0.044	−0.008	0.068	0.038
山西	0.024	0.081	0.117	0.071	0.091
差额	0.123	0.079	−0.023	0.062	0.002
河南	0.099	0.144	0.106	0.072	0.068
差额	0.048	0.016	−0.012	0.061	0.025
青海	−0.082	0.001	0.001	0.064	0.012
差额	0.229	0.159	0.093	0.069	0.081
甘肃	0.035	0.052	0.056	0.037	0.059
差额	0.112	0.108	0.038	0.096	0.034
全国	0.106	0.110	0.103	0.074	0.066
差额	0.041	0.050	−0.009	0.059	0.027

数据来源：2017—2021 年中国、宁夏、沿黄六省区统计年鉴数据计算所得
备注：差额为 0.000 时，红色（0.000）代表负值，黑色（0.000）代表正值。

图 4-81 宁夏与全国及沿黄六省区石油、煤炭及其他燃料加工业综合竞争力指数对比

（2）生产竞争力指数对比分析

由表 4-58、图 4-82 可知，2016—2020 年宁夏石油、煤炭及其他燃料加工业生产竞争力指数总体处于波动态势，2016—2020 年间指数分别为 0.048、0.043、0.058、0.097、0.059。宁夏与全国及沿黄六省区对比总体处于中上游水平，整体高于陕西、青海和甘肃，2016—2017 年低于全国，差额分别为 0.007 和 0.014，在 2018—2020 年比全国高 0.008、0.071、0.037。课题组选

取了五年间达到最高点的 2019 年对生产竞争力指数相关指标进行分析。

由表 4–59、图 4–83、图 4–84 可知，2019 年宁夏石油、煤炭及其他燃料加工业生产竞争力指数高的原因是成本费用利润率和总资产利润率整体高于全国和沿黄六省区。其中，宁夏成本费用利润率比全国高 0.117，领先甘肃最多，比其高 0.162，领先陕西最少，比其高 0.98。从总资产利润率来看，宁夏领先甘肃最多，差值为 0.126，领先全国最少，差值为 0.066。反映出石油、煤炭及其他燃料加工业企业 2019 年发生的所有成本费用所带来的收益能力和企业运用其全部资产获取利润的能力很强。

表 4–58 宁夏与全国及沿黄六省区石油、煤炭及其他燃料加工业生产竞争力指数对比

年份	2016	2017	2018	2019	2020
宁夏	0.048	0.043	0.058	0.097	0.059
陕西	0.017	0.024	0.038	0.027	0.025
差额	0.031	0.019	0.020	0.070	0.034
内蒙古	0.002	0.071	0.060	0.026	0.013
差额	0.046	−0.028	−0.002	0.071	0.046
山西	−0.010	0.038	0.072	0.029	0.048
差额	0.058	0.005	−0.014	0.068	0.011
河南	0.054	0.078	0.050	0.017	0.010
差额	−0.006	−0.035	0.008	0.080	0.049
青海	−0.106	−0.032	−0.032	0.017	−0.032
差额	0.154	0.075	0.090	0.080	0.091
甘肃	−0.016	0.001	0.004	−0.015	0.008
差额	0.064	0.042	0.054	0.112	0.051
全国	0.055	0.057	0.050	0.026	0.022
差额	−0.007	−0.014	0.008	0.071	0.037

数据来源：2017—2021 年中国、宁夏、沿黄六省区统计年鉴数据计算所得

备注：差额为 0.000 时，红色（0.000）代表负值，黑色（0.000）代表正值。

图 4-82　宁夏与全国及沿黄六省区石油、煤炭及其他燃料加工业生产竞争力指数对比

表 4-59　2019 年宁夏与全国及沿黄六省区石油、煤炭及其他燃料加工业生产竞争力指标对比

	成本费用利润率	总资产利润率
宁夏	0.148	0.102
陕西	0.050	0.019
差额	0.098	0.083
内蒙古	0.035	0.032
差额	0.113	0.070
山西	0.045	0.029
差额	0.103	0.073
河南	0.021	0.022
差额	0.127	0.080
青海	0.026	0.017
差额	0.122	0.085
甘肃	−0.014	−0.024
差额	0.162	0.126
全国	0.031	0.036
差额	0.117	0.066

数据来源：2020 年中国、宁夏、沿黄六省区统计年鉴数据计算所得

备注：差额为 0.000 时，红色（0.000）代表负值，黑色（0.000）代表正值。

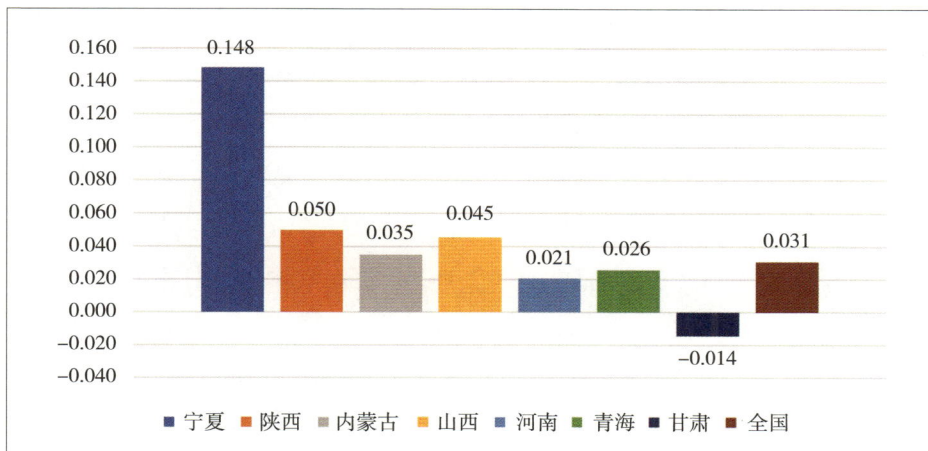

图 4-83　宁夏与全国及沿黄六省区石油、煤炭及其他燃料加工业生产竞争力指标对比
（成本费用利润率）

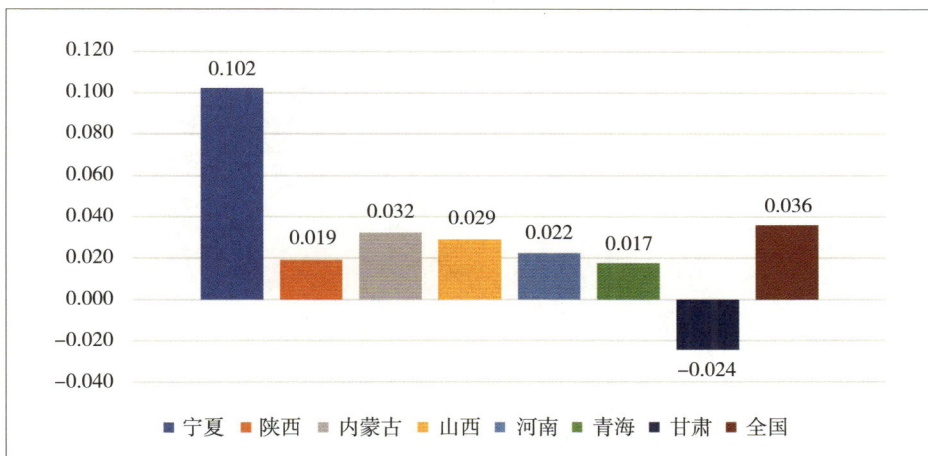

图 4-84　宁夏与全国及沿黄六省区石油、煤炭及其他燃料加工业生产竞争力指标对比
（总资产利润率）

（3）市场竞争力指数对比分析

由表 4-60、图 4-85 可知，2016—2020 年宁夏石油、煤炭及其他燃料加工业市场竞争力指数总体平稳，变化不大，指数分别为 0.027、0.025、0.027、0.028、0.026。宁夏与全国及沿黄六省区对比差距不大，但总体高于全国和沿黄六省区，仅在 2016 年、2017 年和 2020 年比甘肃低 0.004、0.004、0.002；

在 2017 年比陕西和内蒙古低 0.003、0.002；与全国相比，宁夏有一定的优势，2016—2020 年分别比全国高 0.001、0.000、0.003、0.005、0.002。课题组对 2019 年市场竞争力指数相关指标进行分析。

由表 4-61、图 4-86、图 4-87 可知，2019 年宁夏石油、煤炭及其他燃料加工业市场竞争力指数高的原因是主营业务收入成本比和主营业务利润收入比均高于全国和沿黄六省区，仅主营业务收入成本比比甘肃省略低。主营业务收入成本比指数为 1.340；比全国高 0.148；领先山西最多，差值为 0.208；领先陕西和青海最少，差值分别为 0.025 和 0.023。宁夏主营业务利润收入比为 0.111，比全国高 0.085，领先甘肃最多，差值为 0.121，领先山西最少，差值为 0.071，反映出宁夏该行业企业单位主营业务的销售竞争力强和获得的利润水平高。

表 4-60　宁夏与全国及沿黄六省区石油、煤炭及其他燃料加工业市场竞争力指数对比

年份	2016	2017	2018	2019	2020
宁夏	0.027	0.025	0.027	0.028	0.026
陕西	0.027	0.028	0.026	0.026	0.026
差额	0.000	−0.003	0.001	0.002	0.000
内蒙古	0.025	0.027	0.026	0.023	0.023
差额	0.002	−0.002	0.001	0.005	0.003
山西	0.021	0.023	0.025	0.022	0.024
差额	0.006	0.002	0.002	0.006	0.002
河南	0.024	0.023	0.024	0.023	0.023
差额	0.003	0.002	0.003	0.005	0.003
青海	0.020	0.024	0.024	0.026	0.022
差额	0.007	0.001	0.003	0.002	0.004
甘肃	0.031	0.029	0.027	0.026	0.028
差额	−0.004	−0.004	0.000	0.002	−0.002
全国	0.026	0.025	0.024	0.023	0.024
差额	0.001	0.000	0.003	0.005	0.002

数据来源：2017—2021 年中国、宁夏、沿黄六省区统计年鉴数据计算所得
备注：差额为 0.000 时，红色（0.000）代表负值，黑色（0.000）代表正值。

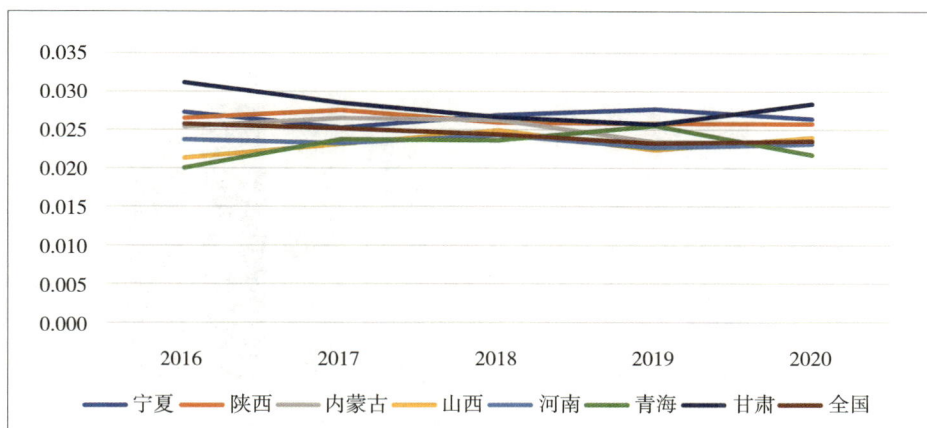

图 4-85　宁夏与全国及沿黄六省区石油、煤炭及其他燃料加工业市场竞争力指数对比

表 4-61　2019 年宁夏与全国及沿黄六省区石油、煤炭及其他燃料加工业市场竞争力指标对比

	主营业务收入成本比	主营业务利润收入比
宁夏	1.340	0.111
陕西	1.315	0.038
差额	0.025	0.073
内蒙古	1.197	0.029
差额	0.143	0.082
山西	1.132	0.040
差额	0.208	0.071
河南	1.169	0.018
差额	0.171	0.093
青海	1.317	0.020
差额	0.023	0.091
甘肃	1.359	−0.011
差额	−0.019	0.121
全国	1.192	0.026
差额	0.148	0.085

数据来源：2020 年中国、宁夏、沿黄六省区统计年鉴数据计算所得

备注：差额为 0.000 时，红色（0.000）代表负值，黑色（0.000）代表正值。

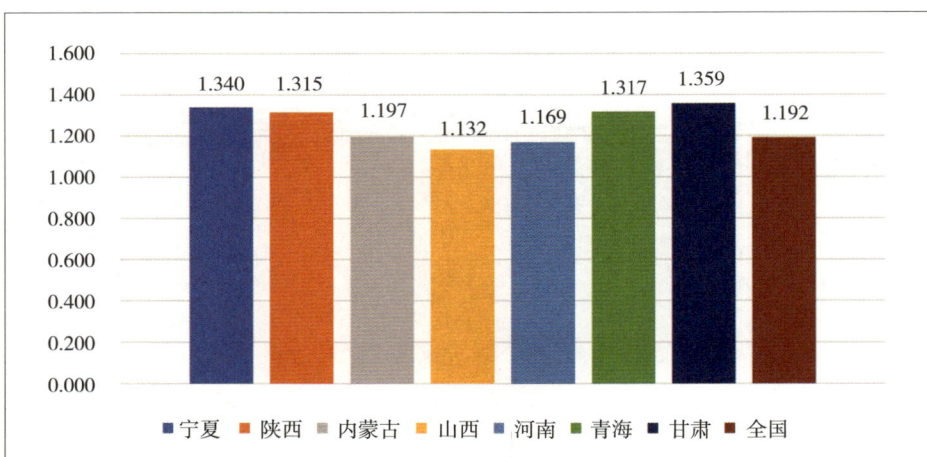

图 4-86　宁夏与全国及沿黄六省区石油、煤炭及其他燃料加工业市场竞争力指标对比
（主营业务收入成本比）

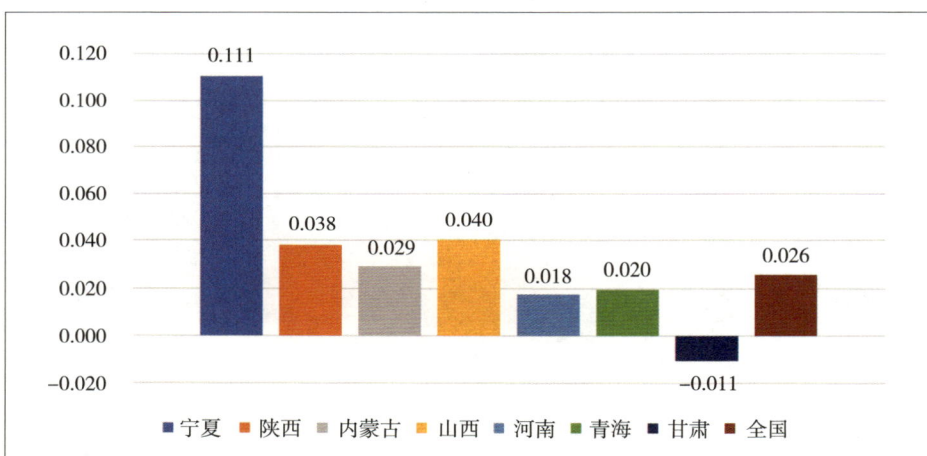

图 4-87　宁夏与全国及沿黄六省区石油、煤炭及其他燃料加工业市场竞争力指标对比
（主营业务利润收入比）

（4）社会竞争力指数对比分析

由表 4-62、图 4-88 可知，2016—2020 年宁夏石油、煤炭及其他燃料加工业社会竞争力指数呈断崖式下降，指数分别为 0.072、0.092、0.009、0.009、0.008。整体在 2016—2017 年具有很大优势，排名第一位，但是到了 2018 年下跌到第七位，从 2019 年开始下跌到最后一位并且延续至 2020 年。宁夏与

全国相比，在 2016 年和 2017 年分别高了 0.046、0.064，但是在 2018—2020 年与全国的差距分别为 0.020、0.016、0.012。课题组选择了 2019 年作为研究对象，对社会竞争力指数相关指标进行分析。

由表 4-63、图 4-89、图 4-90 可知，2019 年宁夏石油、煤炭及其他燃料加工业社会竞争力指数处于下游水平的原因是单位能耗营收整体低于全国和其他沿黄六省区，与全国相比，差额为 1.071，与陕西差距最大，差额为 1.559，与内蒙古差距最小，差额为 0.458。反映出宁夏该行业企业能源消费水平和节能降耗状况不容乐观。另一个指标就业比中，宁夏处于首位，比全国高 0.071，领先河南最多，差额为 0.074，领先甘肃最少，差额为 0.024，反映出宁夏该行业企业就业率状况良好。

表 4-62　宁夏与全国及沿黄六省区石油、煤炭及其他燃料加工业社会竞争力指数对比

年份	2016	2017	2018	2019	2020
宁夏	0.072	0.092	0.009	0.009	0.008
陕西	0.029	0.031	0.033	0.034	0.035
差额	0.043	0.061	−0.024	−0.025	−0.027
内蒙古	0.013	0.019	0.016	0.015	0.019
差额	0.059	0.073	−0.007	−0.006	−0.011
山西	0.012	0.020	0.020	0.020	0.018
差额	0.060	0.072	−0.011	−0.011	−0.010
河南	0.022	0.044	0.032	0.033	0.035
差额	0.050	0.048	−0.023	−0.024	−0.027
青海	0.004	0.009	0.009	0.022	0.023
差额	0.068	0.083	0.000	−0.013	−0.015
甘肃	0.019	0.023	0.025	0.027	0.023
差额	0.053	0.069	−0.016	−0.018	−0.015
全国	0.026	0.028	0.029	0.025	0.020
差额	0.046	0.064	−0.020	−0.016	−0.012

数据来源：2017—2021 年中国、宁夏、沿黄六省区统计年鉴数据计算所得
备注：差额为 0.000 时，红色（0.000）代表负值，黑色（0.000）代表正值。

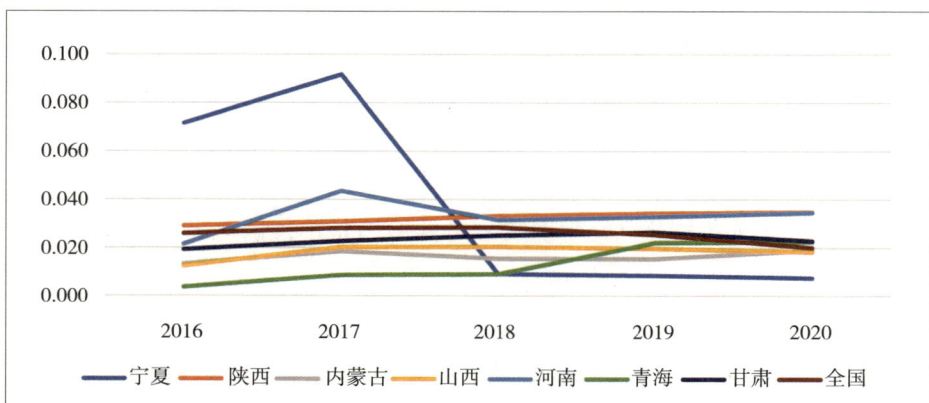

图 4-88　宁夏与全国及沿黄六省区石油、煤炭及其他燃料加工业社会竞争力指数对比

表 4-63　2019 年宁夏与全国及沿黄六省区石油、煤炭及其他燃料加工业社会竞争力指标对比

	就业比	单位能耗营收
宁夏	0.081	0.421
陕西	0.039	1.980
差额	0.042	−1.559
内蒙古	0.032	0.879
差额	0.049	−0.458
山西	0.052	1.113
差额	0.029	−0.692
河南	0.007	1.939
差额	0.074	−1.518
青海	0.014	1.293
差额	0.067	−0.872
甘肃	0.057	1.506
差额	0.024	−1.085
全国	0.010	1.492
差额	0.071	−1.071

数据来源：2020 年中国、宁夏、沿黄六省区统计年鉴数据计算所得
备注：差额为 0.000 时，红色（0.000）代表负值，黑色（0.000）代表正值。

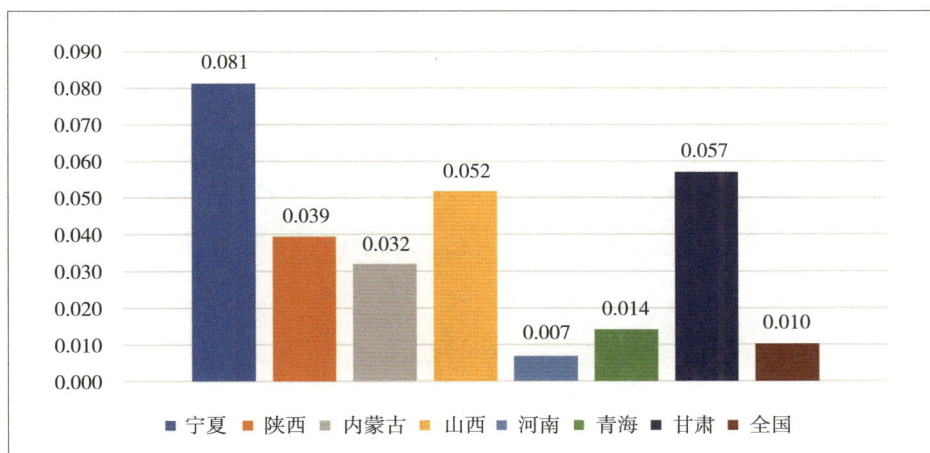

图4-89　宁夏与全国及沿黄六省区石油、煤炭及其他燃料加工业社会竞争力指标对比
（就业比）

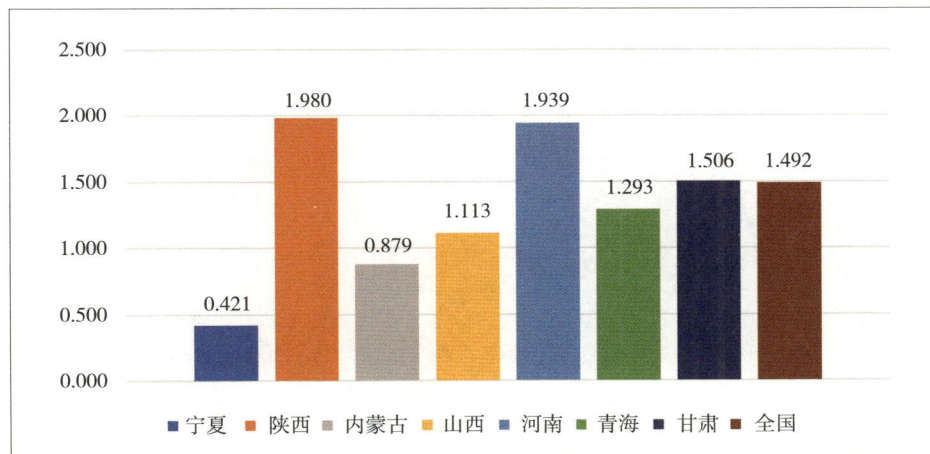

图4-90　宁夏与全国及沿黄六省区石油、煤炭及其他燃料加工业社会竞争力指标对比
（单位能耗营收）

4.3.10　化学原料和化学制品制造业

（1）综合竞争力指数对比分析

由表4-64、图4-91可知，2016—2020年宁夏化学原料和化学制品制造业综合竞争力指数总体呈增长态势，指数分别为0.031、0.011、0.033、0.043、0.073。宁夏与全国及沿黄六省区对比总体处于劣势，低于全国、陕西、内蒙

古、河南、青海和甘肃，仅在 2016 年、2019 年和 2020 年略高于山西，2016 和 2020 年略高于甘肃，2020 年略高于青海。与河南差距最大，差额分别为 0.125、0.185、0.098、0.075、0.023。

表 4-64　宁夏与全国及沿黄六省区化学原料和化学制品制造业综合竞争力指数

年份	2016	2017	2018	2019	2020
宁夏	0.031	0.011	0.033	0.043	0.073
陕西	0.077	0.098	0.095	0.080	0.075
差额	−0.046	−0.087	−0.062	−0.037	−0.002
内蒙古	0.050	0.103	0.098	0.089	0.076
差额	−0.019	−0.092	−0.065	−0.046	−0.003
山西	−0.003	0.033	0.042	0.033	0.029
差额	0.034	−0.022	−0.009	0.010	0.044
河南	0.156	0.196	0.131	0.118	0.096
差额	−0.125	−0.185	−0.098	−0.075	−0.023
青海	0.062	0.087	0.080		0.053
差额	−0.031	−0.076	−0.047		0.020
甘肃	0.029	0.061	0.036	0.046	0.061
差额	0.002	−0.050	−0.003	−0.003	0.012
全国	0.129	0.134	0.123	0.107	0.111
差额	−0.098	−0.123	−0.090	−0.064	−0.038

数据来源：2017—2021 年中国、宁夏、沿黄六省区统计年鉴数据计算所得
备注：差额为 0.000 时，红色（0.000）代表负值，黑色（0.000）代表正值。

图 4-91　宁夏与全国及沿黄六省区化学原料和化学制品制造业综合竞争力指数对比

（2）生产竞争力指数对比分析

由表 4-65、图 4-92 可知，2016—2020 年宁夏化学原料和化学制品制造业生产竞争力总体平稳，指数分别为 -0.003、-0.022、0.003、0.007、0.034。宁夏与全国及沿黄六省区对比总体处于劣势，差距较大，总体低于全国和内蒙古，2016 年、2019 年略高于山西和甘肃，2020 年高于陕西、山西、河南、青海和甘肃。宁夏与排名第一的河南差距较大，2016—2019 年差距分别为 0.053、0.125、0.063、0.035。为进一步深入研究，课题组再对 2020 年进行生产竞争力指数相关指标进行分析。

由表 4-66、图 4-93、图 4-94 可知，2020 年宁夏化学原料和化学制品制造业生产竞争力成本费用利润率仅分别比内蒙古和全国低 0.011、0.013，总资产利润率仅分别比河南和全国低 0.002 和 0.023。反映出宁夏该行业企业在当期发生的所有成本费用所带来的收益能力较强，企业运用其全部资产获取利润的能力也较强。

表 4-65　宁夏与全国及沿黄六省区化学原料和化学制品制造业生产竞争力指数

年份	2016	2017	2018	2019	2020
宁夏	-0.003	-0.022	-0.003	0.007	0.034
陕西	0.031	0.048	0.046	0.034	0.030
差额	-0.034	-0.070	-0.049	-0.027	0.004
内蒙古	0.012	0.060	0.054	0.048	0.036
差额	-0.015	-0.082	-0.057	-0.041	-0.002
山西	-0.034	-0.002	0.004	-0.006	-0.007
差额	0.031	-0.020	-0.007	0.013	0.041
河南	0.050	0.103	0.060	0.042	0.028
差额	-0.053	-0.125	-0.063	-0.035	0.006
青海	0.013	0.035	0.035		0.004
差额	-0.016	-0.057	-0.038		0.030
甘肃	-0.011	0.018	-0.001	0.003	0.015
差额	0.008	-0.040	-0.002	0.004	0.019

续表

年份	2016	2017	2018	2019	2020
全国	0.045	0.053	0.051	0.040	0.046
差额	−0.048	−0.075	−0.054	−0.033	−0.012

数据来源：2017—2021年中国、宁夏、沿黄六省区统计年鉴数据计算所得

备注：差额为0.000时，红色（0.000）代表负值，黑色（0.000）代表正值。

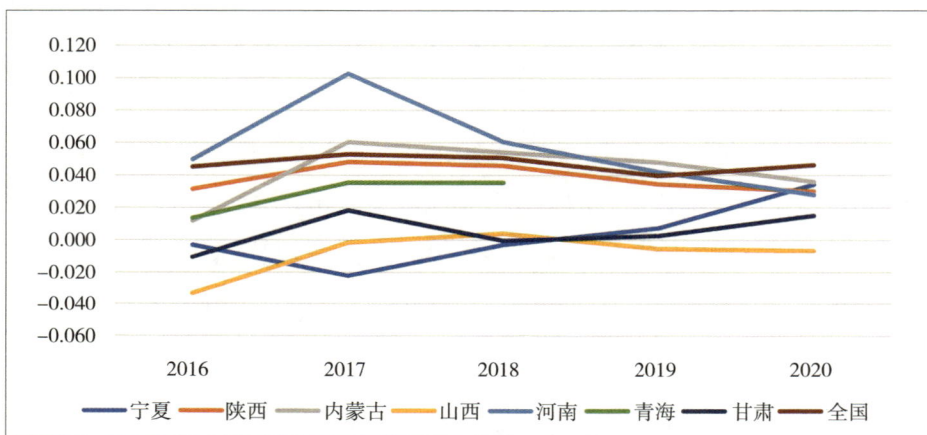

图4-92　宁夏与全国及沿黄六省区化学原料和化学制品制造业生产竞争力指数对比

表4-66　2020年宁夏与全国及沿黄六省区化学原料和化学制品制造业生产竞争力指标对比

	成本费用利润率	总资产利润率
宁夏	0.071	0.033
陕西	0.068	0.023
差额	0.003	0.010
内蒙古	0.082	0.027
差额	−0.011	0.006
山西	−0.015	−0.006
差额	0.086	0.039
河南	0.050	0.035
差额	0.021	−0.002
青海	0.009	0.002
差额	0.062	0.031

续表

	成本费用利润率	总资产利润率
甘肃	0.028	0.018
差额	0.043	0.015
全国	0.084	0.056
差额	−0.013	−0.023

数据来源：2021 年中国、宁夏、沿黄六省区统计年鉴数据计算所得

备注：差额为 0.000 时，红色（0.000）代表负值，黑色（0.000）代表正值。

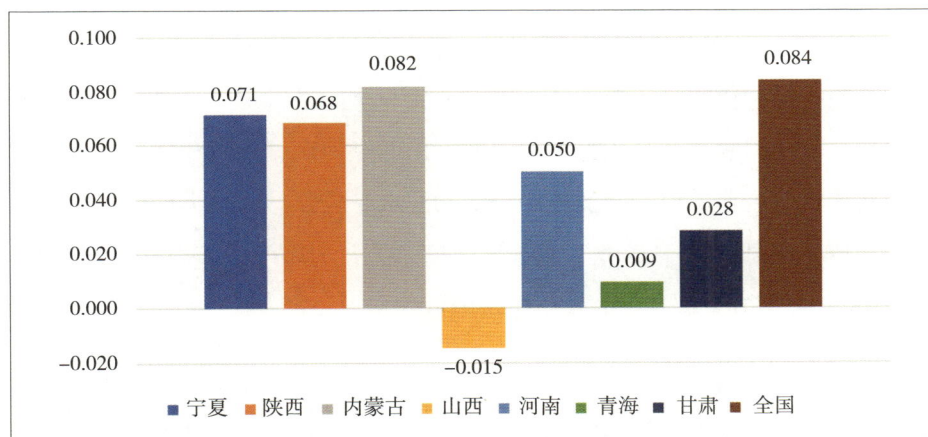

图 4-93　宁夏与全国及沿黄六省区化学原料和化学制品制造业生产竞争力指标对比
（成本费用利润率）

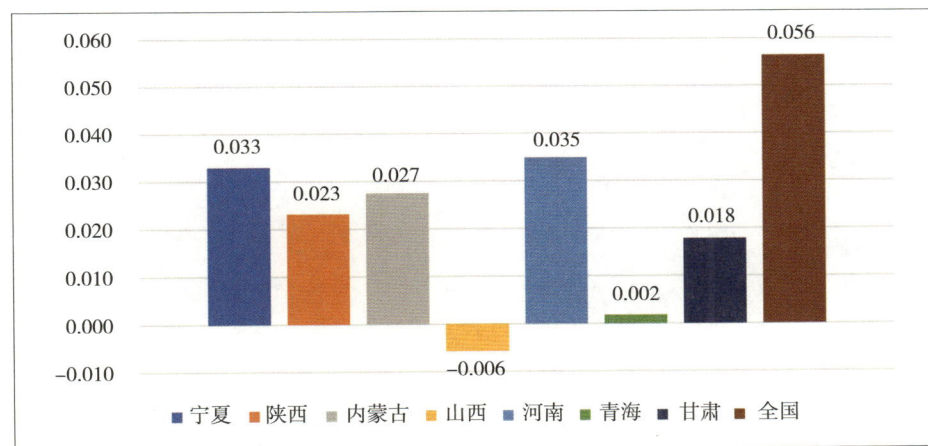

图 4-94　宁夏与全国及沿黄六省区化学原料和化学制品制造业生产竞争力指标对比
（总资产利润率）

（3）市场竞争力指数对比分析

由表 4-67、图 4-95 可以看出，2016—2020 年宁夏化学原料和化学制品制造业市场竞争力指数总体平稳，指数分别为 0.023、0.022、0.024、0.024、0.026。宁夏与全国及沿黄六省区对比总体差距不大，各省区之间的市场竞争力基本都相差不到 0.005，2020 年，比陕西、山西、河南、甘肃高 0.000、0.002、0.001、0.002。为此，课题组选择对 2020 年市场竞争力指数相关指标进行分析。

由表 4-68、图 4-96、图 4-97 可知，2020 宁夏化学原料与化学制品制造业平稳指数的原因是主营业务利润收入比与全国及沿黄六省区对比处于上游水平，仅比内蒙古和全国低，比陕西、山西、河南、青海和甘肃高。反映出宁夏该行业企业单位主营业务获得的利润水平较强。另一个指标年主营业务收入成本比处于上游水平，排名第三位，仅分别比内蒙古和青海低 0.043 和 0.160，反映出宁夏企业产品在经营销售活动中竞争力较强。

表 4-67　宁夏与全国及沿黄六省区化学原料和化学制品制造业市场竞争力指数

年份	2016	2017	2018	2019	2020
宁夏	0.023	0.022	0.024	0.024	0.026
陕西	0.026	0.027	0.027	0.026	0.026
差额	−0.003	−0.005	−0.003	−0.002	0.000
内蒙古	0.025	0.029	0.029	0.028	0.027
差额	−0.002	−0.007	−0.005	−0.004	−0.001
山西	0.021	0.024	0.024	0.024	0.024
差额	0.002	−0.002	−0.000	0.000	0.002
河南	0.025	0.025	0.027	0.026	0.025
差额	−0.002	−0.003	−0.003	−0.002	0.001
青海	0.030	0.032	0.027		0.029
差额	−0.007	−0.010	−0.003		−0.003
甘肃	0.023	0.025	0.023	0.024	0.024
差额	−0.000	−0.003	0.000	0.000	0.002

续表

年份	2016	2017	2018	2019	2020
全国	0.025	0.026	0.026	0.026	0.026
差额	−0.002	−0.004	−0.002	−0.002	−0.000

数据来源：2017—2021 年中国、宁夏、沿黄六省区统计年鉴数据计算所得

备注：差额为 0.000 时，红色（0.000）代表负值，黑色（0.000）代表正值。

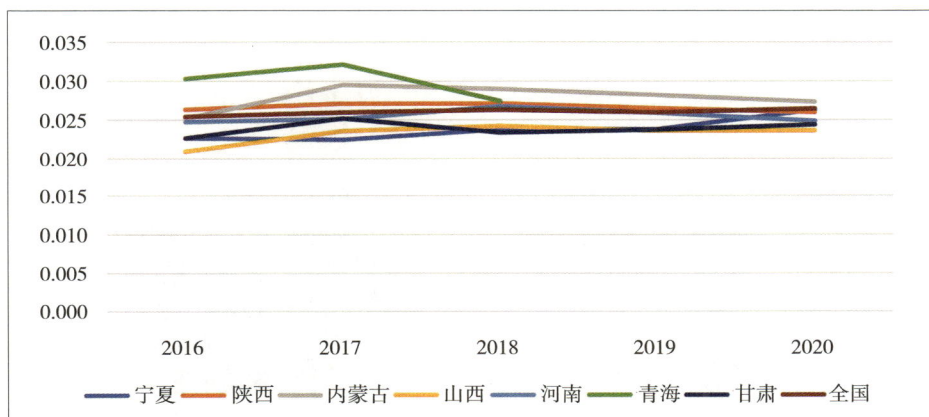

图 4–95　宁夏与全国及沿黄六省区化学原料和化学制品制造业市场竞争力指数对比

表 4–68　2020 年宁夏与全国及沿黄六省区化学制品制造业市场竞争力指标对比

	主营业务收入成本比	主营业务利润收入比
宁夏	1.215	0.059
陕西	1.202	0.057
差额	0.013	0.002
内蒙古	1.258	0.065
差额	−0.043	−0.006
山西	1.158	−0.013
差额	0.057	0.071
河南	1.162	0.043
差额	0.053	0.016
青海	1.375	0.007
差额	−0.160	0.052
甘肃	1.158	0.024
差额	0.057	0.035

续表

	主营业务收入成本比	主营业务利润收入比
全国	1.211	0.070
差额	0.004	−0.011

数据来源：2021 年中国、宁夏、沿黄六省区统计年鉴数据计算所得

备注：差额为 0.000 时，红色（0.000）代表负值，黑色（0.000）代表正值。

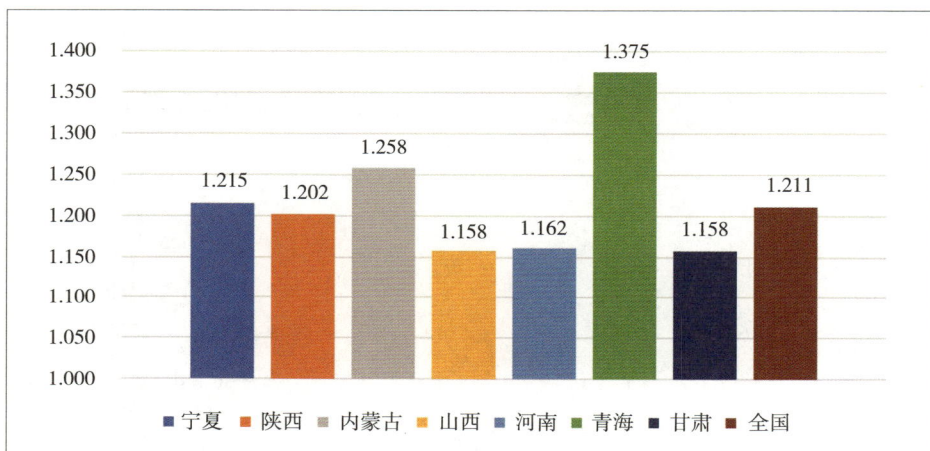

图 4-96　宁夏与全国及沿黄六省区化学制品制造业市场竞争力指标对比
（主营业务收入成本比）

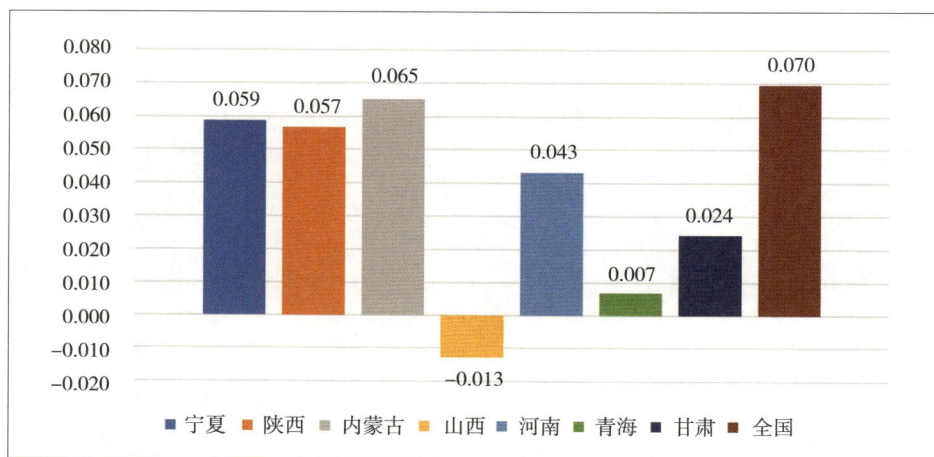

图 4-97　宁夏与全国及沿黄六省区化学制品制造业市场竞争力指标对比
（主营业务利润收入比）

（4）社会竞争力指数对比分析

由表4-69、图4-98可知，2016—2020年宁夏化学原料和化学制品制造业社会竞争力指数基本保持不变，在0.011到0.013之间。宁夏与全国及沿黄六省区对比，处于落后地位，仅在2016年和2020年略高于山西；与排名第一的河南相比，差距最大，差额分别为0.071、0.057、0.031、0.038、0.030；与排名第二的全国平均水平相比，差距分别为0.048、0.044、0.034、0.029、0.026。为进一步讨论宁夏在该行业社会竞争力落后的原因，课题组选择了2020年为研究对象，对社会竞争力指数相关指标进行分析。

由表4-70、图4-99、图4-100可知，2020年宁夏化学原料和化学制品制造业社会竞争力指数低的原因是单位能耗营收均低于全国及沿黄六省区，比全国平均水平低0.932，比排名第一的河南低1.085，比排名第二的甘肃低0.408，反映出宁夏该行业企业能源消费水平和节能降耗状况低下。在另一个指标就业比中，领先于所有沿黄省区和全国平均水平，反映出宁夏该行业企业就业率比较高。

表4-69　宁夏与全国及沿黄六省区化学原料和化学制品制造业社会竞争力指数

年份	2016	2017	2018	2019	2020
宁夏	0.011	0.011	0.012	0.012	0.013
陕西	0.019	0.023	0.022	0.019	0.019
差额	−0.008	−0.012	−0.010	−0.007	−0.006
内蒙古	0.013	0.013	0.015	0.013	0.013
差额	−0.002	−0.002	−0.003	−0.001	−0.000
山西	0.010	0.011	0.014	0.015	0.013
差额	0.001	−0.000	−0.002	−0.003	0.000
河南	0.082	0.068	0.043	0.050	0.043
差额	−0.071	−0.057	−0.031	−0.038	−0.030
青海	0.018	0.019	0.018		0.020
差额	−0.007	−0.008	−0.006		−0.007
甘肃	0.017	0.017	0.013	0.020	0.022
差额	−0.006	−0.006	−0.001	−0.008	−0.009

续表

年份	2016	2017	2018	2019	2020
全国	0.059	0.055	0.046	0.041	0.039
差额	−0.048	−0.044	−0.034	−0.029	−0.026

数据来源：2017—2021年中国、宁夏、沿黄六省区统计年鉴数据计算所得
备注：差额为0.000时，红色（0.000）代表负值，黑色（0.000）代表正值。

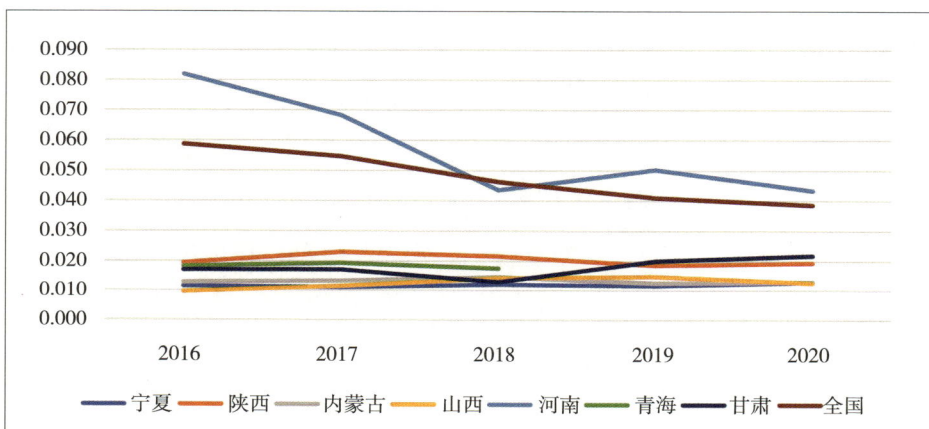

图4-98　宁夏与全国及沿黄六省区化学原料和化学制品制造业社会竞争力指数对比

表4-70　2020年宁夏与全国及沿黄六省区化学原料和化学制品制造业社会竞争力
指标对比

	就业比	单位能耗营收
宁夏	0.166	0.237
陕西	0.047	0.563
差额	0.119	−0.326
内蒙古	0.100	0.307
差额	0.066	−0.070
山西	0.039	0.354
差额	0.127	−0.117
河南	0.042	1.322
差额	0.124	−1.085
青海	0.148	0.490
差额	0.018	−0.253

续表

	就业比	单位能耗营收
甘肃	0.044	0.645
差额	0.122	−0.408
全国	0.044	1.169
差额	0.122	−0.932

数据来源：2021 年中国、宁夏、沿黄六省区统计年鉴数据计算所得

备注：差额为 0.000 时，红色（0.000）代表负值，黑色（0.000）代表正值。

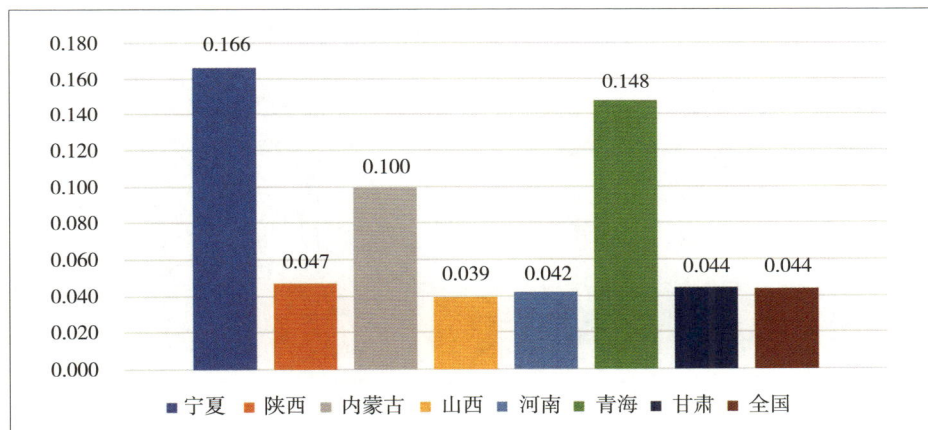

图 4-99　宁夏与全国及沿黄六省区化学原料和化学制品制造业社会竞争力指标对比
（就业比）

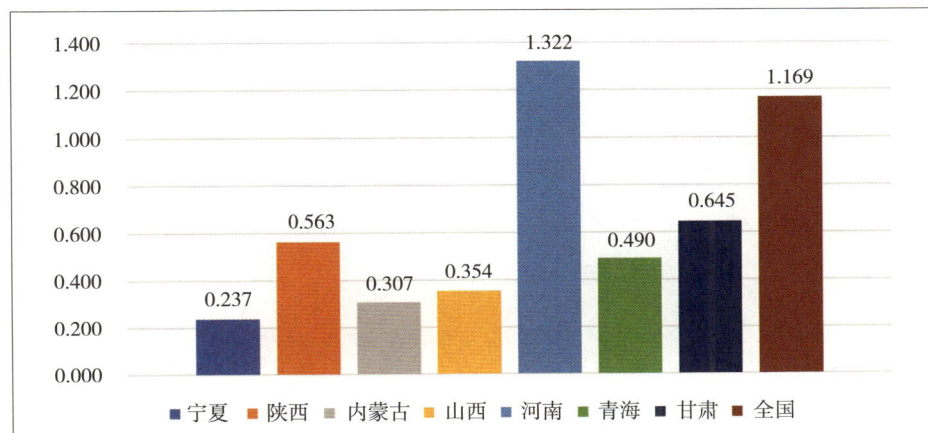

图 4-100　宁夏与全国及沿黄六省区化学原料和化学制品制造业社会竞争力指标对比
（单位能耗营收）

4.3.11　非金属矿物制品业

（1）综合竞争力指数对比分析

根据表4-71、图4-101可知，2016—2020年宁夏非金属矿物制品业综合竞争力指数呈平稳上升趋势，综合竞争力指数分别为0.043、0.050、0.048、0.060、0.062。宁夏与全国及沿黄六省区对比总体处于中下游水平，综合竞争力高于内蒙古、山西和青海，低于陕西、河南和甘肃，与河南差距最大，差额分别为0.180、0.124、0.085、0.063、0.043。

表4-71　宁夏与全国及沿黄六省区非金属矿物制品业综合竞争力指数

年份	2016	2017	2018	2019	2020
宁夏	0.043	0.050	0.048	0.060	0.062
陕西	0.088	0.094	0.099	0.110	0.101
差额	−0.045	−0.044	−0.051	−0.050	−0.039
内蒙古	0.060	0.039	0.041	0.044	0.059
差额	−0.017	0.011	0.007	0.016	0.003
山西	0.030	0.050	0.057	0.056	0.052
差额	0.013	0.000	−0.009	0.004	0.010
河南	0.223	0.174	0.133	0.123	0.105
差额	−0.180	−0.124	−0.085	−0.063	−0.043
青海	0.030	0.034	0.033	0.030	0.053
差额	0.013	0.016	0.015	0.030	0.009
甘肃	0.044	0.091	0.115	0.071	0.068
差额	−0.001	−0.041	−0.067	−0.011	−0.006
全国	0.083	0.084	0.084	0.087	0.087
差额	−0.040	−0.034	−0.036	−0.027	−0.025

数据来源：2017—2021年中国、宁夏、沿黄六省区统计年鉴数据计算所得
备注：差额为0.000时，红色（0.000）代表负值，黑色（0.000）代表正值。

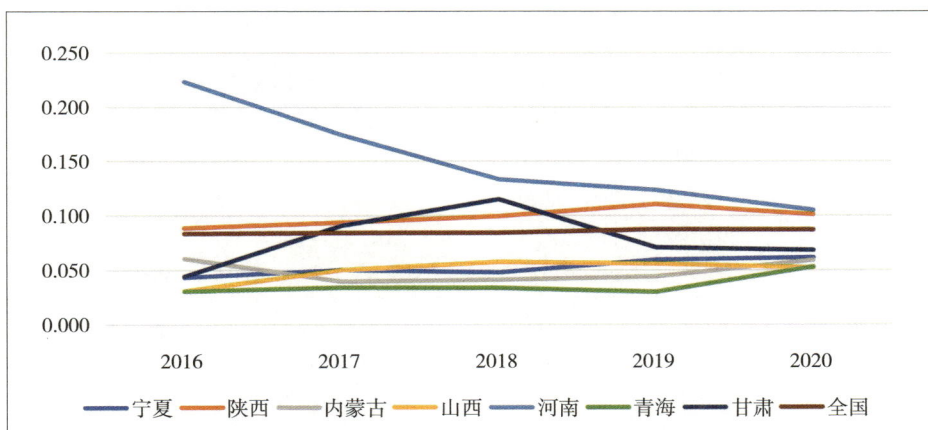

图 4-101　宁夏与全国及沿黄六省区非金属矿物制品业综合竞争力指数对比

（2）生产竞争力指数对比分析

由表 4-72、图 4-102 可知，2016—2020 年宁夏非金属矿物制品业生产竞争力指数整体呈平稳态势，变化不大，指数分别为 0.010、0.015、0.013、0.024、0.027。宁夏与全国及沿黄六省区对比总体处于中下游水平，高于内蒙古和青海，2019 和 2020 年高于山西，低于全国、陕西、河南和甘肃；宁夏与排名第一的河南相比，2016—2020 年差距分别为 0.031、0.026、0.039、0.016、0.001。为进一步进行讨论，课题组选择对 2020 年生产竞争力指数相关指标进行分析。

由表 4-73、图 4-103、图 4-104 可知，2020 年宁夏非金属矿物制品业生产竞争力指数相对较低的原因是成本费用利润率处于中游水平，比全国、陕西、甘肃低，比内蒙古、山西、河南和青海高。总资产利润率处于中下游水平，比陕西、河南、甘肃和全国低，比内蒙古、山西、青海高。反映出宁夏该行业企业在当期发生的所有成本费用所带来的收益能力一般，企业运用其全部资产获取利润的能力也一般。

表 4-72　宁夏与全国及沿黄六省区非金属矿物制品业生产竞争力指数

年份	2016	2017	2018	2019	2020
宁夏	0.010	0.015	0.013	0.024	0.027
陕西	0.030	0.036	0.036	0.042	0.036
差额	−0.020	−0.021	−0.023	−0.018	−0.011
内蒙古	0.019	0.009	0.007	0.007	0.018
差额	−0.009	0.006	0.006	0.017	0.009
山西	0.002	0.018	0.022	0.018	0.016
差额	0.008	−0.003	−0.009	0.006	0.011
河南	0.041	0.041	0.052	0.040	0.028
差额	−0.031	−0.026	−0.039	−0.016	−0.001
青海	−0.000	0.002	0.002	−0.001	0.019
差额	0.010	0.013	0.011	0.025	0.008
甘肃	0.012	0.052	0.073	0.034	0.031
差额	−0.002	−0.037	−0.060	−0.010	−0.004
全国	0.029	0.031	0.035	0.035	0.034
差额	−0.019	−0.016	−0.022	−0.011	−0.007

数据来源：2017—2021 年中国、宁夏、沿黄六省区统计年鉴数据计算所得

备注：差额为 0.000 时，红色（0.000）代表负值，黑色（0.000）代表正值。

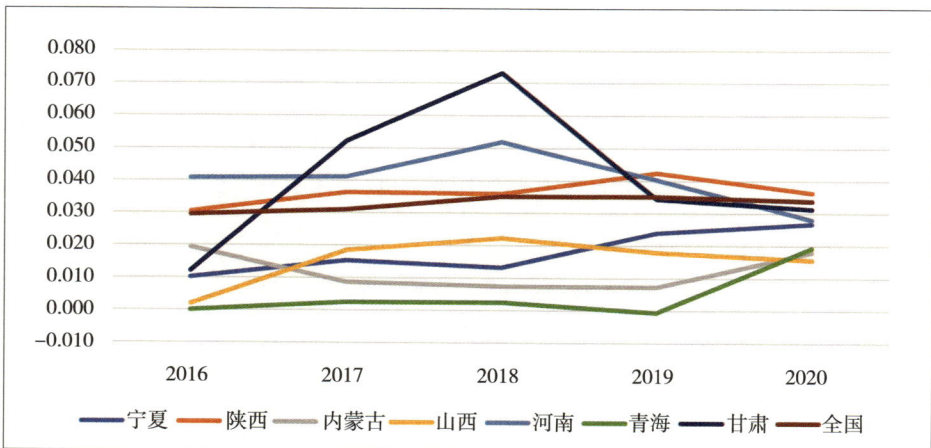

图 4-102　宁夏与全国及沿黄六省区非金属矿物制品业生产竞争力指数对比

表 4-73　2020 年宁夏与全国及沿黄六省区非金属矿物制品业生产竞争力指标对比

	成本费用利润率	总资产利润率
宁夏	0.101	0.048
陕西	0.108	0.094
差额	−0.007	−0.046
内蒙古	0.068	0.032
差额	0.033	0.016
山西	0.059	0.028
差额	0.042	0.020
河南	0.091	0.065
差额	0.010	−0.017
青海	0.084	0.023
差额	0.017	0.025
甘肃	0.120	0.055
差额	−0.019	−0.007
全国	0.107	0.081
差额	−0.006	−0.033

数据来源：2021 年中国、宁夏、沿黄六省区统计年鉴数据计算所得

备注：差额为 0.000 时，红色（0.000）代表负值，黑色（0.000）代表正值。

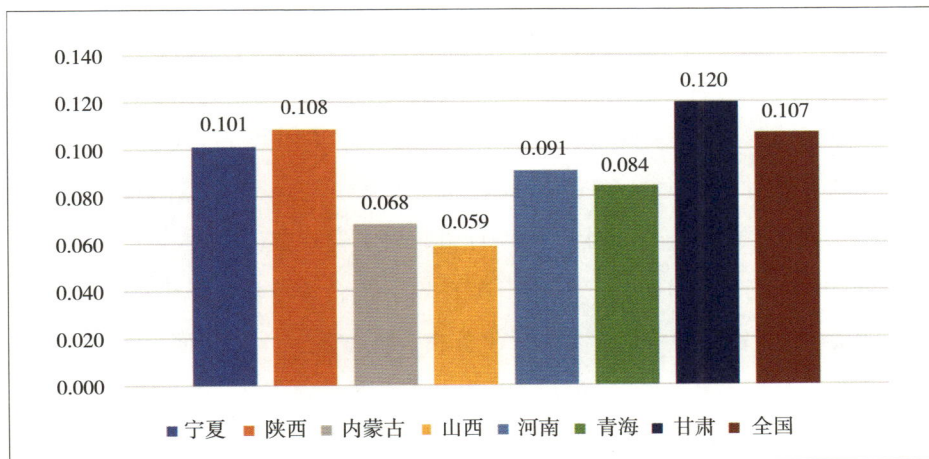

图 4-103　宁夏与全国及沿黄六省区非金属矿物制品业生产竞争力指标对比
（成本费用利润率）

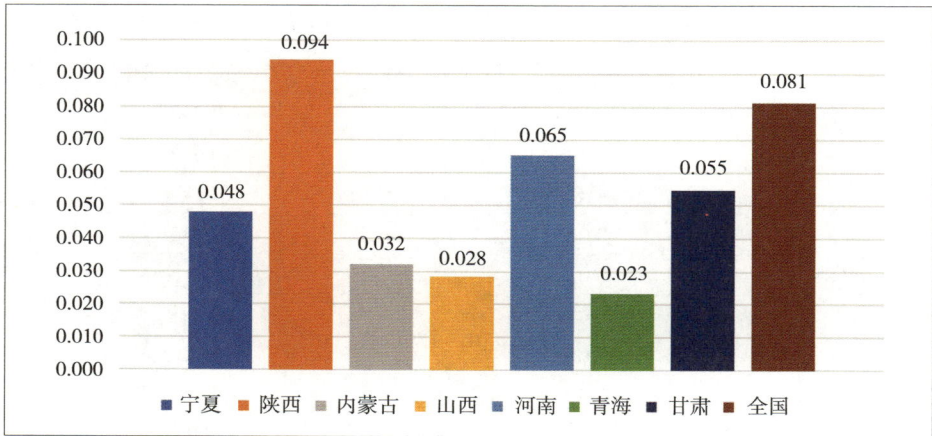

图 4-104　宁夏与全国及沿黄六省区非金属矿物制品业生产竞争力指标对比
（总资产利润率）

（3）市场竞争力指数对比分析

由表 4-74、图 4-105 可知，2016—2020 年宁夏非金属矿物制品业市场竞争力指数总体平稳，变化不大，指数分别为 0.024、0.025、0.024、0.025、0.026。宁夏与全国及沿黄六省区对比总体差距不大，处于中上水平，但略低于甘肃，2016—2020 年差额分别为 0.000、0.005、0.008、0.002 和 0.000。2020 年宁夏该行业市场竞争力提高了 0.001，并在 2020 年成为第二名。为此，课题组选择对 2020 年市场竞争力指数相关指标进行分析。

由表 4-75、图 4-106、图 4-107 可知，2020 年宁夏非金属矿物制品市场竞争力指数处于中上水平的原因是主营业务利润收入比与全国及沿黄六省区相比，处于中游水平，低于陕西和甘肃，高于内蒙古、山西、河南和青海，与全国的平均差额为 0.007，反映出宁夏该行业企业单位主营业务获得的利润水平相对较低。另一个指标主营业务收入成本比与全国沿黄六省区对比，处于优势地位，高于全国、陕西、内蒙古、山西、河南和甘肃，仅比青海低 0.060，反映出宁夏企业产品在经营销售活动中竞争力较强。

表 4-74 宁夏与全国及沿黄六省区非金属矿物制品业市场竞争力指数

年份	2016	2017	2018	2019	2020
宁夏	0.024	0.025	0.024	0.025	0.026
陕西	0.024	0.025	0.025	0.025	0.025
差额	−0.000	0.000	−0.001	0.000	0.001
内蒙古	0.024	0.024	0.024	0.023	0.024
差额	−0.000	0.001	0.000	0.002	0.002
山西	0.022	0.025	0.025	0.025	0.024
差额	0.002	0.000	−0.001	0.000	0.002
河南	0.024	0.024	0.027	0.026	0.025
差额	−0.000	0.001	−0.003	−0.001	0.001
青海	0.023	0.024	0.024	0.023	0.027
差额	0.001	0.001	0.000	0.002	−0.001
甘肃	0.024	0.030	0.032	0.027	0.026
差额	−0.000	−0.005	−0.008	−0.002	0.000
全国	0.024	0.024	0.025	0.025	0.025
差额	−0.000	0.001	−0.001	0.000	0.001

数据来源：2017—2021 年中国、宁夏、沿黄六省区统计年鉴数据计算所得

备注：差额为 0.000 时，红色（0.000）代表负值，黑色（0.000）代表正值。

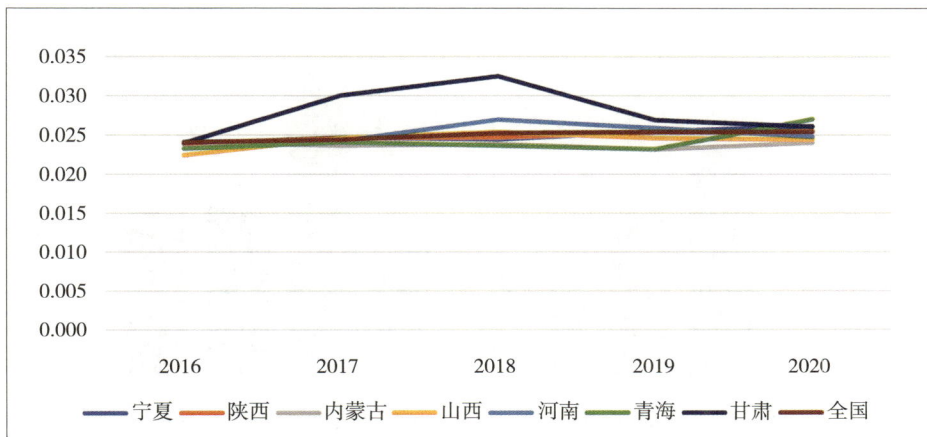

图 4-105 宁夏与全国及沿黄六省区非金属矿物制品业市场竞争力指数对比

表 4–75　2020 年宁夏与全国及沿黄六省区非金属矿物制品业市场竞争力指标对比

	主营业务收入成本比	主营业务利润收入比
宁夏	1.271	0.080
陕西	1.228	0.088
差额	0.043	−0.008
内蒙古	1.184	0.058
差额	0.087	0.022
山西	1.212	0.048
差额	0.059	0.032
河南	1.207	0.075
差额	0.064	0.005
青海	1.331	0.063
差额	−0.060	0.017
甘肃	1.251	0.096
差额	0.020	−0.016
全国	1.225	0.087
差额	0.046	−0.007

数据来源：2021 年中国、宁夏、沿黄六省区统计年鉴数据计算所得

备注：差额为 0.000 时，红色（0.000）代表负值，黑色（0.000）代表正值。

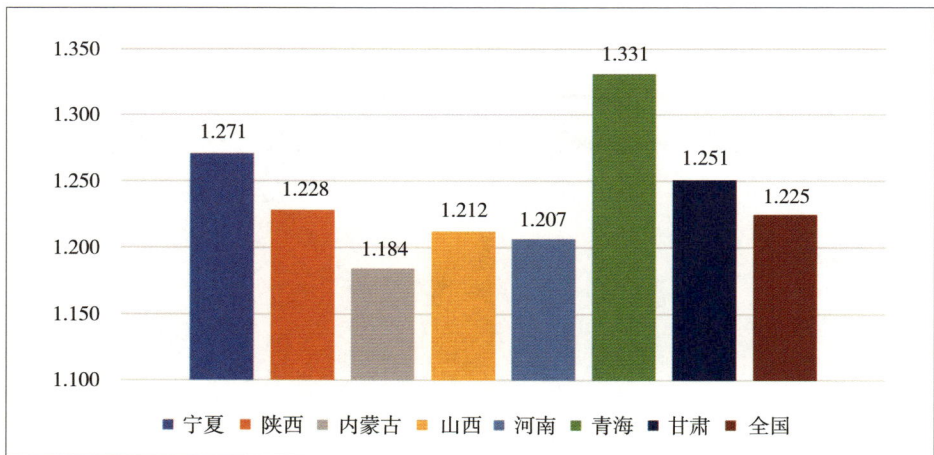

图 4–106　宁夏与全国及沿黄六省区非金属矿物制品业市场竞争力指标对比
（主营业务收入成本比）

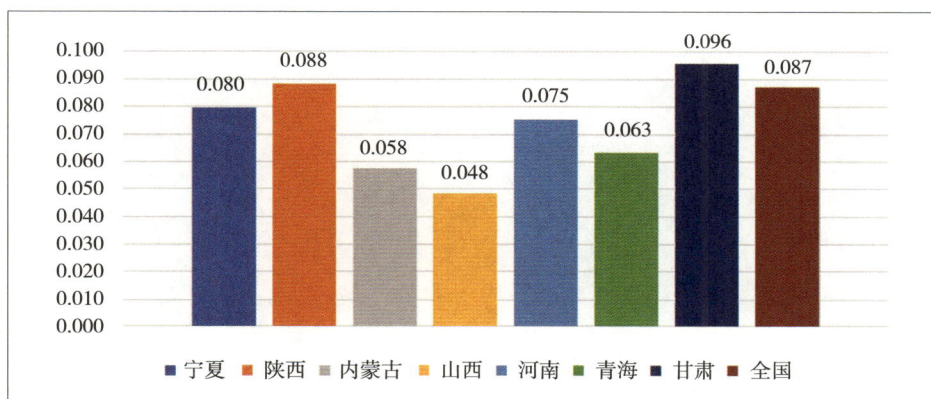

图 4-107   宁夏与全国及沿黄六省区非金属矿物制品业市场竞争力指标对比
（主营业务利润收入比）

（4）社会竞争力指数对比分析

由表 4-76、图 4-108 可知，2016—2020 年非金属矿物制品业社会竞争力指数保持不变，分别为 0.009、0.010、0.010、0.010、0.009。宁夏与全国及沿黄六省区对比，处于中下游水平，低于全国、陕西、内蒙古、河南，高于山西、青海和甘肃。与河南差距最大，差额分别为 0.149、0.099、0.044、0.047、0.043，为进一步讨论宁夏在该行业社会竞争力偏低的原因，课题组选择了 2020 年作为研究对象，对社会竞争力指数相关指标进行分析。

由表 4-77、图 4-109、图 4-110 可知，2020 年，宁夏非金属矿物制品业社会竞争力低的原因在于单位能耗营收与全国及沿黄六省区相比，仅高于青海，而低于全国和其他沿黄五省；比排名第一的河南低 2.781，差距最大，反映出宁夏该行业企业能源消费水平和节能降耗状况不佳。另一个指标就业比中，宁夏仍处于偏低水平，仅比青海高，低于全国、甘肃、河南、陕西、内蒙古和山西，反映出宁夏该行业企业就业率比较低。

表 4-76　宁夏与全国及沿黄六省区非金属矿物制品业社会竞争力指数

年份	2016	2017	2018	2019	2020
宁夏	0.009	0.010	0.010	0.010	0.009
陕西	0.034	0.033	0.039	0.043	0.039
差额	−0.025	−0.023	−0.029	−0.033	−0.030
内蒙古	0.017	0.007	0.010	0.014	0.017
差额	−0.008	0.003	0.000	−0.004	−0.008
山西	0.006	0.007	0.010	0.013	0.012
差额	0.003	0.003	0.000	−0.003	−0.003
河南	0.158	0.109	0.054	0.057	0.052
差额	−0.149	−0.099	−0.044	−0.047	−0.043
青海	0.007	0.007	0.007	0.007	0.007
差额	0.002	0.003	0.003	0.003	0.002
甘肃	0.008	0.009	0.009	0.010	0.011
差额	0.001	0.001	0.001	0.000	−0.002
全国	0.030	0.029	0.024	0.027	0.028
差额	−0.021	−0.019	−0.014	−0.017	−0.019

数据来源：2017—2021 年中国、宁夏、沿黄六省区统计年鉴数据计算所得

备注：差额为 0.000 时，红色（0.000）代表负值，黑色（0.000）代表正值。

图 4-108　宁夏与全国及沿黄六省区非金属矿物制品业社会竞争力指数对比

表 4-77　2020 年宁夏与全国及沿黄六省区非金属矿物制品业社会竞争力指标对比

	就业比	单位能耗营收
宁夏	0.047	0.524
陕西	0.081	2.459
差额	−0.034	−1.935
内蒙古	0.051	1.065
差额	−0.004	−0.541
山西	0.050	0.731
差额	−0.003	−0.207
河南	0.090	3.305
差额	−0.043	−2.781
青海	0.039	0.400
差额	0.008	0.124
甘肃	0.091	0.630
差额	−0.044	−0.106
全国	0.059	1.741
差额	−0.012	−1.217

数据来源：2021 年中国、宁夏、沿黄六省区统计年鉴数据计算所得

备注：差额为 0.000 时，红色（0.000）代表负值，黑色（0.000）代表正值。

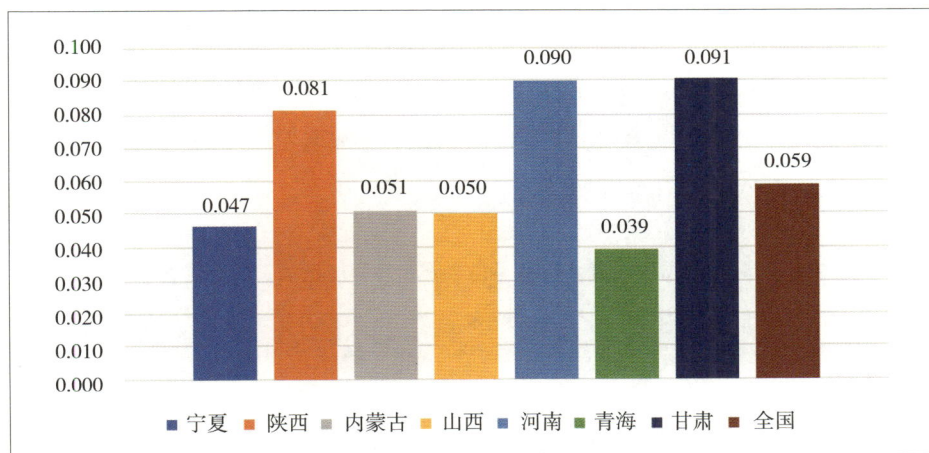

图 4-109　宁夏与全国及沿黄六省区非金属矿物制品业社会竞争力指标对比
（就业比）

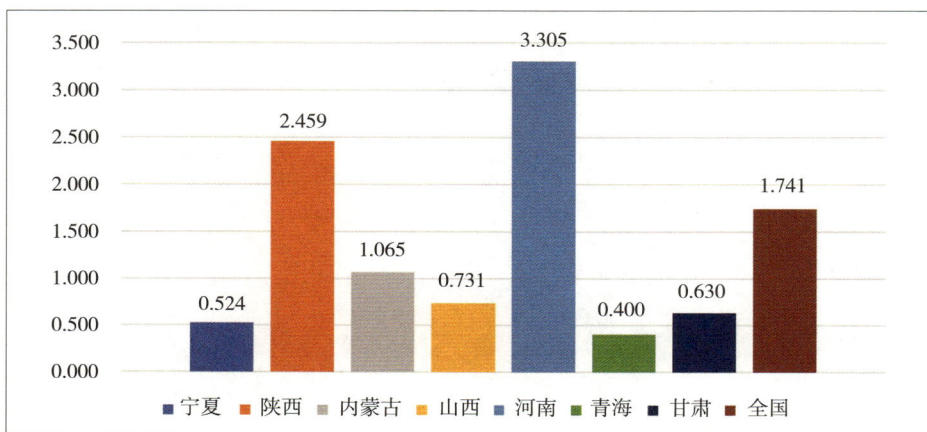

图 4-110　宁夏与全国及沿黄六省区非金属矿物制品业社会竞争力指标对比
（单位能耗营收）

4.3.12　黑色金属冶炼和压延加工业

（1）综合竞争力指数对比分析

由表 4-78、图 4-111 可知，2016—2020 年宁夏黑色金属冶炼和压延加工业综合竞争力指数呈波动态势，且波动较大，2018 年达到最高点后，2020 年跌落至五年最低水平，指数分别为 0.024、0.076、0.088、0.056、0.011。宁夏与全国及沿黄六省区对比，总体处于下游水平，仅 2017 年、2018 年、2019 年高于青海，2017 年、2018 年略高于甘肃；与河南的差距最大，差额分别为 0.081、0.058、0.037、0.054、0.076；与排名第二的陕西相比，差额分别为 0.063、0.032、0.038、0.042、0.082。

表 4-78　宁夏与全国及沿黄六省区黑色金属冶炼和压延加工业综合竞争力指数

年份	2016	2017	2018	2019	2020
宁夏	0.024	0.076	0.088	0.056	0.011
陕西	0.087	0.108	0.126	0.098	0.093
差额	−0.063	−0.032	−0.038	−0.042	−0.082
内蒙古	0.045	0.097	0.095	0.062	0.062
差额	−0.021	−0.021	−0.007	−0.006	−0.051

续表

年份	2016	2017	2018	2019	2020
山西	0.045	0.093	0.118	0.086	0.075
差额	−0.021	−0.017	−0.030	−0.030	−0.064
河南	0.105	0.134	0.125	0.110	0.087
差额	−0.081	−0.058	−0.037	−0.054	−0.076
青海	0.030	0.016	0.015	0.027	0.040
差额	−0.006	0.060	0.073	0.029	−0.029
甘肃	0.067	0.054	0.063	0.062	0.047
差额	−0.043	0.022	0.025	−0.006	−0.036
全国	0.077	0.103	0.112	0.091	0.089
差额	−0.053	−0.027	−0.024	−0.035	−0.078

数据来源：2017—2021 年中国、宁夏、沿黄六省区统计年鉴数据计算所得

备注：差额为 0.000 时，红色（0.000）代表负值，黑色（0.000）代表正值。

图 4-111　宁夏与全国及沿黄六省区黑色金属冶炼和压延加工业综合竞争力指数对比

（2）生产竞争力指数对比分析

由表 4-79、图 4-112 可以看出，2016—2020 年宁夏黑色金属冶炼和压延加工业生产竞争力指数仍呈波动态势，总体呈下降趋势，且两次达到负值，指数分别为 −0.013、0.028、0.021、0.002、−0.032。宁夏与全国及沿黄六省区对比总体处于劣势，差距较大，整体低于全国、河南、山西、陕西、内蒙古，仅在 2017—2019 年高于青海，2017—2018 年高于甘肃。宁夏与排名第

一的河南差距很大，2016—2020 年差距分别为 0.070、0.031、0.047、0.048、0.059。为进一步进行分析，课题组选择对 2020 年生产竞争力指数相关指标进行分析。

由表 4-80、图 4-113、图 4-114 可知，2020 年黑色金属冶炼和压延加工业生产竞争力指数低的原因是成本费用利润率和总资产利润率整体低于全国及沿黄六省区，其中与山西差距最大，两项指标分别差 0.092、0.047。反映出宁夏该行业企业在当期发生的所有成本费用所带来的收益能力较弱，企业运用其全部资产获取利润的能力也较弱。

表 4-79　宁夏与全国及沿黄六省区黑色金属冶炼和压延加工业生产竞争力指数

年份	2016	2017	2018	2019	2020
宁夏	−0.013	0.028	0.021	0.002	−0.032
陕西	0.018	0.052	0.070	0.038	0.019
差额	−0.031	−0.024	−0.049	−0.036	−0.051
内蒙古	0.005	0.052	0.049	0.017	0.016
差额	−0.018	−0.024	−0.028	−0.015	−0.048
山西	0.007	0.051	0.073	0.040	0.029
差额	−0.020	−0.023	−0.052	−0.038	−0.061
河南	0.057	0.059	0.068	0.050	0.027
差额	−0.070	−0.031	−0.047	−0.048	−0.059
青海	−0.004	−0.018	−0.018	−0.007	0.005
差额	−0.009	0.046	0.039	0.009	−0.037
甘肃	0.014	−0.001	0.003	0.004	0.009
差额	−0.027	0.029	0.018	−0.002	−0.041
全国	0.026	0.050	0.059	0.039	0.036
差额	−0.039	−0.022	−0.038	−0.037	−0.068

数据来源：2017—2021 年中国、宁夏、沿黄六省区统计年鉴数据计算所得
备注：差额为 0.000 时，红色（0.000）代表负值，黑色（0.000）代表正值。

图 4-112　宁夏与全国及沿黄六省区黑色金属冶炼和压延加工业生产竞争力指数对比

表 4-80　2020 年宁夏与全国及沿黄六省区黑色金属冶炼和压延加工业生产竞争力
指标对比

	成本费用利润率	总资产利润率
宁夏	−0.057	−0.016
陕西	0.015	0.028
差额	−0.072	−0.044
内蒙古	0.021	0.015
差额	−0.078	−0.031
山西	0.035	0.031
差额	−0.092	−0.047
河南	0.026	0.034
差额	−0.083	−0.050
青海	0.007	0.005
差额	−0.064	−0.021
甘肃	0.011	0.009
差额	−0.068	−0.025
全国	0.039	0.041
差额	−0.096	−0.057

数据来源：2021 年中国、宁夏、沿黄六省区统计年鉴数据计算所得

备注：差额为 0.000 时，红色（0.000）代表负值，黑色（0.000）代表正值。

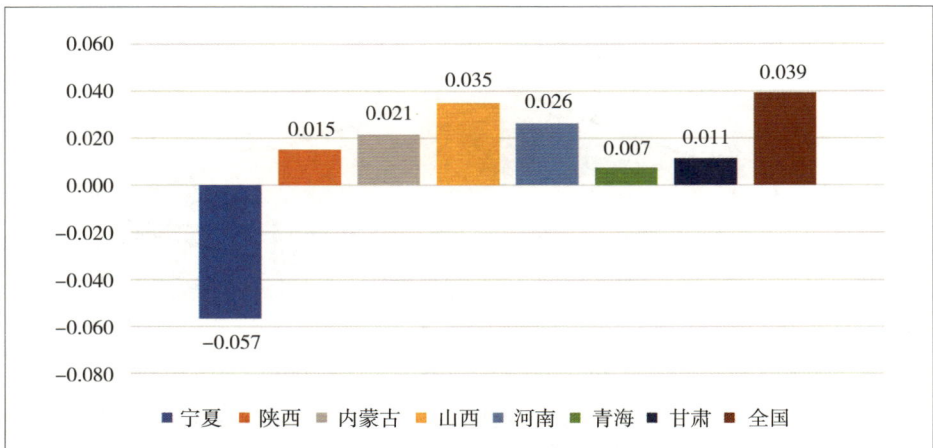

图 4-113　宁夏与全国及沿黄六省区黑色金属冶炼和压延加工业生产竞争力指标对比
（成本费用利润率）

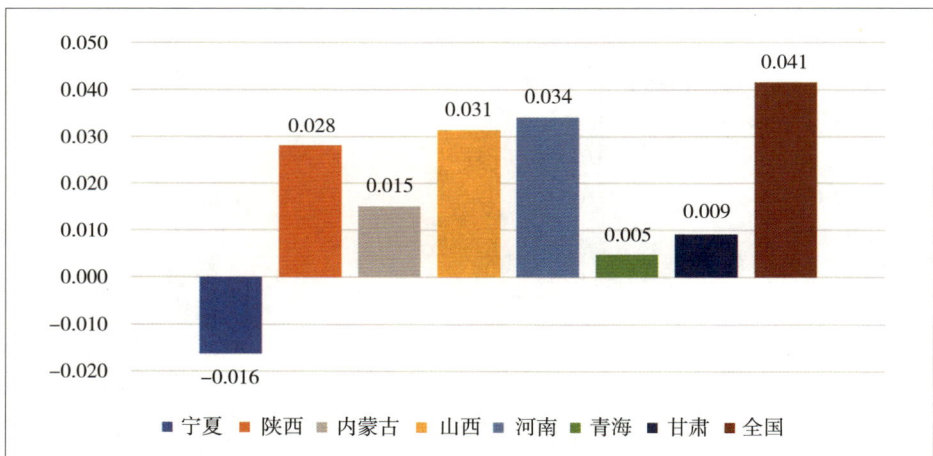

图 4-114　宁夏与全国及沿黄六省区黑色金属冶炼和压延加工业生产竞争力指标对比
（总资产利润率）

（3）市场竞争力指数对比分析

由表 4-81、图 4-115 可知，2016—2020 年宁夏黑色金属冶炼和压延加工业市场竞争力指数总体平稳，变化不大，指数分别为 0.023、0.026、0.024、0.024、0.022。宁夏与全国及沿黄六省区对比差距不大，低于全国和沿黄六省区，仅在 2017、2018 年略高于青海和甘肃。为进一步探究，课题组选择对 2020 年市场竞争力指数相关指标进行分析。

由表 4-82、图 4-116、图 4-117 可知，2020 年宁夏黑色金属冶炼和压延加工业市场竞争力指数低的原因是主营业务收入成本比和主营业务利润收入比全部低于全国及沿黄六省区，主营业务利润收入指数为 -0.055，其中，与山西和全国差距最大，差额分别为 0.087 和 0.091。主营业务收入成本比与山西和青海差距最大，差额分别为 0.079 和 0.076；与陕西差距最小，差额为 0.028。反映出宁夏该行业企业单位主营业务获得的利润水平较低，企业产品在经营销售活动中竞争力也较弱。

表 4-81　宁夏与全国及沿黄六省区黑色金属冶炼和压延加工业市场竞争力指数

年份	2016	2017	2018	2019	2020
宁夏	0.023	0.026	0.024	0.024	0.022
陕西	0.025	0.026	0.026	0.025	0.024
差额	−0.002	−0.000	−0.002	−0.001	−0.002
内蒙古	0.024	0.027	0.027	0.024	0.024
差额	−0.001	−0.001	−0.003	−0.000	−0.002
山西	0.025	0.027	0.028	0.026	0.025
差额	−0.002	−0.001	−0.004	−0.002	−0.003
河南	0.026	0.026	0.026	0.026	0.025
差额	−0.003	−0.000	−0.002	−0.002	−0.003
青海	0.024	0.024	0.023	0.024	0.025
差额	−0.001	0.002	0.001	−0.000	−0.003
甘肃	0.025	0.025	0.024	0.024	0.024
差额	−0.002	0.001	0.000	−0.000	−0.002
全国	0.025	0.026	0.026	0.025	0.025
差额	−0.002	−0.000	−0.002	−0.001	−0.003

数据来源：2017—2021 年中国、宁夏、沿黄六省区统计年鉴数据计算所得
备注：差额为 0.000 时，红色（0.000）代表负值，黑色（0.000）代表正值。

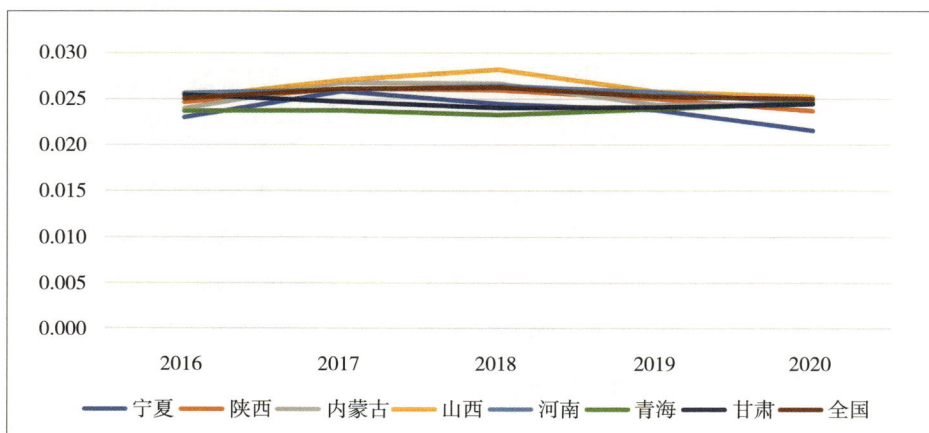

图 4-115　宁夏与全国及沿黄六省区黑色金属冶炼和压延加工业市场竞争力指数对比

表 4-82　2020 年宁夏与全国及沿黄六省区黑色金属冶炼和压延加工业市场竞争力指标对比

	主营业务收入成本比	主营业务利润收入比
宁夏	1.027	−0.055
陕西	1.055	0.014
差额	−0.028	−0.069
内蒙古	1.085	0.020
差额	−0.058	−0.075
山西	1.106	0.032
差额	−0.079	−0.087
河南	1.083	0.024
差额	−0.056	−0.079
青海	1.103	0.007
差额	−0.076	−0.062
甘肃	1.093	0.010
差额	−0.066	−0.065
全国	1.092	0.036
差额	−0.065	−0.091

数据来源：2021 年中国、宁夏、沿黄六省区统计年鉴数据计算所得

备注：差额为 0.000 时，红色（0.000）代表负值，黑色（0.000）代表正值。

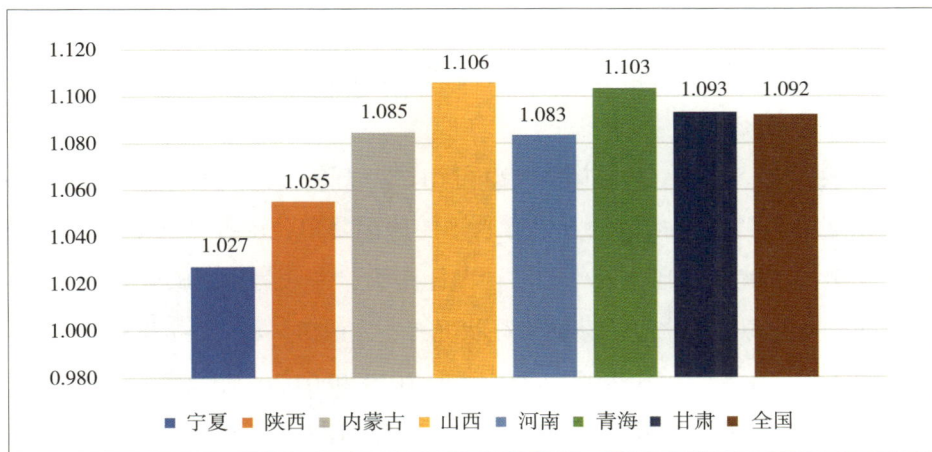

图 4-116　宁夏与全国及沿黄六省区黑色金属冶炼和压延加工业市场竞争力指标对比
（主营业务收入成本比）

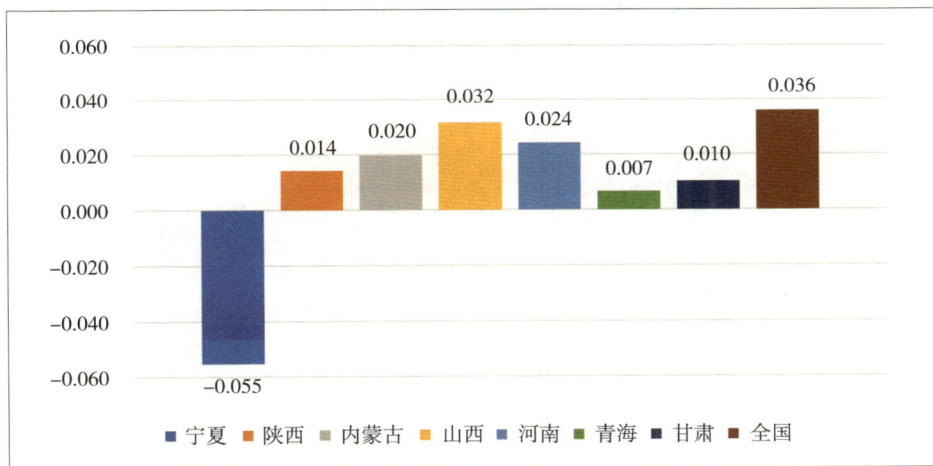

图 4-117　宁夏与全国及沿黄六省区黑色金属冶炼和压延加工业市场竞争力指标对比
（主营业务利润收入比）

（4）社会竞争力指数对比分析

由表 4-83、图 4-118 可知，2016—2020 年宁夏黑色金属冶炼和压延加工业社会竞争力指数呈"几"字形，分别为 0.014、0.022、0.043、0.031、0.022。宁夏与全国及沿黄六省区对比，处于中游水平，低于全国、陕西、河南、甘肃，高于内蒙古、山西和青海。2018 年，宁夏一度达到第一名，达到最高值 0.043，2020 年跌落到了 0.022。为进一步讨论宁夏在该行业社会竞争力降低的原因，课题组选择了 2020 年作为研究对象，对社会竞争力指数相关指标进行分析。

由表 4-84、图 4-119、图 4-120 可知，2020 年宁夏黑色金属冶炼和压延加工业社会竞争力指数处于中等水平的原因是单位能耗营收处于中上水平，比全国、陕西和河南低，与陕西差距最大，差额为 1.216，反映出宁夏该行业企业能源消费水平和节能降耗状况有一定改善。另一个指标就业比中，宁夏属于中上水平，仅比内蒙古和青海低 0.019 和 0.020，比陕西、山西、河南、甘肃和全国高，反映出宁夏该行业企业就业比较高。

表 4-83　宁夏与全国及沿黄六省区黑色金属冶炼和压延加工业社会竞争力指数

年份	2016	2017	2018	2019	2020
宁夏	0.014	0.022	0.043	0.031	0.022
陕西	0.044	0.030	0.030	0.035	0.050
差额	−0.030	−0.008	0.013	−0.004	−0.028
内蒙古	0.015	0.018	0.020	0.020	0.021
差额	−0.001	0.004	0.023	0.011	0.001
山西	0.013	0.015	0.017	0.021	0.021
差额	0.001	0.007	0.026	0.010	0.001
河南	0.023	0.049	0.031	0.035	0.036
差额	−0.009	−0.027	0.012	−0.004	−0.014
青海	0.010	0.010	0.009	0.010	0.010
差额	0.004	0.012	0.034	0.021	0.012
甘肃	0.027	0.030	0.036	0.034	0.014
差额	−0.013	−0.008	0.007	−0.003	0.008
全国	0.025	0.027	0.027	0.027	0.028
差额	−0.011	−0.005	0.016	0.004	−0.006

数据来源：2017—2021 年中国、宁夏、沿黄六省区统计年鉴数据计算所得
备注：差额为 0.000 时，红色（0.000）代表负值，黑色（0.000）代表正值。

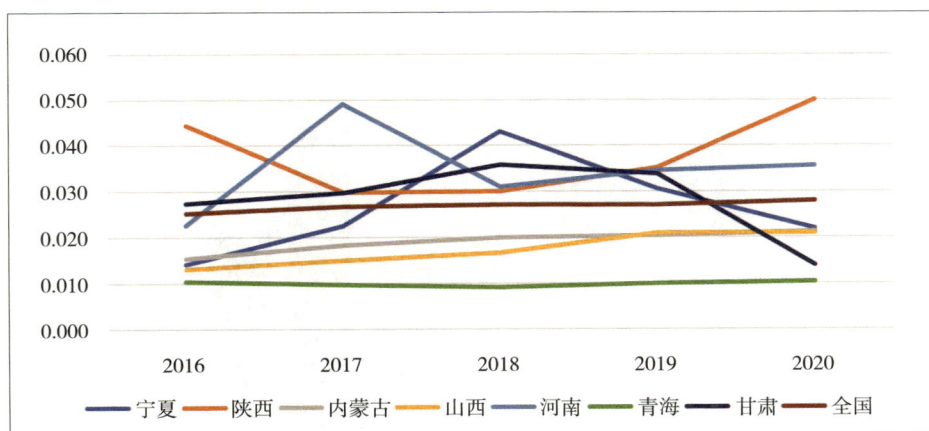

图 4-118　宁夏与全国及沿黄六省区黑色金属冶炼和压延加工业社会竞争力指数对比

表 4-84　2020 年宁夏与全国及沿黄六省区黑色金属冶炼和压延加工业社会竞争力指标对比

	就业比	单位能耗营收
宁夏	0.086	0.807
陕西	0.023	2.023
差额	0.063	−1.216
内蒙古	0.105	0.761
差额	−0.019	0.046
山西	0.066	0.790
差额	0.020	0.017
河南	0.024	1.431
差额	0.062	−0.624
青海	0.106	0.315
差额	−0.020	0.492
甘肃	0.055	0.513
差额	0.031	0.294
全国	0.027	1.116
差额	0.059	−0.309

数据来源：2021 年中国、宁夏、沿黄六省区统计年鉴数据计算所得

备注：差额为 0.000 时，红色（0.000）代表负值，黑色（0.000）代表正值。

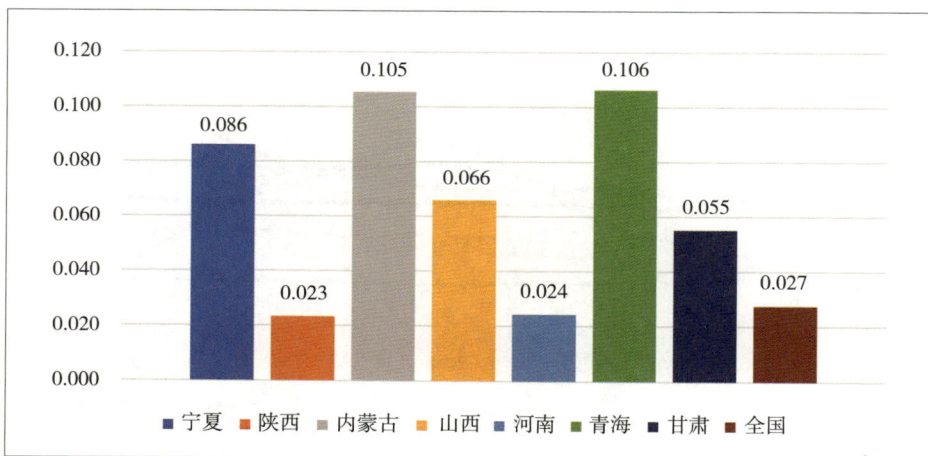

图 4-119　宁夏与全国及沿黄六省区黑色金属冶炼和压延加工业社会竞争力指标对比
（就业比）

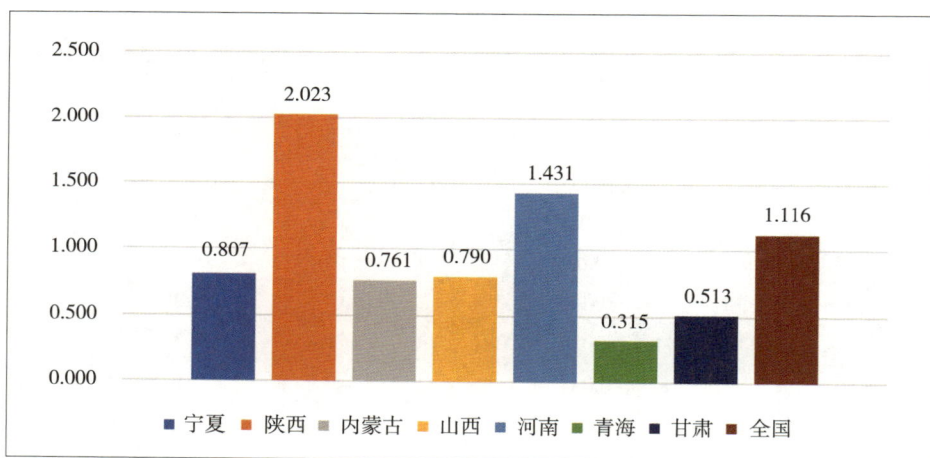

图 4-120　宁夏与全国及沿黄六省区黑色金属冶炼和压延加工业社会竞争力指标对比
（单位能耗营收）

4.3.13　有色金属冶炼和压延加工业

（1）综合竞争力指数对比分析

由表 4-85、图 4-121 可以看出，宁夏有色金属冶炼和压延加工业综合竞争力处于下游水平，仅对青海有相对优势，对陕西、内蒙古、河南、甘肃和全国总体处于劣势，并有一定差距，对山西有后起之势。与全国相比，宁夏该行业综合竞争力五年间差额分别为 0.046、0.104、0.070、0.074、0.028；与排名前列的陕西相比，五年间差额分别为 0.137、0.170、0.124、0.086、0.061；与河南相比差额分别为 0.039、0.123、0.121、0.115、0.057。纵向来看，在 2017 年达到最低值 0.002 后，宁夏综合竞争力总体持续上升，到了2020 年达到 0.070。

表 4-85　宁夏与全国及沿黄六省区有色金属冶炼和压延加工业综合竞争力指数

年份	2016	2017	2018	2019	2020
宁夏	0.062	0.002	0.017	0.018	0.070
陕西	0.199	0.172	0.141	0.104	0.131
差额	−0.137	−0.170	−0.124	−0.086	−0.061
内蒙古	0.079	0.046	0.048	0.050	0.069
差额	−0.017	−0.044	−0.031	−0.032	0.001
山西	0.060	0.098	0.054	0.027	0.025
差额	0.002	−0.096	−0.037	−0.009	0.045
河南	0.101	0.125	0.138	0.133	0.127
差额	−0.039	−0.123	−0.121	−0.115	−0.057
青海	0.028	0.027	0.025	−0.032	0.044
差额	0.034	−0.025	−0.008	0.050	0.026
甘肃	0.050	0.071	0.063	0.063	0.076
差额	0.012	−0.069	−0.046	−0.045	−0.006
全国	0.108	0.106	0.087	0.092	0.098
差额	−0.046	−0.104	−0.070	−0.074	−0.028

数据来源：2017—2021 年中国、宁夏、沿黄六省区统计年鉴数据计算所得
备注：差额为 0.000 时，红色（0.000）代表负值，黑色（0.000）代表正值。

图 4-121　宁夏与全国及沿黄六省区有色金属冶炼和压延加工业综合竞争力指数对比

（2）生产竞争力指数对比分析

由表 4-86、图 4-122 可知，宁夏该行业生产竞争力总体处于落后状态，仅对青海有相对优势。内蒙古、甘肃（除 2016 年以外）该行业生产竞争力指数处于相对平稳态势，与宁夏对比差距不大。而与其他沿黄省区和全国相比均处于劣势。宁夏与全国生产竞争力指数的平均水平差额分别为 0.025、0.084、0.055、0.055、0.014；与河南相比，五年间宁夏与其的差额分别为 0.019、0.093、0.099、0.085、0.025，与陕西的差额分别为 0.057、0.094、0.072、0.065、0.002；然而纵向来看，从 2017 年跌到最低点 -0.034 后持续增长至最高点 0.032。因此，课题组选取宁夏生产竞争力最高的 2020 年进行进一步讨论。

由表 4-87、图 4-123、图 4-124 可知，宁夏 2020 年成本费用利润率处于中下游水平，比陕西、内蒙古、河南和全国分别低 0.009、0.006、0.030、0.014，比山西、青海和甘肃分别高 0.033、0.014、0.000，反映了宁夏该行业经济效益的收益能力中等，有待于进一步提高。2020 年总资产利润率处于中上游水平，比陕西、内蒙古、山西、青海和甘肃分别高 0.006、0.008、0.039、0.025、0.008，比河南和全国分别低 0.015、0.011，反映出该行业整体盈利能力较好。由此可见，宁夏该行业生产竞争力受两个指标共同影响，在 2020

年总体处于中游水平。

表 4-86　宁夏与全国及沿黄六省区有色金属冶炼和压延加工业生产竞争力指数

年份	2016	2017	2018	2019	2020
宁夏	0.025	−0.034	−0.020	−0.017	0.032
陕西	0.082	0.060	0.052	0.048	0.034
差额	−0.057	−0.094	−0.072	−0.065	−0.002
内蒙古	0.043	0.012	0.013	0.014	0.031
差额	−0.018	−0.046	−0.033	−0.031	0.001
山西	0.028	0.063	0.021	−0.005	−0.008
差额	−0.003	−0.097	−0.041	−0.012	0.041
河南	0.044	0.059	0.079	0.068	0.057
差额	−0.019	−0.093	−0.099	−0.085	−0.025
青海	−0.005	−0.005	−0.005	−0.063	0.011
差额	0.030	−0.029	−0.015	0.046	0.022
甘肃	−0.004	0.016	0.007	0.020	0.028
差额	0.029	−0.050	−0.027	−0.037	0.004
全国	0.050	0.050	0.035	0.038	0.046
差额	−0.025	−0.084	−0.055	−0.055	−0.014

数据来源：2017—2021 年中国、宁夏、沿黄六省区统计年鉴数据计算所得
备注：差额为 0.000 时，红色（0.000）代表负值，黑色（0.000）代表正值。

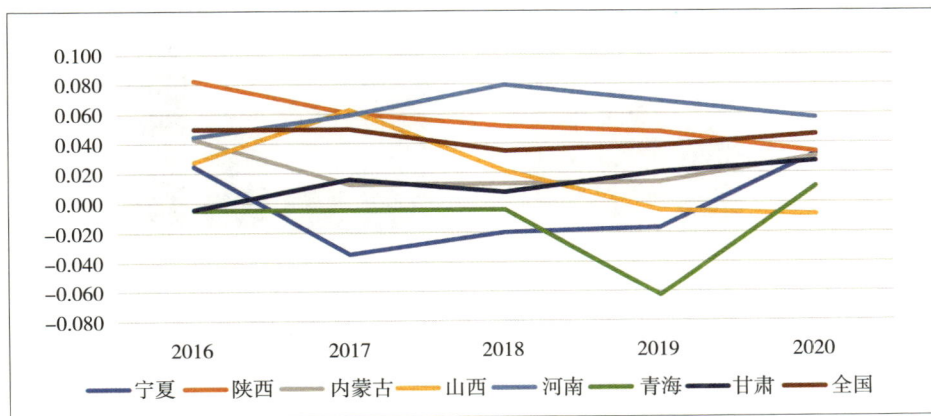

图 4-122　宁夏与全国及沿黄六省区有色金属冶炼和压延加工业生产竞争力指数对比

表 4-87　2020 年宁夏与全国及沿黄六省区生产竞争力指标对比

	成本费用利润率	总资产利润率
宁夏	0.024	0.034
陕西	0.033	0.028
差额	−0.009	0.006
内蒙古	0.030	0.026
差额	−0.006	0.008
山西	−0.009	−0.005
差额	0.033	0.039
河南	0.054	0.049
差额	−0.030	−0.015
青海	0.010	0.009
差额	0.014	0.025
甘肃	0.024	0.026
差额	0.000	0.008
全国	0.038	0.045
差额	−0.014	−0.011

数据来源：2021 年中国、宁夏、沿黄六省区统计年鉴数据计算所得
备注：差额为 0.000 时，红色（0.000）代表负值，黑色（0.000）代表正值。

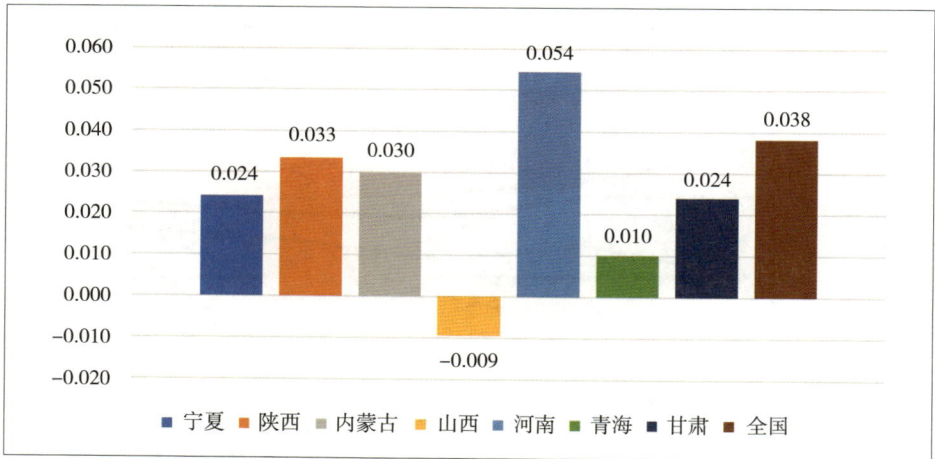

图 4-123　宁夏与全国及沿黄六省区有色金属冶炼和压延加工业生产竞争力指标对比
（成本费用利润率）

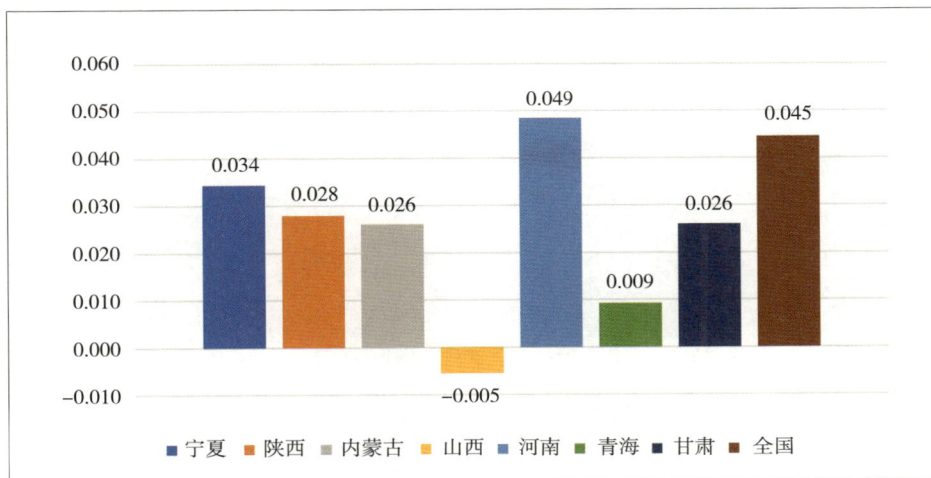

图 4-124　宁夏与全国及沿黄六省区有色金属冶炼和压延加工业生产竞争力指标对比
（总资产利润率）

（3）市场竞争力指数对比分析

由表 4-88、图 4-125 可以看出，宁夏该产业市场竞争力在总体对比中趋于平稳态势，处于下游水平，仅对青海略有优势，对甘肃相对劣势，对其他沿黄六省区和全国处于低位。纵向来看，宁夏市场竞争力总体具有稳中趋升态势，在 2020 年达到最大值 0.025，并且在与其他沿黄六省区对比中有所提高，比山西（2017 年后有所回落），青海和甘肃竞争力略强。因此，课题组选取 2020 年进行进一步讨论。

由表 4-89、图 4-126、图 4-127 可知，2020 年宁夏主营业务收入成本比处于中下游水平，比青海和甘肃高 0.018、0.014，比陕西、内蒙古、山西、河南和全国分别低 0.013、0.034、0.025、0.037、0.009。2020 年主营业务利润收入比处于中下游水平，比山西和青海高 0.031、0.013，比陕西、内蒙古、河南、甘肃和全国分别低 0.008、0.005、0.027、0.000、0.013。因此，宁夏有色金属冶炼和压延加工业 2020 年市场竞争力受到两项指标共同影响，反映出整体发展中呈现稳中略有提升的态势。

表 4-88　宁夏与全国及沿黄六省区有色金属冶炼和压延加工业市场竞争力指数

年份	2016	2017	2018	2019	2020
宁夏	0.024	0.023	0.023	0.023	0.025
陕西	0.027	0.026	0.026	0.026	0.026
差额	−0.003	−0.003	−0.003	−0.003	−0.001
内蒙古	0.026	0.025	0.025	0.025	0.026
差额	−0.002	−0.002	−0.002	−0.002	−0.001
山西	0.026	0.027	0.025	0.024	0.025
差额	−0.002	−0.004	−0.002	−0.001	0.000
河南	0.026	0.026	0.028	0.027	0.027
差额	−0.002	−0.003	−0.005	−0.004	−0.002
青海	0.024	0.024	0.022	0.022	0.024
差额	0.000	−0.001	0.001	0.001	0.001
甘肃	0.023	0.024	0.024	0.025	0.025
差额	0.001	−0.001	−0.001	−0.002	0.000
全国	0.026	0.026	0.025	0.025	0.026
差额	−0.002	−0.003	−0.002	−0.002	−0.001

数据来源：2017—2021 年中国、宁夏、沿黄六省区统计年鉴数据计算所得

备注：差额为 0.000 时，红色（0.000）代表负值，黑色（0.000）代表正值。

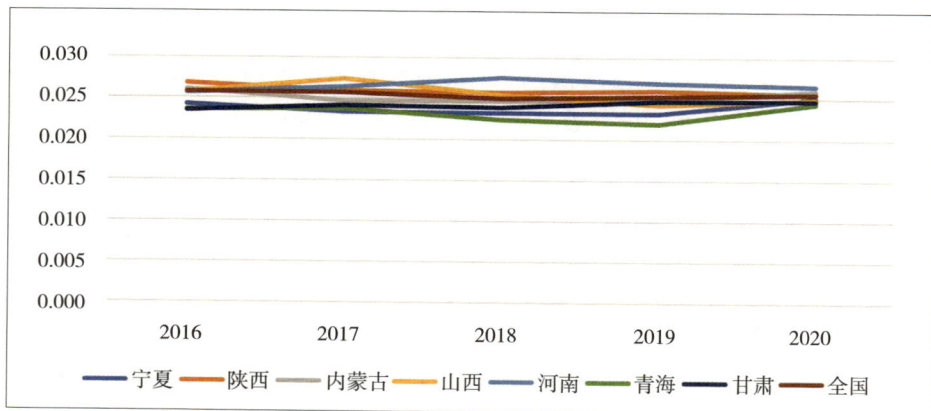

图 4-125　宁夏与全国及沿黄六省区有色金属冶炼和压延加工业市场竞争力指数对比

表 4-89　2020 年宁夏与全国及沿黄六省区有色金属冶炼和压延加工业市场竞争力
指标对比

	主营业务收入成本比	主营业务利润收入比
宁夏	1.080	0.022
陕西	1.093	0.031
差额	−0.013	−0.008
内蒙古	1.114	0.027
差额	−0.034	−0.005
山西	1.105	−0.009
差额	−0.025	0.031
河南	1.117	0.049
差额	−0.037	−0.027
青海	1.062	0.009
差额	0.018	0.013
甘肃	1.066	0.022
差额	0.014	−0.000
全国	1.089	0.035
差额	−0.009	−0.013

数据来源：2021 年中国、宁夏、沿黄六省区统计年鉴数据计算所得
备注：差额为 0.000 时，红色（0.000）代表负值，黑色（0.000）代表正值。

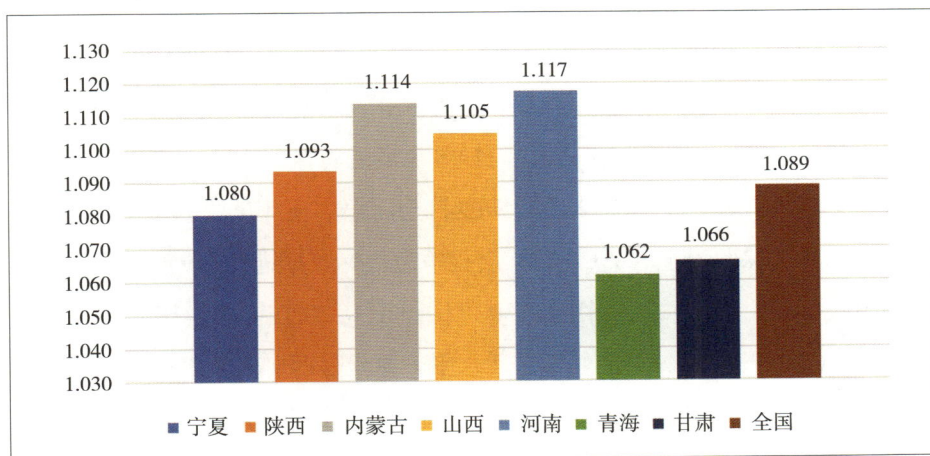

图 4-126　宁夏与全国及沿黄六省区有色金属冶炼和压延加工业市场竞争力指标对比
（主营业务收入成本比）

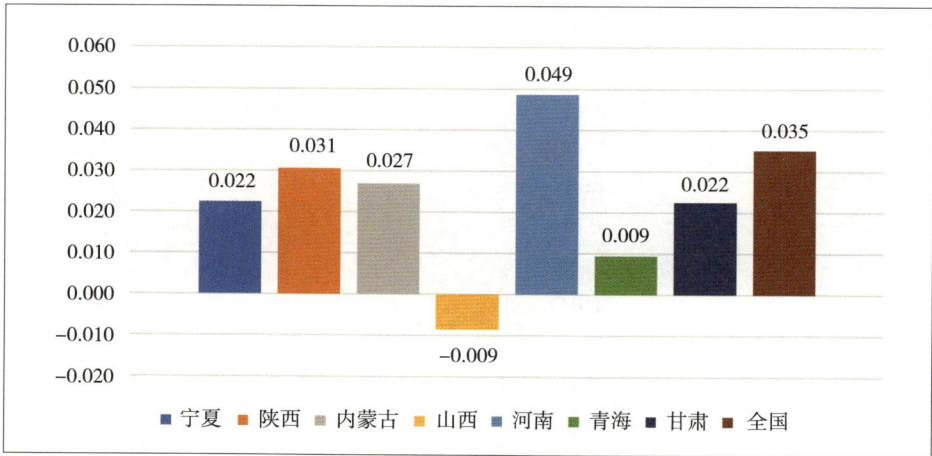

图 4-127　宁夏与全国及沿黄六省区有色金属冶炼和压延加工业市场竞争力指标对比
（主营业务利润收入比）

（4）社会竞争力指数对比分析

由表 4-90、图 4-128 可知，宁夏该行业社会竞争力处于中下游水平，与陕西、河南、甘肃和全国相比处于低位，呈现劣势；与内蒙古、山西、青海相比相对持平，略有优势。与全国平均水平对比，宁夏五年间差额分别为 0.019、0.018、0.014、0.016、0.013；与排名第一的陕西相比，差额分别为 0.077、0.072、0.051、0.018、0.059；比河南分别低 0.018、0.026、0.018、0.026、0.031；与青海相比，宁夏略有优势，五年间差额分别为 0.004、0.005、0.005、0.003、0.004。因此，尽管宁夏在所有选取省区和全国中排名第五，但是与排名靠前的省区差距很大，与排名靠后的省区差距小，所以宁夏该行业社会竞争力并不强。纵向来看，宁夏社会竞争力五年间一直在 0.013 左右徘徊。因此，课题组选取 2020 年社会竞争力指标数据进行进一步讨论。

由表 4-91、图 4-129、图 4-130 可知，宁夏 2020 年就业比仅比山西和全国高 0.012 和 0.013，总体处于落后水平，相比陕西、内蒙古、河南、青海和甘肃低 0.006、0.028、0.010、0.104、0.080。宁夏 2020 年单位能耗营收处于中下游水平，比内蒙古、山西和青海高 0.061、0.331、0.430，比陕西、河南、甘肃和全国低 4.652、2.444、0.738、1.083，反映出宁夏该行业的产业结构存在问题，需要进一步调整，可以提高一定的就业比率和资源循环配置利用。

表 4-90 宁夏与全国及沿黄六省区有色金属冶炼和压延加工业社会竞争力指数

年份	2016	2017	2018	2019	2020
宁夏	0.013	0.013	0.013	0.012	0.013
陕西	0.090	0.085	0.064	0.030	0.072
差额	−0.077	−0.072	−0.051	−0.018	−0.059
内蒙古	0.010	0.009	0.010	0.011	0.013
差额	0.003	0.004	0.003	0.001	0.000
山西	0.007	0.008	0.007	0.008	0.009
差额	0.006	0.005	0.006	0.004	0.004
河南	0.031	0.039	0.031	0.038	0.044
差额	−0.018	−0.026	−0.018	−0.026	−0.031
青海	0.009	0.008	0.008	0.009	0.009
差额	0.004	0.005	0.005	0.003	0.004
甘肃	0.030	0.031	0.032	0.018	0.023
差额	−0.017	−0.018	−0.019	−0.006	−0.010
全国	0.032	0.031	0.027	0.028	0.026
差额	−0.019	−0.018	−0.014	−0.016	−0.013

数据来源：2017—2021 年中国、宁夏、沿黄六省区统计年鉴数据计算所得
备注：差额为 0.000 时，红色（0.000）代表负值，黑色（0.000）代表正值。

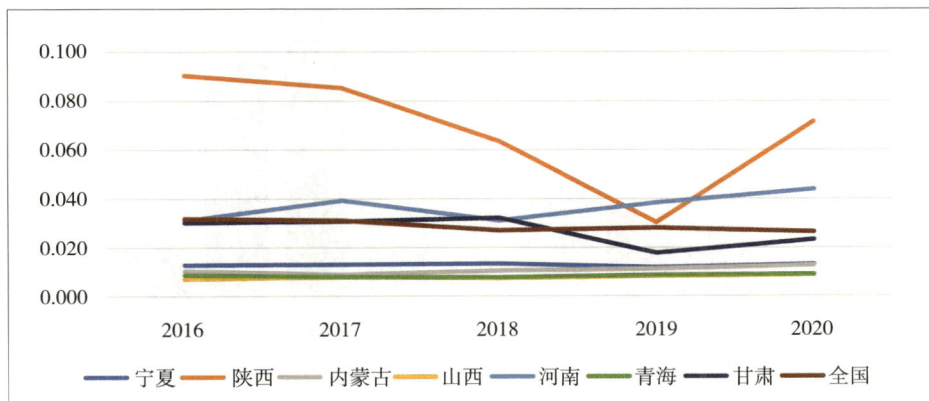

图 4-128 宁夏与全国及沿黄六省区有色金属冶炼和压延加工业社会竞争力指数对比

表 4-91　2020 年宁夏与全国及沿黄六省区有色金属冶炼和压延加工业 社会竞争力
指标对比

	就业比	单位能耗营收
宁夏	0.034	0.994
陕西	0.040	5.646
差额	−0.006	−4.652
内蒙古	0.062	0.933
差额	−0.028	0.061
山西	0.022	0.663
差额	0.012	0.331
河南	0.044	3.438
差额	−0.010	−2.444
青海	0.138	0.564
差额	−0.104	0.430
甘肃	0.114	1.732
差额	−0.080	−0.738
全国	0.021	2.077
差额	0.013	−1.083

数据来源：2021 年中国、宁夏、沿黄六省区统计年鉴数据计算所得
备注：差额为 0.000 时，红色（0.000）代表负值，黑色（0.000）代表正值。

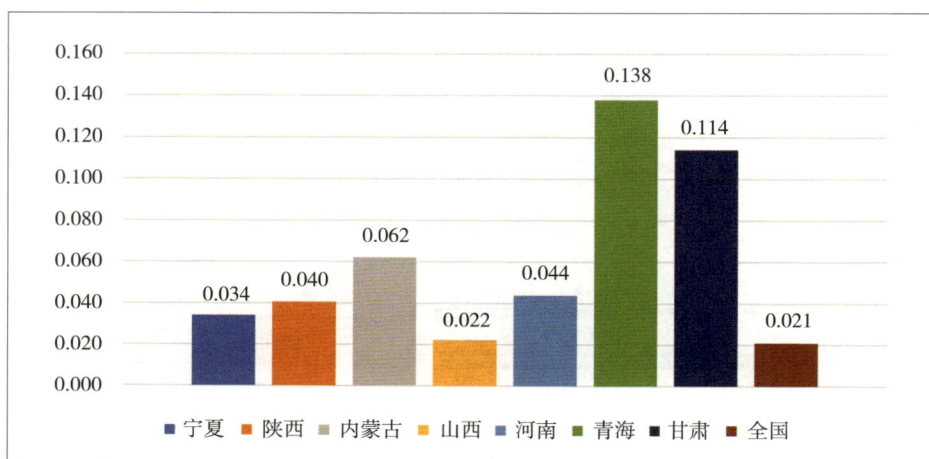

图 4-129　宁夏与全国及沿黄六省区有色金属冶炼和压延加工业社会竞争力指标对比
（就业比）

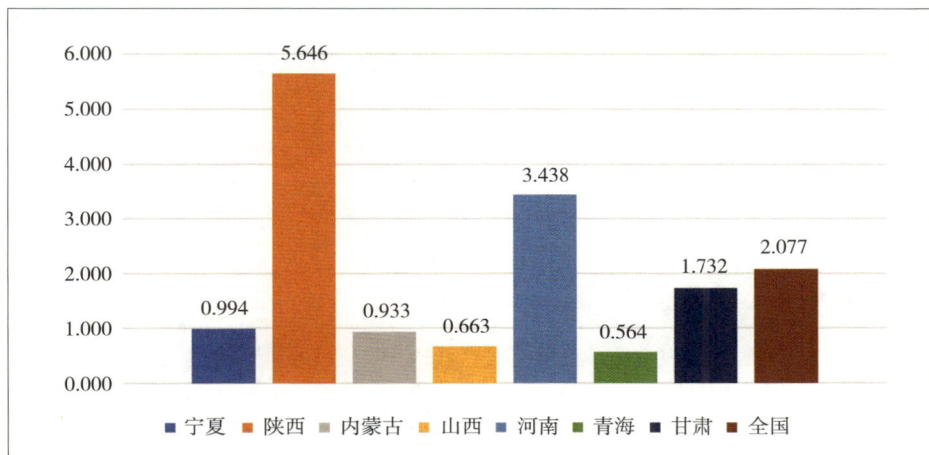

图 4-130　宁夏与全国及沿黄六省区有色金属冶炼和压延加工业社会竞争力指标对比
（单位能耗营收）

4.3.14　金属制品业

（1）综合竞争力指数对比分析

由表 4-92、图 4-131 可知，宁夏金属制品业在综合竞争力指数对比中总体处于低位走势，仅对青海优势突出，对山西和甘肃差距不大，与其他沿黄省区和全国差距较大。与排名前列的陕西相比，宁夏五年间比陕西分别低 0.090、0.084、0.104、0.095、0.101，比河南分别低 0.085、0.093、0.100、0.092、0.043，比内蒙古分别低 0.050、0.016、0.026、0.077、0.042。纵向来看，反映了宁夏五年间综合竞争力水平总体呈波动上升趋势，从 2016 年的 0.036 上升到了 2020 年的 0.057，总体有所提高，但处于低位，仍需要进一步提高完善。

表 4-92　宁夏与全国及沿黄六省区金属制品业综合竞争力指数

年份	2016	2017	2018	2019	2020
宁夏	0.036	0.062	0.039	0.048	0.057
陕西	0.126	0.146	0.143	0.143	0.158
差额	−0.090	−0.084	−0.104	−0.095	−0.101

续表

年份	2016	2017	2018	2019	2020
内蒙古	0.086	0.078	0.065	0.125	0.099
差额	−0.050	−0.016	−0.026	−0.077	−0.042
山西	0.038	0.051	0.048	0.054	0.049
差额	−0.002	0.011	−0.009	−0.006	0.008
河南	0.121	0.155	0.139	0.140	0.100
差额	−0.085	−0.093	−0.100	−0.092	−0.043
青海	0.034	0.013	0.010	−0.063	0.071
差额	0.002	0.049	0.029	0.111	−0.014
甘肃	0.052	0.031	0.053	0.053	0.049
差额	−0.016	0.031	−0.014	−0.005	0.008
全国	0.091	0.083	0.071	0.073	0.072
差额	−0.055	−0.021	−0.032	−0.025	−0.015

数据来源：2017—2021年中国、宁夏、沿黄六省区统计年鉴数据计算所得

备注：差额为0.000时，红色（0.000）代表负值，黑色（0.000）代表正值。

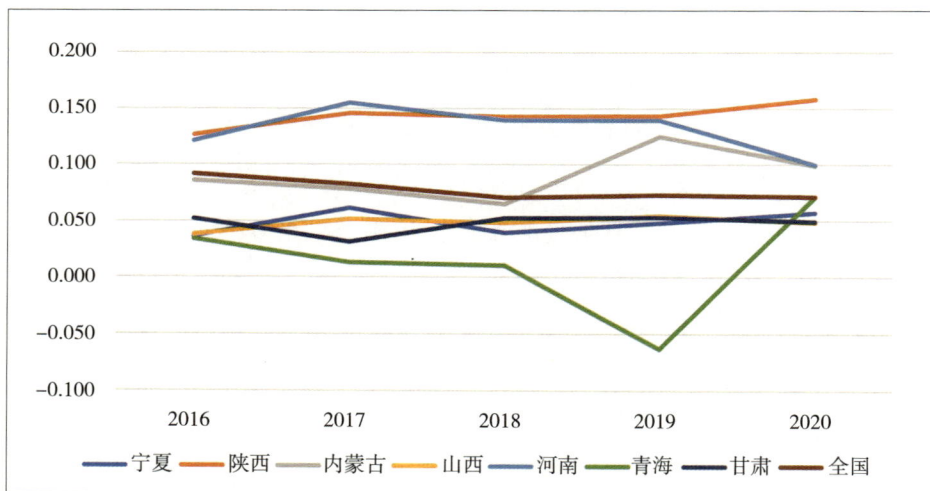

图4-131　宁夏与全国及沿黄六省区金属制品业综合竞争力指数对比

（2）生产竞争力指数对比分析

由表4-93、图4-132可知，宁夏金属制品业生产竞争力处于下游水平，仅对青海与甘肃稍有优势，对其他沿黄六省区和全国都处于低位走势。与

全国相比，宁夏五年间分别低 0.062、0.036、0.032、0.027、0.019；与排名前列的河南相比，分别低 0.078、0.056、0.064、0.073、0.032；与陕西相比，分别低 0.050、0.042、0.059、0.046、0.029。然而，从纵向来看，宁夏生产竞争力呈现波动上升趋势，从 2016 年的 −0.010 增长到 2020 年的最高值 0.018。因此，课题组选择对宁夏达到最大值的 2020 年生产竞争力指标进行进一步讨论。

由表 4-94、图 4-133、图 4-134 可知，宁夏成本费用利润率处于中下游水平，分别比内蒙古、山西和甘肃高 0.005、0.006、0.011，分别比陕西、河南、青海和全国低 0.033、0.040、0.056、0.016。总资产利润率处于末位，分别低于沿黄六省区和全国 0.056、0.003、0.015、0.059、0.010、0.005、0.043。反映出宁夏生产竞争力受两个因素共同影响，在 2020 年处于中下游水平。

表 4-93　宁夏与全国及沿黄六省区金属制品业生产竞争力指数

年份	2016	2017	2018	2019	2020
宁夏	−0.010	0.009	0.004	0.011	0.018
陕西	0.040	0.051	0.063	0.057	0.047
差额	−0.050	−0.042	−0.059	−0.046	−0.029
内蒙古	0.020	0.017	0.014	0.016	0.017
差额	−0.030	−0.008	−0.010	−0.005	0.001
山西	0.011	0.022	0.021	0.023	0.021
差额	−0.021	−0.013	−0.017	−0.012	−0.003
河南	0.068	0.065	0.068	0.084	0.050
差额	−0.078	−0.056	−0.064	−0.073	−0.032
青海	0.007	−0.014	−0.014	−0.089	0.040
差额	−0.017	0.023	0.018	0.100	−0.022
甘肃	0.018	−0.003	0.017	0.007	0.016
差额	−0.028	0.012	−0.013	0.004	0.002
全国	0.052	0.045	0.036	0.038	0.037
差额	−0.062	−0.036	−0.032	−0.027	−0.019

数据来源：2017—2021 年中国、宁夏、沿黄六省区统计年鉴数据计算所得
备注：差额为 0.000 时，红色（0.000）代表负值，黑色（0.000）代表正值。

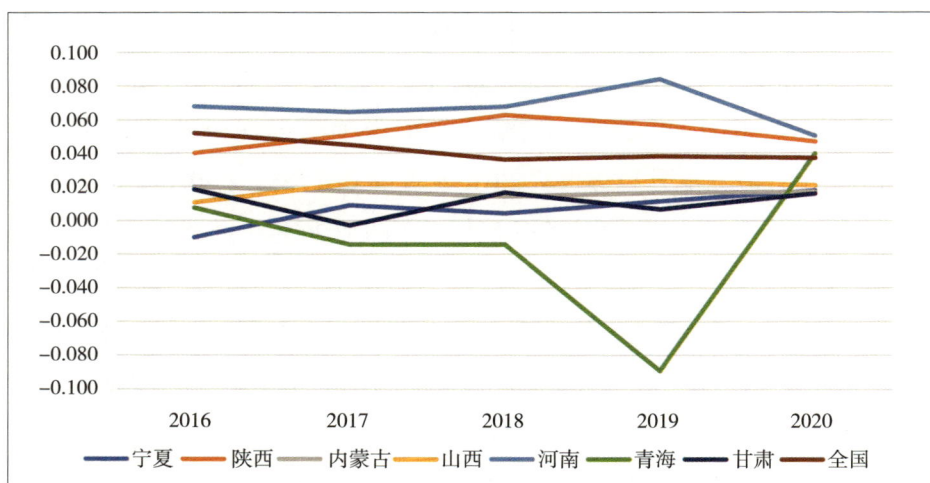

图 4-132　宁夏与全国及沿黄六省区金属制品业生产竞争力指数对比

表 4-94　2020 年宁夏与全国及沿黄六省区金属制品业生产竞争力指标对比

	成本费用利润率	总资产利润率
宁夏	0.040	0.014
陕西	0.073	0.070
差额	−0.033	−0.056
内蒙古	0.035	0.017
差额	0.005	−0.003
山西	0.034	0.029
差额	0.006	−0.015
河南	0.080	0.073
差额	−0.040	−0.059
青海	0.096	0.024
差额	−0.056	−0.010
甘肃	0.029	0.019
差额	0.011	−0.005
全国	0.056	0.057
差额	−0.016	−0.043

数据来源：2021 年中国、宁夏、沿黄六省区统计年鉴数据计算所得

备注：差额为 0.000 时，红色（0.000）代表负值，黑色（0.000）代表正值。

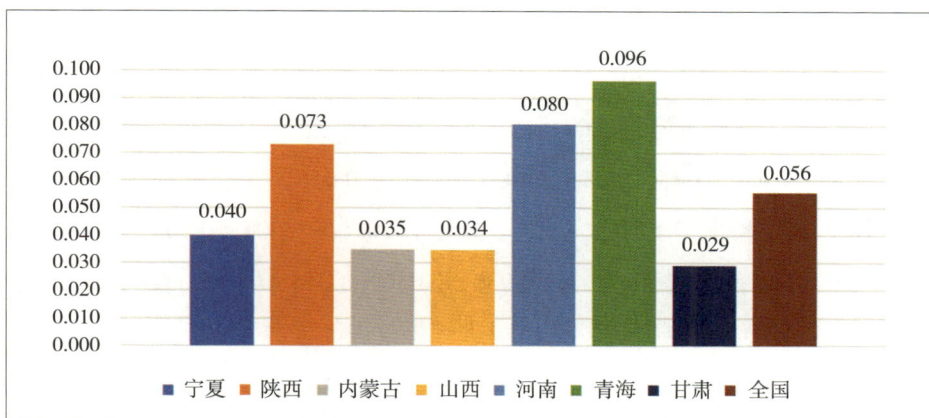

图 4-133 宁夏与全国及沿黄六省区金属制品业生产竞争力指标对比
（成本费用利润率）

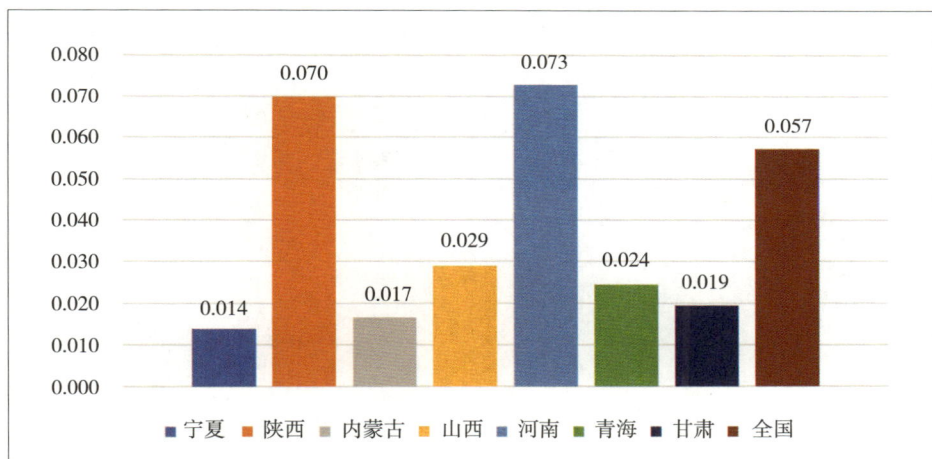

图 4-134 宁夏与全国及沿黄六省区金属制品业生产竞争力指标对比
（总资产利润率）

（3）市场竞争力指数对比分析

由表 4-95、图 4-135 可知，宁夏该产业市场竞争力处于中游水平，与全国和陕西、河南对比处于劣势，对内蒙古、山西、青海和甘肃具有一定优势。纵向来看，宁夏市场竞争力总体呈平稳上升趋势，从 2016 年的 0.023 上升到了 2020 年的 0.026。从 2019 年开始，宁夏上升到第三名并且保持到了

2020 年。因此，课题组选取最近的 2020 年进行进一步讨论。

由表 4-96、图 4-136、图 4-137 可知，宁夏 2020 年主营业务收入成本比排名前列，仅比青海低 0.041，分别比陕西、内蒙古、山西、河南、甘肃和全国高 0.036、0.075、0.056、0.027、0.075、0.046。宁夏主营业务利润收入比处于中游水平，分别比内蒙古、山西、甘肃高 0.002、0.003、0.007，分别比陕西、河南、青海和全国低 0.030、0.036、0.045、0.015。反映了该行业具有一定市场竞争力与盈利能力，可进一步改进优化。

表 4-95　宁夏与全国及沿黄六省区金属制品业市场竞争力指数

年份	2016	2017	2018	2019	2020
宁夏	0.023	0.025	0.025	0.026	0.026
陕西	0.026	0.027	0.027	0.026	0.026
差额	−0.003	−0.002	−0.002	−0.000	0.000
内蒙古	0.024	0.026	0.023	0.025	0.024
差额	−0.001	−0.001	0.002	0.001	0.002
山西	0.024	0.025	0.025	0.025	0.025
差额	−0.001	−0.000	0.000	0.001	0.001
河南	0.026	0.026	0.027	0.028	0.026
差额	−0.003	−0.001	−0.002	−0.002	−0.000
青海	0.025	0.023	0.022	0.020	0.028
差额	−0.002	0.002	0.003	0.006	−0.002
甘肃	0.024	0.023	0.023	0.024	0.024
差额	−0.001	0.002	0.002	0.002	0.002
全国	0.026	0.026	0.025	0.026	0.025
差额	−0.003	−0.001	−0.000	0.000	0.001

数据来源：2017—2021 年中国、宁夏、沿黄六省区统计年鉴数据计算所得

备注：差额为 0.000 时，红色（0.000）代表负值，黑色（0.000）代表正值。

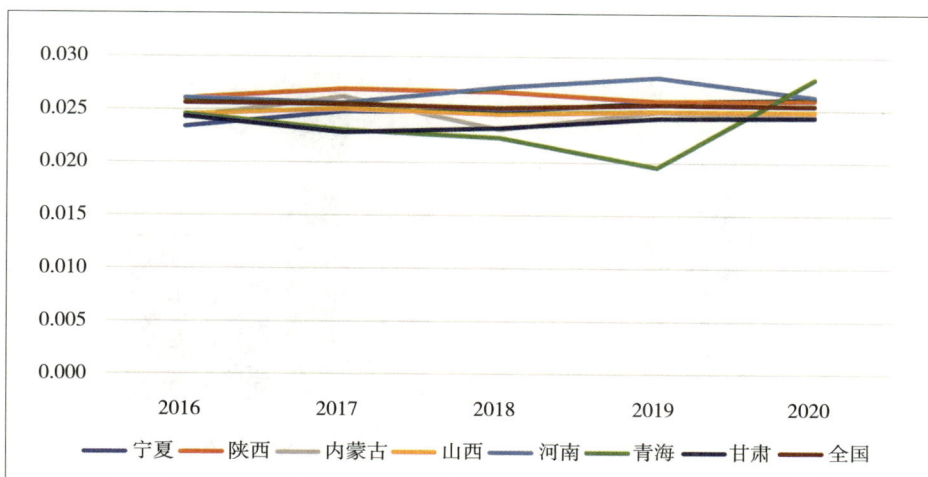

图 4-135　宁夏与全国及沿黄六省区金属制品业市场竞争力指数对比

表 4-96　2020 年宁夏与全国及沿黄六省区金属制品业市场竞争力指标对比

	主营业务收入成本比	主营业务利润收入比
宁夏	1.198	0.033
陕西	1.162	0.063
差额	0.036	−0.030
内蒙古	1.123	0.031
差额	0.075	0.002
山西	1.142	0.030
差额	0.056	0.003
河南	1.171	0.069
差额	0.027	−0.036
青海	1.239	0.078
差额	−0.041	−0.045
甘肃	1.123	0.026
差额	0.075	0.007
全国	1.152	0.048
差额	0.046	−0.015

数据来源：2021 年中国、宁夏、沿黄六省区统计年鉴数据计算所得

备注：差额为 0.000 时，红色（0.000）代表负值，黑色（0.000）代表正值。

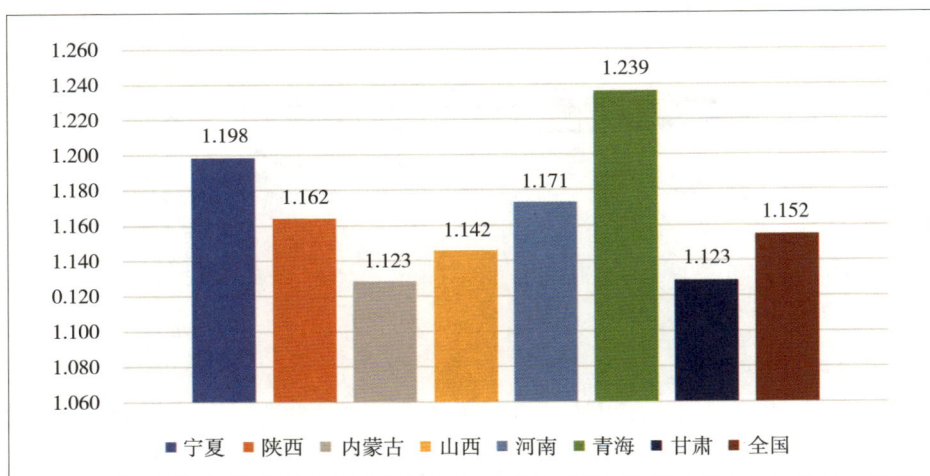

图 4-136　宁夏与全国及沿黄六省区金属制品业市场竞争力指标对比
（主营业务收入成本比）

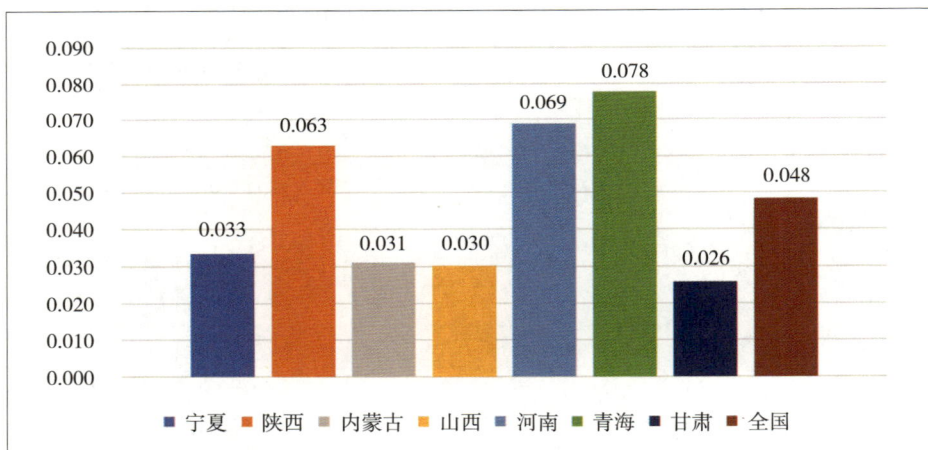

图 4-137　宁夏与全国及沿黄六省区金属制品业市场竞争力指标对比
（主营业务利润收入比）

（4）社会竞争力指数对比分析

由表 4-97、图 4-138 可知，宁夏该行业社会竞争力总体处于中游水平，对比陕西、内蒙古和河南差距较大，处于劣势地位；对比山西、青海和全国，宁夏有较强优势；对比甘肃，相互震荡波动，宁夏略有优势。与陕西相比，宁夏五年间分别低 0.037、0.040、0.043、0.049、0.071；与内蒙古相比，宁夏五年间分别低 0.018、0.007、0.018、0.073、0.044；与河南相比，宁夏五年间分别低 0.004、0.037、0.035、0.016、0.009；跟全国平均水平相比，宁夏五年间分别领先 0.009、0.016、0.001、0.001、0.005。然而，宁夏虽然社会竞争力排名大致处于第四位，但是与排名前列的省份差距较大，与落后省份差距较小。纵向来看，宁夏社会竞争力该行业五年间处于波动下降趋势，从 2018 年开始一直在 0.010 左右徘徊。因此，课题组选取 2020 年就业比和单位能耗营收数据作进一步讨论。

由表 4-98、图 4-139、图 4-140 可知，宁夏就业比在 2020 年处于中下游水平，分别比内蒙古、山西、河南和全国低 0.010、0.009、0.013、0.025，分别比陕西、青海、甘肃高 0.001、0.014、0.006。2020 年，宁夏单位能耗营收处于中游水平，分别比陕西、内蒙古、河南低 41.927、25.703、5.536，分别比山西、青海、甘肃和全国高 6.314、5.714、2.617、2.570。反映出该行业具有一定的社会竞争力优势的同时也存在差距的问题，需要进行结构优化。

表 4-97　宁夏与全国及沿黄六省区金属制品业社会竞争力指数

年份	2016	2017	2018	2019	2020
宁夏	0.023	0.028	0.010	0.011	0.014
陕西	0.060	0.068	0.053	0.060	0.085
差额	−0.037	−0.040	−0.043	−0.049	−0.071
内蒙古	0.041	0.035	0.028	0.084	0.058
差额	−0.018	−0.007	−0.018	−0.073	−0.044
山西	0.002	0.005	0.002	0.006	0.003
差额	0.021	0.023	0.008	0.005	0.011
河南	0.027	0.065	0.045	0.027	0.023
差额	−0.004	−0.037	−0.035	−0.016	−0.009
青海	0.002	0.004	0.002	0.006	0.004
差额	0.021	0.024	0.008	0.005	0.010
甘肃	0.010	0.011	0.013	0.023	0.009
差额	0.013	0.017	−0.003	−0.012	0.005

续表

年份	2016	2017	2018	2019	2020
全国	0.014	0.012	0.009	0.010	0.009
差额	0.009	0.016	0.001	0.001	0.005

数据来源：2017—2021 年中国、宁夏、沿黄六省区统计年鉴数据计算所得

备注：差额为 0.000 时，红色（0.000）代表负值，黑色（0.000）代表正值。

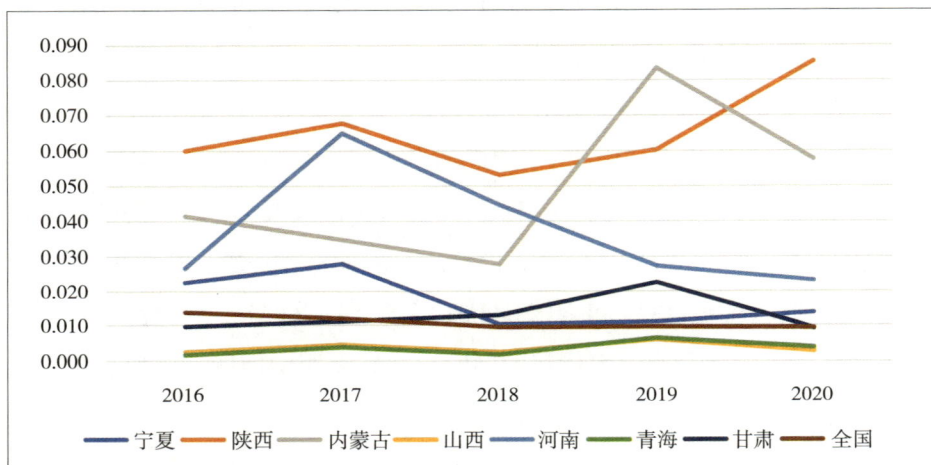

图 4-138　宁夏与全国及沿黄六省区金属制品业社会竞争力指数对比

表 4-98　2020 年宁夏与全国及沿黄六省区金属制品业社会竞争力指标对比

	就业比	单位能耗营收
宁夏	0.021	7.985
陕西	0.020	49.912
差额	0.001	−41.927
内蒙古	0.031	33.688
差额	−0.010	−25.703
山西	0.030	1.671
差额	−0.009	6.314
河南	0.034	13.521
差额	−0.013	−5.536
青海	0.007	2.271
差额	0.014	5.714

续表

	就业比	单位能耗营收
甘肃	0.015	5.368
差额	0.006	2.617
全国	0.046	5.415
差额	−0.025	2.570

数据来源：2021 年中国、宁夏、沿黄六省区统计年鉴数据计算所得

备注：差额为 0.000 时，红色（0.000）代表负值，黑色（0.000）代表正值。

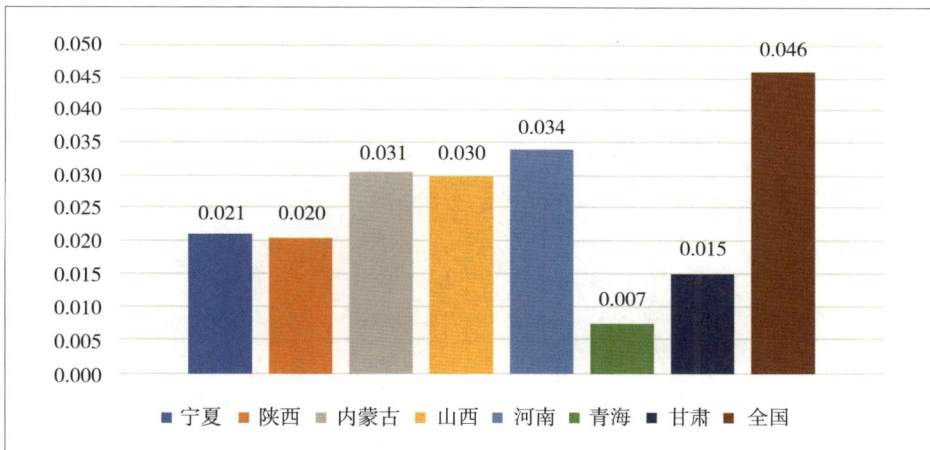

图 4-139 宁夏与全国及沿黄六省区金属制品业社会竞争力指标对比（就业比）

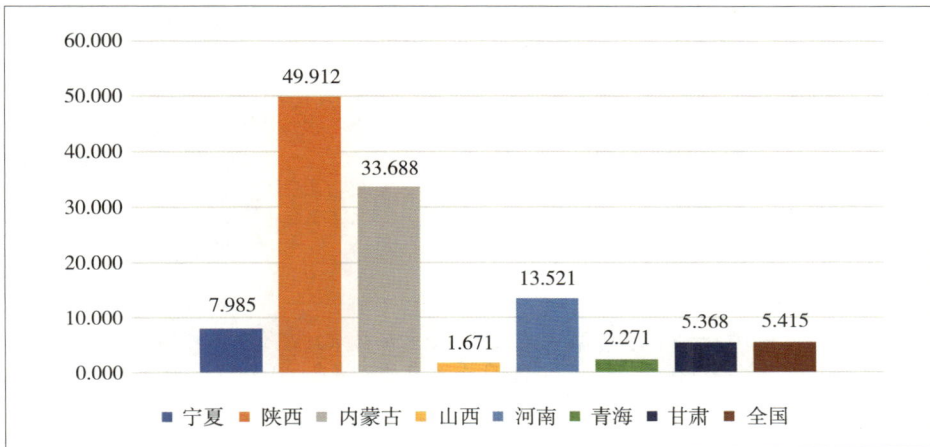

图 4-140 宁夏与全国及沿黄六省区金属制品业社会竞争力指标对比（单位能耗营收）

4.3.15　电力、热力生产和供应业

（1）综合竞争力指数对比分析

由表 4-99、图 4-141 可知，2016—2020 年宁夏电力、热力生产和供应业综合竞争力指数呈波动态势，综合竞争力指数分别为 0.068、0.039、0.057、0.058、0.054。宁夏与全国及沿黄六省区对比总体处于中下游水平，整体落后于全国、陕西和青海省；总体来看，与全国的差距分别为 0.027、0.046、0.024、0.030、0.033，与青海差距最大，在 2016—2020 年差距分别为 0.044、0.113、0.092、0.117、0.128。

表 4-99　宁夏与全国及沿黄六省区电力、热力生产和供应业综合竞争力指数对比

年份	2016	2017	2018	2019	2020
宁夏	0.068	0.039	0.057	0.058	0.054
陕西	0.078	0.077	0.073	0.081	0.083
差额	−0.010	−0.038	−0.016	−0.023	−0.029
内蒙古	0.066	0.088	0.080	0.077	0.077
差额	0.002	−0.049	−0.023	−0.019	−0.023
山西	0.067	0.037	0.055	0.062	0.071
差额	0.001	0.002	0.002	−0.004	−0.017
河南	0.060	0.031	0.026	0.048	0.053
差额	0.008	0.008	0.031	0.010	0.001
青海	0.112	0.152	0.149	0.175	0.182
差额	−0.044	−0.113	−0.092	−0.117	−0.128
甘肃	0.021	0.039	0.054	0.053	0.062
差额	0.047	−0.000	0.003	0.005	−0.008
全国	0.095	0.085	0.081	0.088	0.087
差额	−0.027	−0.046	−0.024	−0.030	−0.033

数据来源：2017—2021 年中国、宁夏、沿黄六省区统计年鉴数据计算所得
备注：差额为 0.000 时，红色（0.000）代表负值，黑色（0.000）代表正值。

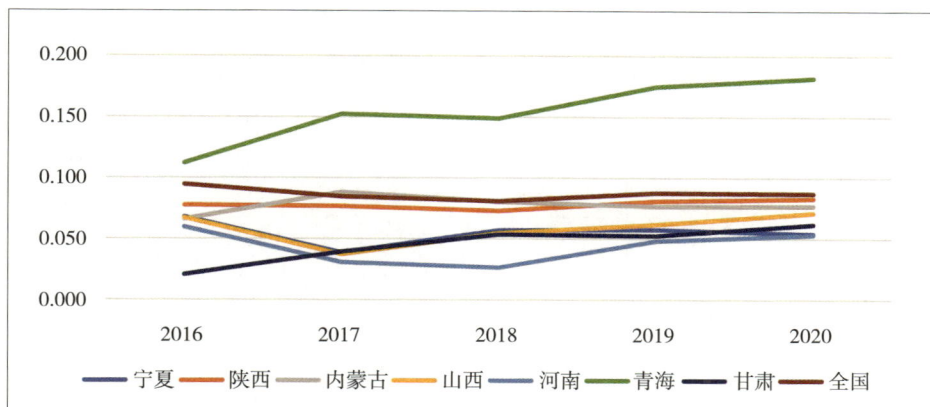

图 4-141 宁夏与全国及沿黄六省区电力、热力生产和供应业综合竞争力指数对比

（2）生产竞争力指数对比分析

由表 4-100、图 4-142 可知，2016—2020 年宁夏电力、热力生产和供应业生产竞争力指数总体处于波动下降态势，2016—2020 年间指数分别为 0.036、0.008、0.025、0.026、0.023。宁夏与全国及沿黄六省区对比总体处于中等水平，整体低于全国和陕西，2016—2020 年与全国的差距分别为 0.007、0.026、0.005、0.008、0.011，与陕西的差距分别为 0.009、0.036、0.015、0.021、0.025。在 2020 年宁夏该行业排名跌落至第六名，因此，课题组选取了 2020 年的生产竞争力指数相关指标进行分析。

由表 4-101、图 4-143、图 4-144 可知，2020 年宁夏电力、热力生产和供应业生产竞争力指数偏低的原因是成本费用利润率和总资产利润率整体低于全国和其他沿黄六省区，成本费用利润率高于河南和甘肃 0.008 和 0.018；总资产利润率仅高于甘肃 0.006。宁夏成本费用利润率与全国的差距为 0.022；与青海差距最大，差额为 0.065；与山西差距最小，差额为 0.002。从总资产利润率来看，宁夏与全国的差距为 0.009，与陕西差距最大，差额为 0.020，与河南差距最小，差额为 0.002。反映出电力、热力生产和供应业企业 2020 年发生的所有成本费用所带来的收益能力较差，企业运用其全部资产获取利润的能力也较弱。

表 4-100　宁夏与全国及沿黄六省区电力、热力生产和供应业生产竞争力指数对比

年份	2016	2017	2018	2019	2020
宁夏	0.036	0.008	0.025	0.026	0.023
陕西	0.045	0.044	0.040	0.047	0.048
差额	−0.009	−0.036	−0.015	−0.021	−0.025
内蒙古	0.019	0.041	0.047	0.043	0.040
差额	0.017	−0.033	−0.022	−0.017	−0.017
山西	0.024	−0.002	0.012	0.020	0.025
差额	0.012	0.011	0.013	0.006	−0.002
河南	0.021	0.001	−0.003	0.016	0.020
差额	0.015	0.007	0.028	0.010	0.003
青海	0.023	0.020	0.020	0.045	0.048
差额	0.013	−0.012	0.005	−0.019	−0.025
甘肃	−0.020	−0.005	0.006	0.008	0.014
差额	0.056	0.013	0.019	0.018	0.009
全国	0.043	0.034	0.030	0.034	0.034
差额	−0.007	−0.026	−0.005	−0.008	−0.011

数据来源：2017—2021 年中国、宁夏、沿黄六省区统计年鉴数据计算所得

备注：差额为 0.000 时，红色（0.000）代表负值，黑色（0.000）代表正值。

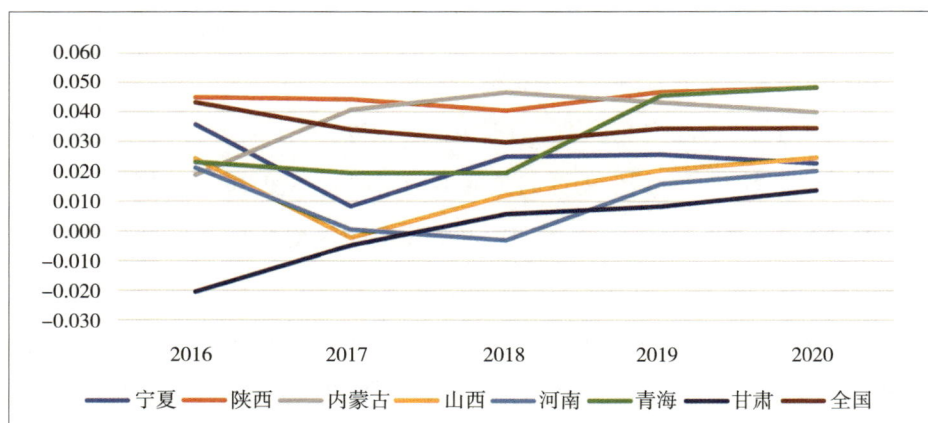

图 4-142　宁夏与全国及沿黄六省区电力、热力生产和供应业生产竞争力指数对比

表 4–101 2020 年宁夏与全国及沿黄六省区电力、热力生产和供应业生产竞争力
指标对比

	成本费用利润率	总资产利润率
宁夏	0.047	0.014
陕西	0.096	0.034
差额	−0.049	−0.020
内蒙古	0.083	0.024
差额	−0.036	−0.010
山西	0.049	0.018
差额	−0.002	−0.004
河南	0.039	0.016
差额	0.008	−0.002
青海	0.112	0.018
差额	−0.065	−0.004
甘肃	0.029	0.008
差额	0.018	0.006
全国	0.069	0.023
差额	−0.022	−0.009

数据来源：2021 年中国、宁夏、沿黄六省区统计年鉴数据计算所得

备注：差额为 0.000 时，红色（0.000）代表负值，黑色（0.000）代表正值。

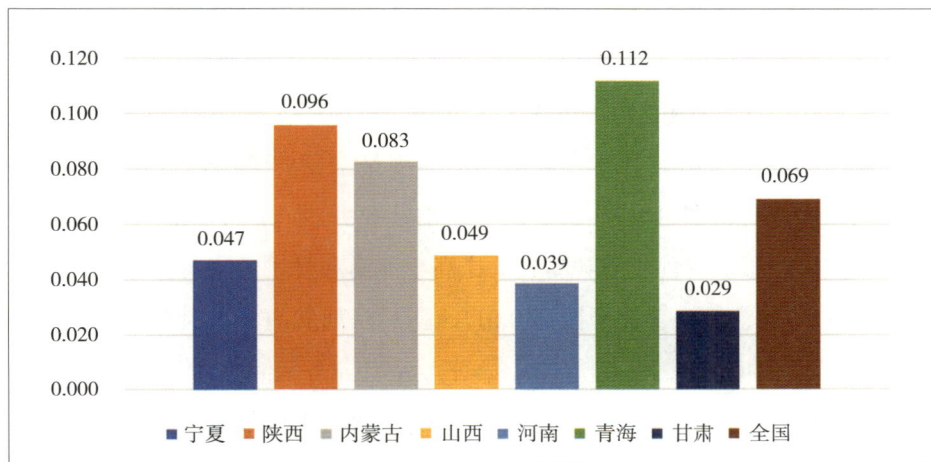

图 4–143 宁夏与全国及沿黄六省区电力、热力生产和供应业生产竞争力指标对比
（成本费用利润率）

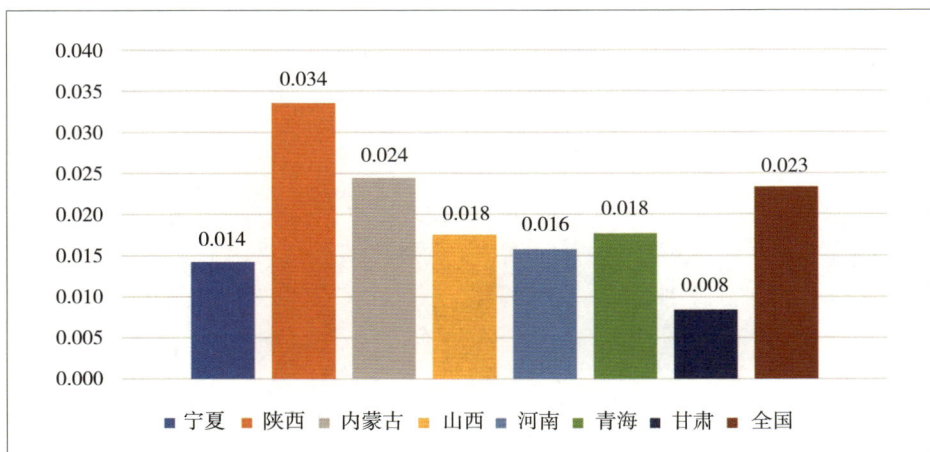

图 4-144 宁夏与全国及沿黄六省区电力、热力生产和供应业生产竞争力指标对比
（总资产利润率）

（3）市场竞争力指数对比分析

由表 4-102、图 4-145 可知，2016—2020 年宁夏电力、热力生产和供应业市场竞争力指数总体平稳，变化不大，处于中上游水平，指数分别为 0.026、0.024、0.025、0.025、0.025。宁夏与全国及沿黄六省区对比总体差距不大，但整体低于陕西和青海省；在 2020 年，宁夏排名第五位，较上一年下降了一位。因此，课题组选择对 2020 年市场竞争力指数相关指标进行分析。

由表 4-103、图 4-146、图 4-147 可知，2020 年宁夏电力、热力生产和供应业市场竞争力指数处于中等水平的原因是主营业务收入成本比和主营业务利润收入比均处于中等水平，宁夏主营业务收入成本比高于全国、山西、河南和青海，主营业务利润收入比高于河南和甘肃。主营业务收入成本比指数为 1.144，其中，比全国高 0.011，落后陕西和内蒙古最多，差额均为 0.037；落后甘肃最少，差额为 0.016。宁夏主营业务利润收入比为 0.041，比全国低 0.020，落后青海最多，差额为 0.047，落后山西最少，差额为 0.002，反映出宁夏该行业企业单位主营业务的销售竞争力低下的现状和获得的利润水平的退步风险需要引起重视。

表 4-102 宁夏与全国及沿黄六省区电力、热力生产和供应业市场竞争力指数对比

年份	2016	2017	2018	2019	2020
宁夏	0.026	0.024	0.025	0.025	0.025
陕西	0.026	0.026	0.025	0.026	0.027
差额	−0.000	−0.002	−0.000	−0.001	−0.002
内蒙古	0.025	0.026	0.027	0.027	0.026
差额	0.001	−0.002	−0.002	−0.002	−0.001
山西	0.026	0.022	0.023	0.024	0.025
差额	0.000	0.002	0.002	0.001	0.000
河南	0.023	0.022	0.022	0.024	0.024
差额	0.003	0.002	0.003	0.001	0.001
青海	0.026	0.026	0.026	0.028	0.029
差额	−0.000	−0.002	−0.001	−0.003	−0.004
甘肃	0.022	0.023	0.024	0.024	0.025
差额	0.004	0.001	0.001	0.001	0.000
全国	0.026	0.025	0.024	0.025	0.025
差额	0.000	−0.001	0.001	0.000	−0.000

数据来源：2017—2021 年中国、宁夏、沿黄六省区统计年鉴数据计算所得

备注：差额为 0.000 时，红色（0.000）代表负值，黑色（0.000）代表正值。

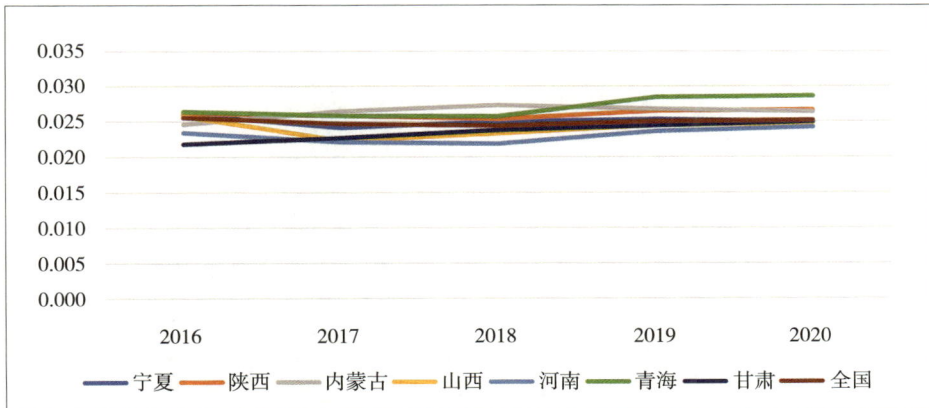

图 4-145 宁夏与全国及沿黄六省区电力、热力生产和供应业市场竞争力指数对比

表 4-103　2020 年宁夏与全国及沿黄六省区电力、热力生产和供应业市场竞争力
指标对比

	主营业务收入成本比	主营业务利润收入比
宁夏	1.144	0.041
陕西	1.181	0.081
差额	−0.037	−0.040
内蒙古	1.181	0.070
差额	−0.037	−0.029
山西	1.129	0.043
差额	0.015	−0.002
河南	1.112	0.035
差额	0.032	0.006
青海	1.027	0.088
差额	0.117	−0.047
甘肃	1.160	0.025
差额	−0.016	0.016
全国	1.133	0.061
差额	0.011	−0.020

数据来源：2021 年中国、宁夏、沿黄六省区统计年鉴数据计算所得

备注：差额为 0.000 时，红色（0.000）代表负值，黑色（0.000）代表正值。

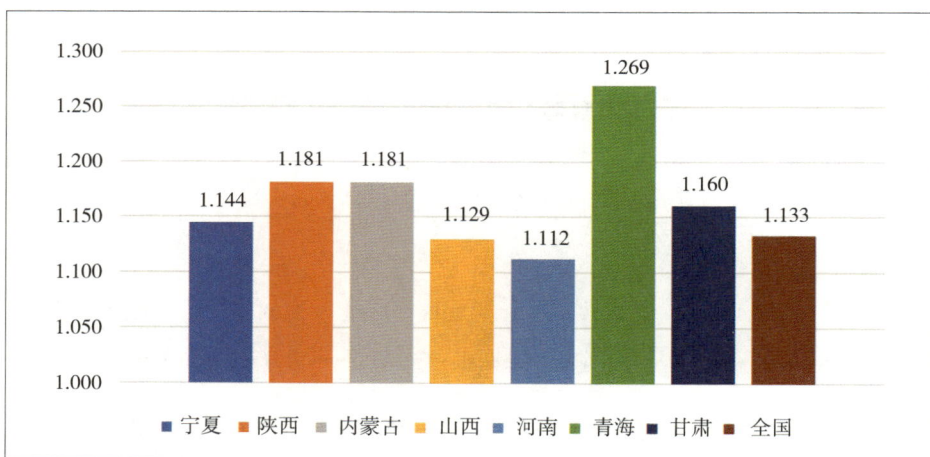

图 4-146　宁夏与全国及沿黄六省区电力、热力生产和供应业市场竞争力指标对比
（主营业务收入成本比）

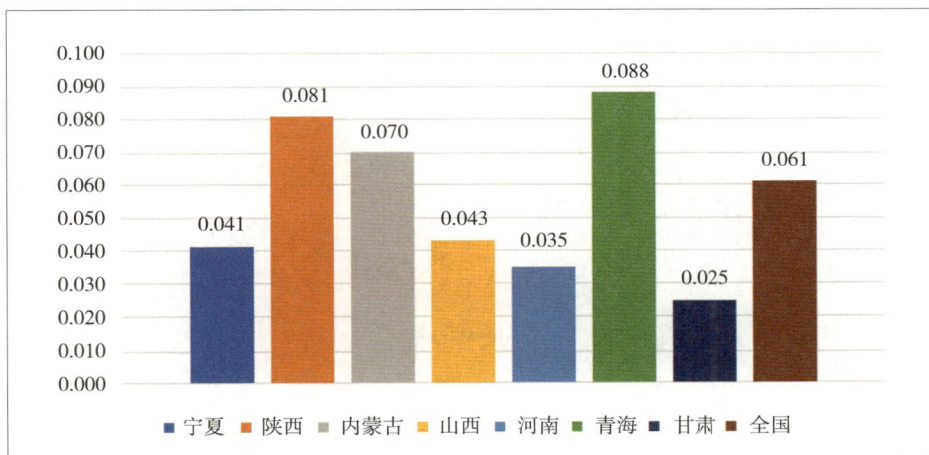

图 4-147　宁夏与全国及沿黄六省区电力、热力生产和供应业市场竞争力指标对比
（主营业务利润收入比）

（4）社会竞争力指数对比分析

由表 4-104、图 4-148 可知，2016—2020 年宁夏电力、热力生产和供应业社会竞争力指数呈平稳态势，处于下游水平，指数分别为 0.006、0.006、0.007、0.007、0.007。仅在 2018 和 2019 年高于内蒙古，其余年份均落后于全国和其他沿黄六省区。宁夏与全国相比，差额分别为 0.020、0.020、0.020、0.021、0.021；与青海差距最大，差额分别为 0.056、0.101、0.096、0.094、0.098。课题组选择了 2020 年作为研究对象，对社会竞争力指数相关指标进行分析。

由表 4-105、图 4-149、图 4-150 可知，2020 年宁夏电力、热力生产和供应业社会竞争力指数处于下游水平的原因是单位能耗营收整体落后于全国和其他沿黄六省区。与全国相比，差额为 1.680；与青海差距最大，差额为 7.554；与陕西差距最小，差额为 0.180。反映出宁夏该行业企业能源消费水平和节能降耗状况不佳。另一个指标就业比中，宁夏处于第三位，分别比内蒙古和甘肃低 0.060 和 0.057；分别比全国、陕西、山西、河南和青海高 0.064、0.037、0.046、0.060、0.026。反映出宁夏该行业企业就业率比较高。

表 4-104　宁夏与全国及沿黄六省区电力、热力生产和供应业社会竞争力指数对比

年份	2016	2017	2018	2019	2020
宁夏	0.006	0.006	0.007	0.007	0.007
陕西	0.007	0.007	0.007	0.008	0.008
差额	−0.001	−0.001	−0.000	−0.001	−0.001
内蒙古	0.023	0.021	0.007	0.007	0.011
差额	−0.017	−0.015	0.000	0.000	−0.004
山西	0.017	0.017	0.020	0.017	0.022
差额	−0.011	−0.011	−0.013	−0.010	−0.015
河南	0.015	0.008	0.008	0.009	0.009
差额	−0.009	−0.002	−0.001	−0.002	−0.002
青海	0.062	0.107	0.103	0.101	0.105
差额	−0.056	−0.101	−0.096	−0.094	−0.098
甘肃	0.019	0.022	0.024	0.020	0.023
差额	−0.013	−0.016	−0.017	−0.013	−0.016
全国	0.026	0.026	0.027	0.028	0.028
差额	−0.020	−0.020	−0.020	−0.021	−0.021

数据来源：2017—2021 年中国、宁夏、沿黄六省区统计年鉴数据计算所得

备注：差额为 0.000 时，红色（0.000）代表负值，黑色（0.000）代表正值。

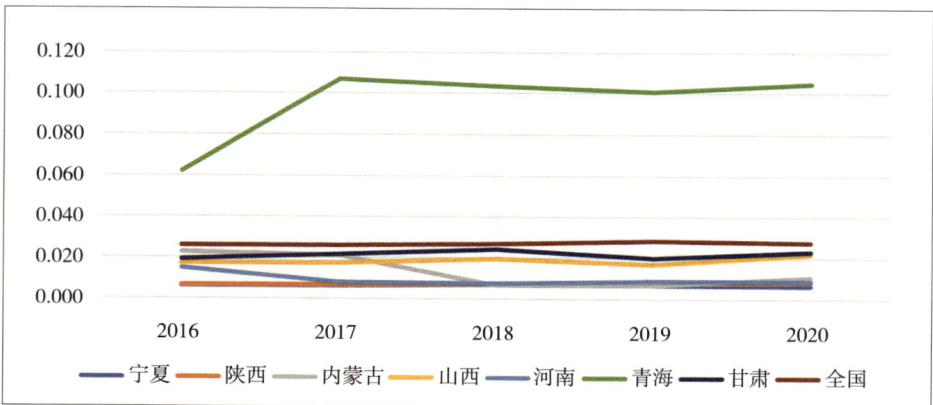

图 4-148　宁夏与全国及沿黄六省区电力、热力生产和供应业社会竞争力指数对比

表 4-105　2020 年宁夏与全国及沿黄六省区电力、热力生产和供应业社会竞争力
指标对比

	就业比	单位能耗营收
宁夏	0.098	0.404
陕西	0.061	0.584
差额	0.037	−0.180
内蒙古	0.158	0.668
差额	−0.060	−0.264
山西	0.052	1.624
差额	0.046	−1.220
河南	0.038	0.648
差额	0.060	−0.244
青海	0.072	7.958
差额	0.026	−7.554
甘肃	0.155	1.624
差额	−0.057	−1.220
全国	0.034	2.084
差额	0.064	−1.680

数据来源：2021 年中国、宁夏、沿黄六省区统计年鉴数据计算所得

备注：差额为 0.000 时，红色（0.000）代表负值，黑色（0.000）代表正值。

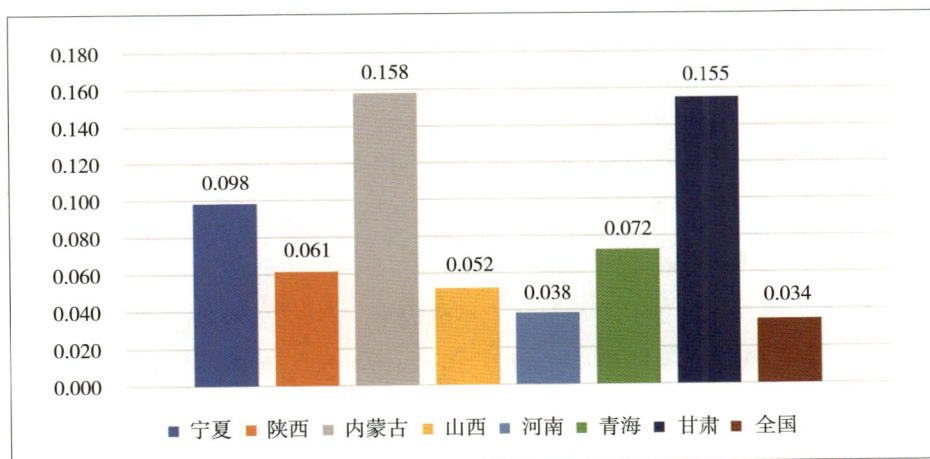

图 4-149　宁夏与全国及沿黄六省区电力、热力生产和供应业社会竞争力指标对比
（就业比）

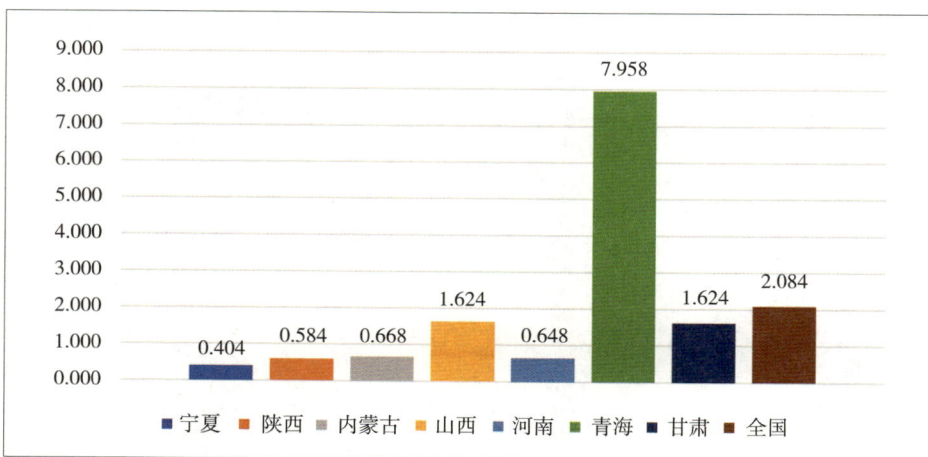

图 4-150 宁夏与全国及沿黄六省区电力、热力生产和供应业社会竞争力指标对比
（单位能耗营收）

4.4 传统产业行业竞争力排名分析

为进一步从整体上分析宁夏传统产业涉及的 15 个行业与全国及沿黄六省区竞争力关系，课题组选择 2019 年和 2020 年作为研究对象，对其综合竞争力、生产竞争力、市场竞争力、社会竞争力进行了排名，分析其内在逻辑关系，同时，对组成生产竞争力、市场竞争力、社会竞争力的六项指标进行了排名（见表 4-108、表 4-109）。

一是从表 4-106、表 4-107 可以看出，2019 年和 2020 年宁夏传统产业涉及的 15 个行业综合竞争力指数与全国及沿黄六省区对比平均排名分别为 5.7 和 5.5 名，其中生产、市场、社会竞争力排名分别为 6、5.3、5.6 名和 5.6、5、5.1 名。宁夏 2019 年到 2020 年综合竞争力排名有所上升，提升了 0.2，主要由生产、社会竞争力较快提升拉动贡献的，市场竞争力也有拉动，但是幅度不大。反映出宁夏工业 15 个行业总体在 2020 年发生的成本费用所带来的收益能力，以及全部资产获取利润能力在提升。

二是从表 4-106、表 4-107 可以看出，2019 年和 2020 年宁夏传统产业涉及的 15 个行业综合竞争力中排名前 3 的行业只有石油、煤炭及其他燃料加工业，且排名第一。煤炭开采和洗选业排名 3 和第 4。农副食品加工业提升较快，从 2019 年的第 5 提升至的第 3 名。同时，也看到宁夏工业 15 个行业综合竞争力在这二年中排名倒数第 1 至第 3 的行业比较多，主要有医药制造业、食品制造业、纺织业、黑色金属冶炼和压延加工业、金属制品业，应引起高度重视。

三是从表 4-106、表 4-107 可以看出，2019 和 2020 年宁夏传统产业涉及的 15 个行业生产竞争力排名前 3 的行业只有石油、煤炭及其他燃料加工业，且与全国及沿黄六省区对比排名还是第一，反映行业成本费用所带来的收益能力强。化学原料和化学制品制造业从 2019 年的第 5 名提至 2020 年的第 3 名。同时，也看到宁夏工业 15 个行业的生产竞争力在这 2 年中排名倒数第 1 至第 3 的行业，主要有医药制造业、纺织业、煤炭开采和洗选业、食品制造业、黑色金属冶炼和压延加工业，以及酒、饮料和精制茶制造业。

四是从表 4-106、表 4-107 可以看出，2019 和 2020 年宁夏传统产业涉及的 15 个行业市场竞争力排名前 3 的行业还是只有石油、煤炭及其他燃料加工业，排名从 2019 年的第 1 降至 2020 年的第 2 名；同时，我们也看到宁夏工业 15 个行业市场竞争力在这 2 年中排名倒数第 1 至第 3 的行业有 4 个，主要有医药制造业、黑色金属冶炼和压延加工业、食品制造业、纺织业。

五是从表 4-106、表 4-107、表 4-108、表 4-109 可以看出，2019 和 2020 年宁夏传统产业涉及的 15 个行业社会竞争力排名前 3 的行业只有煤炭开采和洗选业。纺织业、农副食品加工业从 2019 年的第 4 名和第 5 名提升至 2020 年的第 3 名。由于单位能耗高影响了宁夏行业社会竞争力排名，且排倒数第 1 名至第 3 名的行业较多，如食品制造业、医药制造业，石油、煤炭及其他燃料加工业，电力、热力生产和供应业，化学原料和化学制品制造业，非金属矿物制品业。其中，石油、煤炭及其他燃料加工业虽在与全国及沿黄六省区对比中综合排名第一，但社会竞争力排名 2 年均因单位能耗过高而被拉低至倒数第 1。高能耗已成为制约宁夏传统产业高质量发展及竞争力提升的瓶颈和短板。

通过运用综合竞争力指数模型分析宁夏工业 15 个传统行业在生产、市场、社会竞争力水平，再次印证了宁夏工业发展产业结构亟待优化、创新能力亟待增强，产业产品链亟待向高端延伸。亟需通过构建新发展格局，加强开放合作、科技创新、基础能力建设，打好延链、补链、强链的组合拳，激活宁夏产业内外部循环，提升产业链、供应链现代化水平等路径来解决。

表 4-106   2019 年宁夏工业 15 个行业竞争力与全国及沿黄六省区对比排名

产业	行业	综合竞争力	生产竞争力	市场竞争力	社会竞争力
采矿业	煤炭开采和洗选业	3	7	4	1
轻工纺织涉及行业	农副食品加工业	5	6	5	4
	食品制造业	7	7	8	8
	酒、饮料和精制茶制造业	5	6	5	5
	纺织业	7	8	8	4
	印刷和记录媒介复制业	6	6	6	6
	医药制造业	8	8	8	7
	橡胶和塑料制品业	6	6	6	7
现代化工涉及行业	石油、煤炭及其他燃料加工业	1	1	1	8
	化学原料和化学制品制造业	6	5	5	7
新型材料涉及行业	非金属矿物制品业	5	5	3	6
	黑色金属冶炼和压延加工业	7	7	8	4
	有色金属冶炼和压延加工业	7	7	7	5
	金属制品业	7	6	3	5
清洁能源涉及行业	电力、热力生产和供应业	6	5	4	7
15 个行业当年平均排名		5.7	6	5.3	5.6

备注：排名 1-3 为绿色，4-5 为橙色，6-8 为红色。

数据来源：2021 年中国、宁夏、沿黄六省区统计年鉴数据计算所得。

表 4-107 2020 年宁夏 15 个行业竞争力与全国及沿黄六省区对比排名

产业	行业	综合竞争力	生产竞争力	市场竞争力	社会竞争力
采矿业	煤炭开采和洗选业	4	8	6	1
轻工纺织涉及行业	农副食品加工业	3	4	2	3
	食品制造业	8	8	8	8
	酒、饮料和精制茶制造业	5	6	5	4
	纺织业	6	6	6	3
	印刷和记录媒介复制业	4	4	5	4
	医药制造业	7	7	7	8
	橡胶和塑料制品业	8	8	7	3
现代化工涉及行业	石油、煤炭及其他燃料加工业	1	1	2	8
	化学原料和化学制品制造业	5	3	4	7
新型材料涉及行业	非金属矿物制品业	5	5	2	7
	黑色金属冶炼和压延加工业	8	8	8	4
	有色金属冶炼和压延加工业	5	4	5	4
	金属制品业	6	6	3	4
清洁能源涉及行业	电力、热力生产和供应业	7	6	5	8
15 个行业当年平均排名		5.5	5.6	5	5.1

备注：排名 1-3 为绿色，4-5 为橙色，6-8 为红色。

数据来源：2019 年中国、宁夏、沿黄六省区统计年鉴数据计算所得。

表 4-108 2019 年宁夏 15 个行业分项竞争力与全国及沿黄六省区对比排名

产业	行业	成本费用利润率	总资产利润率	主营业务收入成本比	主营业务利润收入比	就业比	单位能耗营收比
采矿业	煤炭开采和洗选业	7	8	4	6	3	1
轻工纺织	农副食品加工业	6	6	2	6	6	4
	食品制造业	7	7	8	7	3	8
	酒、饮料和精制茶制造业	4	6	5	4	8	5
	纺织业	8	8	7	8	3	4
	印刷和记录媒介复制业	6	6	6	6	4	6

续表

产业	行业	成本费用利润率	总资产利润率	主营业务收入成本比	主营业务利润收入比	就业比	单位能耗营收比
轻工纺织	医药制造业	8	8	8	8	2	2
	橡胶和塑料制品业	6	6	4	6	4	7
化学工业	石油、煤炭及其他燃料加工业	1	1	2	1	1	8
	化学原料和化学制品制造业	5	5	8	5	2	8
冶金工业	非金属矿物制品业	5	5	2	5	5	6
	黑色金属冶炼和压延加工业	7	7	8	7	3	4
	有色金属冶炼和压延加工业	7	7	8	7	6	5
	金属制品业	6	6	2	6	6	5
传统能源	电力、热力生产和供应业	5	5	4	5	3	7
15个行业当年平均排名		5.9	6	5.2	5.8	3.9	5.3

备注：排名1-3为绿色，4-5为橙色，6-8为红色。
数据来源：2021年中国、宁夏、沿黄六省区统计年鉴数据计算所得。

表4-109　2020年宁夏15个行业分项竞争力与全国及沿黄六省区对比排名

产业	行业	成本费用利润率	总资产利润率	主营业务收入成本比	主营业务利润收入比	就业比	单位能耗营收比
采矿业	煤炭开采和洗选业	8	8	5	8	3	1
轻工纺织涉及行业	农副食品加工业	4	4	1	4	6	3
	食品制造业	8	6	8	8	8	8
	酒、饮料和精制茶制造业	5	6	5	6	8	4
	纺织业	7	6	6	6	8	4
	印刷和记录媒介复制业	4	4	5	4	3	4
	医药制造业	6	6	6	6	3	8
	橡胶和塑料制品业	8	8	6	8	4	3

续表

产业	行业	成本费用利润率	总资产利润率	主营业务收入成本比	主营业务利润收入比	就业比	单位能耗营收比
现代化工涉及行业	石油、煤炭及其他燃料加工业	2	1	2	2	3	8
	化学原料和化学制品制造业	3	3	3	3	1	8
新型材料涉及行业	非金属矿物制品业	4	5	2	4	7	7
	黑色金属冶炼和压延加工业	8	8	8	8	3	4
	有色金属冶炼和压延加工业	5	3	5	6	6	5
	金属制品业	5	5	2	5	5	4
清洁能源涉及行业	电力、热力生产和供应业	6	7	5	6	3	8
15个行业当年排名		5.5	5.6	4.7	5.7	4.3	5.2

备注：排名1–3为绿色，4–5为橙色，6–8为红色。

数据来源：2021年中国、宁夏、沿黄六省区统计年鉴数据计算所得。

4.5　传统产业行业科技影响力回归分析

4.5.1　数据来源

　　课题组采用了2016—2020年5年共797个分析样本，分析样本包括产业综合竞争力指数，由15个行业生产竞争力指数、市场竞争力指数和社会竞争力指数计算得出；生产、市场、社会竞争力指数计算公式和科技研发投入影响力数据回归模型与第四章4.1和4.2相关内容相同。15个行业为：煤炭开采和洗选业；农副食品加工业；食品制造业；酒、饮料和精制茶制造业；纺织业；印刷和记录媒介复制业；医药制造业；橡胶和塑料制品业；石油、煤炭及其他燃料加工业；化学原料和化学制品制造业；非金属矿物制品业；黑色金属冶炼和压延加工业；有色金属冶炼和压延加工业；金属制品业；电力、热力生产和供应业。所有基础数据均来源于 2017—2021 年中国、宁夏、陕西、内蒙古、山西、河南、青海、甘肃等省（区）统计年鉴。

4.5.2　模型建立

科学技术对产业综合竞争力的影响面板回归模型如下：

$$CI = \alpha + \beta_1 R\&D\ Expenditure_{i,j}$$

其中 CI 为产业综合竞争力指数（Comprehensive Index），R&D Expenditure 为当年全省（自治区）R&D 内部支出除以该省（自治区）地区生产总值。i 为产业，j 为年份。

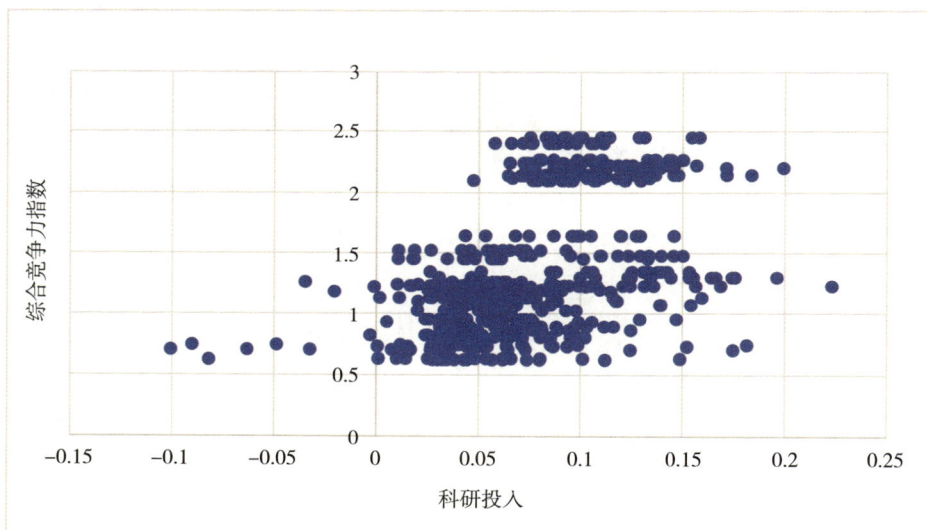

图 4-151　科研投入与产业综合竞争力指数散点图

表 4-110　科研投入与产业综合竞争力指数回归分析结果

	df	*SS*	*MS*	*F*
回归分析	1	0.22	0.22	165.70
残差	795	0.79	0.00	
总计	796	1.01		
	Coefficients	标准误差	*t Stat*	*P-value*
Intercept	0.027	0.004	6.793	0.000

续表

	df	SS	MS	F
科研投入	0.035	0.003	12.872	0.000
回归统计				
Multiple R			0.4658	
R Square			0.2170	
Adjusted R Square			0.2157	
标准误差			0.0364	
观测值			600	

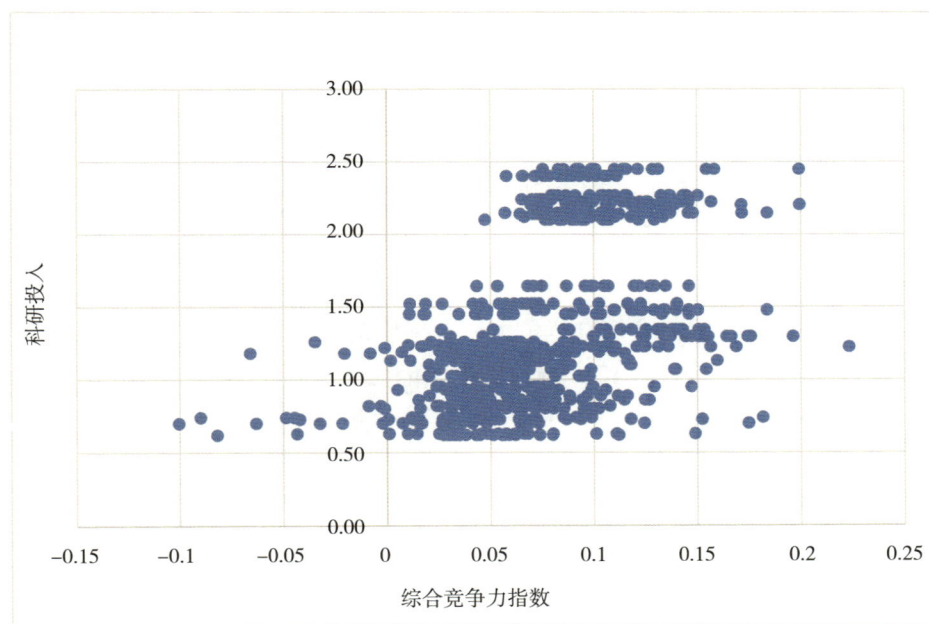

图 4-152 产业综合竞争力指数与科研投入散点图

表 4-111 产业综合竞争力指数与科研投入回归分析结果

	df	SS	MS	F
回归分析	1	0.29	0.29	220.59
残差	795	1.06	0.00	
总计	796	1.35		
	Coefficients	标准误差	t Stat	P-value

续表

	df	SS	MS	F
Intercept	0.027	0.003	7.871	0.000
科研投入	0.035	0.002	14.852	0.000
回归统计				
Multiple R			0.4661	
R Square			0.2172	
Adjusted R Square			0.2162	
标准误差			0.0364	
观测值			797	

4.5.3 主要结论

引入 R&D 内部支出作为自变量，综合竞争力指数作为因变量，并且通过产业综合竞争力指数与科研投入散点图我们可以看到，科技研发投入与产业综合竞争力存在 99% 置信度的正相关关系，每 1% 的 R&D 内部支出占GDP 比重的增长会促进综合竞争力指数增加 0.035。该正相关性的结果进一步说明课题组构建的产业综合竞争力指数指标是合理的，科技研发投入与产业综合竞争力之间存在显著关联，同时，也进一步强调科研投入在产业发展中是处于关键性地位。

5 宁夏传统产业高质量发展的重点和路径

5.1 传统产业高质量发展的重点

化工产业。现代化工相对于传统化工主要有以下特点：产业间关联更加紧密、区域集聚发展效应更加明显，协同配套能力更强；生产装置大型化，生产工艺连续化，生产过程自动化、智能化水平高；资源利用率高。物料消耗低，产品收率高；安全风险可控，污染物排放少；产品技术含量高、附加值高，是基于传统化工产品的迭代升级。宁夏要进一步立足煤炭等资源基础，培育夯实在煤炭加工转化领域的技术和产业优势，以煤炭电力工业为基础，以现代煤化工产业为主导，以精细化工和化工新材料为先导，不断延伸产业链条、强化集群效应、提升质量效益，探索清洁、高效、安全的能源化工产业发展新模式、新格局。

冶金工业。按照提质增效和转型升级的发展要求，加快产业发展向精益高效、优质高端转型，将调整存量与做强增量、优化产品结构与提高附加值相结合，积极开发高技术含量、高附加值的高端材料产品，全面提升生产控制过程的信息化和智能化水平，多渠道引进开发新技术和新工艺，提高创新对提质增效的贡献率，推广节能减排和清洁生产技术，提高资源与能源利用效率，巩固提升世界级钽铌铍稀有金属生产研发基地和金属锰生产研发基地、全国最大的铝镁及铝镁合金产业基地、国家重要的冶金炉料生产基地。

传统能源。煤炭：重点建设大型现代化和安全高效煤矿，改造升级现有煤矿，加快推动数字化、智能化矿井建设。加快煤炭行业结构调整，推进煤炭清洁利用，保护矿区生态环境。畅通外煤进宁通道，推进与周边省区企业签订落实煤炭进宁长期合作保障协议，积极探索多渠道煤炭保障机制。火电：除热电联产项目外，不再新建燃煤发电机组，重点推动纯火电装置转型热电联产，提升火电技术，降低火电煤耗，推进智能电厂和智能电网建设。推进宁东增量配电网建设，稳步推进宁浙直流配套火电重点项目建设，大力推广燃煤发电超低排放技术和二氧化碳矿化发电等先进技术。

轻纺产业。立足自身资源特色优势与产业发展基础，适应消费需求结构升级需要，按照"转方式、增品种、提品质、创品牌、强特色"的发展思路，推动现代纺织、乳制品、葡萄酒、枸杞加工等优势产业转型升级，聚焦技术创新、市场拓展、品牌建设三大关键环节，推进消费品工业"两化"融合和经营模式创新，增加中高端消费品供给、大力发展智能健康消费品，加强质量精准管理和品质革命、积极开展国内外对标达标，提高品牌知名度和市场竞争力，形成集约型、质量型和创新型的消费品工业发展新路径。

5.2 优化传统制造业创新发展空间布局

针对宁夏传统制造业产业同构问题凸显，各地资源禀赋相近、优惠政策类似，缺乏对自身优势和市场选择的科学定位和理性认知，导致绝大部分园区只注重企业数量"堆砌"，忽视产业连接，甚至无序竞争，工业园区建设用地集约利用水平不高等问题。

一是引导优化传统制造业工业布局。充分发挥沿黄地区的资源和要素配置优势，坚持发展以"专、特、精"为特征的优势产业，重点发展先进装备制造、新材料、特色农产品加工、纺织等产业。各市县充分衔接落实自治区提出的工业园区发展定位及主导产业，银川市重点发展装备制造、新材料、轻工纺织等，石嘴山市发展有色、新材料、电石、铁合金等，吴忠市主要发展特色农产品加工、金属新材料等，中卫市发展特色农产品加工、特色冶金等，宁东基地重点发展现代煤化工及相关产业链项目，同时做好基地产业一体化发展总体规划，打造国内一流的现代煤化工基地。

二是着力提升传统产业园区发展水平。推进园区整合优化，坚持差异化、特色化发展导向，立足区位特点和要素禀赋优势，科学确定园区产业发展导向。围绕主导产业，突出产业集群联动，明确产业准入标准，开展精准择商选资，重点引进促进产业转型升级、引导延链补链、培育新动能的产业项目，推动园区间协同联动，着力打造特色鲜明、主业突出、带动力强的传统产业园区。注重园区产业结构优化，全面梳理生产方式粗放、环保水耗能耗不达标的低端落后产能和"散乱污"企业、"僵尸"企业，通过环保、安全、节水、节能、质量等综合标准倒逼出清。

三是创新园区管理服务模式。深化园区管理体制机制改革，落实经济管理赋权，深入推进"区域评"，推行"以亩产论英雄"的考核评价机制，显著增强园区的要素集聚能力和产业发展活力。完善园区基础设施配套，推进绿色园区和智慧园区建设，鼓励采用新一代信息技术，促进产业组织、商业模式、供应链及物流链创新，实施智慧环保、智慧安全等工程，全面提升园区环境保护、安全管理、能源管理等能力。搭建开放共享的政务服务、信息技术、检验检测、人才等公共服务平台，提供高效的公共服务。

5.3 大力推动能源化工产业转型发展

一是提升质量效率，优化调整能源供给结构。优化调整煤炭供给结构。积极发展先进煤炭产能，推进煤炭安全绿色智能开采，促进产业技术升级改造，支持应用高新技术和先进适用技术装备，简化生产系统，降低生产能耗，减少劳动用工，全面提升煤矿技术水平和经济效益。优化开发布局，支持大型企业开发大型煤矿，提高资源勘查开发规模化、集约化程度，依托大型煤炭企业集团，推进智能高效的现代化煤矿，实现生产、管理调度、灾害防治、后勤保障等环节智能感知及快速处理。畅通外煤进宁通道，协调国家铁路总公司、兰州铁路局及时增加既有国家铁路与宁夏地方铁路煤炭运输能力，推进与周边省区企业签订落实煤炭进宁长期合作保障协议，积极开展疆煤进宁可行性调研，探索多渠道煤炭保障机制。

第一，促进传统电力行业升级。促进煤电高效、清洁发展，加快改造和淘汰高能耗发电机组，采用先进高效脱硫、脱硝、除尘技术，全面实施燃煤电厂超低排放和节能改造，大力推广二氧化碳矿化发电等先进技术，全面提高煤电发电效率及节能环保水平。稳步推进 928 千瓦宁浙直流配套火电项目建设，深化电力市场改革，不断扩大直接交易电量，修订完善电力市场准入标准，建立供需相对平衡、用户全电量参与的电力市场，完善新能源、火电打捆交易方式与新能源参与市场规则。积极协调国家有关部委和有关省区开拓新能源消纳渠道。依托银东、灵绍直流外东通道和西北联络线，组织宁夏电源点参与跨省区交易。利用现有电力外送通道，加大火电与风电、光伏等新能源打捆外送力度，逐步增加外送量。加强自备电厂运行管理，重点支持余热、余压、余气自备电厂，鼓励有条件的自备电厂参与电力直接交易、开展发电权交易，逐步减少自备电厂发电量，提高公网负荷。

第二，有序推进新能源产业创新发展。有序建设具备条件的风力发电、集中光伏园区等新能源项目，因地制宜推进分散式风电、分布式光伏开发运行，积极建设与分布式可再生能源利用相协调的配电网和微电网，探索建立氢能、储能等新能源应用拓展示范，构建有助于"光伏＋储能"发展的峰谷电价机制。探索建立分布式可再生能源就近消纳综合产业示范园区，推动可再生能源、电化学储能、压缩空气储能、工业气体、高载能产业融合发展试验示范。积极推进电能替代，构建辅助服务补偿机制，建立区域调峰、备用资源共享机制，积极推广清洁电采暖、蓄热式与直热式工业电锅炉、燃煤自备电厂替代等电能替代方式。鼓励商业模式创新，加强电力需求侧管理，构建"互联网＋"电力运营新模式，促进"互联网＋"智慧能源、多能互补集成优化、新能源微电网、并网型微电网、储能技术等新模式试验示范和推广应用，不断培育能源产业新业态、新模式创新。

二是强化创新驱动，加速传统化工企业改造升级。

第一，加速传统化工企业优胜劣汰。严格控制尿素、电石、烧碱、聚氯乙烯等行业新增产能，不断提高落后产能淘汰标准，逐步推动电石、化肥、焦炭、兰炭、硫酸、活性炭等行业落后和低效产能退出，提升高质量性能、高附加值、安全环保节能的产能和产品比重。全面提升产业技术水平和产品附加值。推动电石/PVC产业开展新技术、新工艺、新设备、新材料的研发、推广和应用，提升"三废"的综合利用和污染防治水平。优化提升合成氨尿素技术装备水平，推广应用大型高效净化、低压合成技术。引进并应用煤气化、净化、合成等现代煤化工产业技术，提升煤制甲醇生产水平。重点推进石油化工行业油品升级，增强科技创新能力。

第二，大力提升企业技术装备水平。着力推动传统企业生产智能化、装备数字化、管理信息化、营销网络化，有效提高企业全员劳动生产率和产品质量控制水平。实施行业对标升级行动，建立健全对标指标体系，进一步制定焦炭、活性炭、橡胶制品、精细化工等行业的对标指标体系，实现化工行业对标升级活动全覆盖，引导企业对表先进水平，促进企业实施技术改造，提升企业管理水平和效率。支持现代煤化工、氰胺、氯碱、精细化工等行业产学研协同创新，建设行业创新中心，推进企业标准升级为行业和国家标准。推进国能宁煤百万吨级烯烃智能工厂建设，引导符合条件的企业开展智能工厂、数字化车间创建。推动聚氯乙烯企业进行低汞触媒高效应用，鼓励化肥企业采用水煤浆水冷壁废锅炉气化炉（晋华炉）、航天粉煤加压气化、神宁炉煤气化、多喷嘴对置式水煤浆气化等先进煤气化技术，支持电石生产企业采用智能化出炉机械手、智能电石锅搬运系统。

三是坚持高端引领，高水平建设现代煤化工示范基地。

其一，高水平建设宁东现代煤化工示范区。坚持向高端化、精细化、绿色化、品牌化方向发展，打造一个主引擎，推动宁东能源化工基地与吴忠太阳山开发区一体化发展，积极带动吴忠市、石嘴山市、中卫市石油化工、电石深加工及精细化工产业发展，形成产业间协同配套、区域间优势互补的现代产业体系，支持产业链链主企业带动上下游企业配套发展，形成 3~5 个链主企业。发挥化工园区优势，支持园区外的化工企业搬进化工园区，逐步形成基础化工产品、优势大宗化工产品、特色优质精细化工产品集聚的现代化工产业集中区，避免同质化竞争，形成互补互联的集群发展格局。加强与国际国内化工巨头合作，实施煤制油质量效益提升工程，推进现代煤化工与煤电、石油化工、氯碱化工、现代纺织、清洁能源等产业耦合联产，延伸发展高端树脂、工程塑料、合成橡胶、合成纤维和精细化工产品等下游高端产业。构建高效率、低排放、清洁加工转化利用的现代煤化工产业体系。

推进煤炭资源多元化利用，继续保持和扩大宁夏煤制烯烃、煤制油全国领先优势，不断巩固技术优势，增加新品种，提高附加值。提升煤基烯烃产业竞争力，重点建设宝丰能源烯烃项目、保廷低碳烷烃循环利用等项目，为下游产业发展提供充足的原料保障。稳步推进煤基燃料产业。重点推进国能宁煤煤炭间接液化项目，积极建设甲醇汽（柴）油、甲醇制聚甲氧基二甲醚、甲醇制甲基叔丁基醚（MTBE）等燃料和油品添加剂项目。稳步推进宝利新能源煤制乙二醇等产业项目，支持煤制乙二醇生产技术研发和产业化示范，逐步实现商业化和规模化运行。打造技术领先、行业领军、世界一流的国家级现代煤化工产业示范区。

其二，促进现代煤化工产业协同融合发展。总结宁东现代煤化工示范项目建设经验，进一步完善工艺路线和核心技术，在节能、节水、煤化工废水处理等方面实现新突破，推动新型煤基多联产系统、新型煤制液体燃料等先进技术示范应用。有序发展氢能产业，优先采取荒煤气、化工尾气制氢的工艺路线，构筑能源—化工—氢能大循环产业链。发挥技术辐射、企业关联作用，加快区域产业协同创新能力建设，促进宁东、银川市、石嘴山市、吴忠市现代煤化工及其关联产业集群发展。推动现代煤化工与煤炭开采、电力、石油化工、化纤、盐化工、冶金建材等产业间互动融合，鼓励产业链上下游企业进行重组或发展大比例交叉持股，发挥产业协同效应，提高资源转化效率和产业综合竞争力。

四是打造集群优势，延伸拓展化工产业中下游链条。

立足本地煤化工、石油化工等基础化学品原料基础，强化与江苏省等东部省区产业对接，引进和培育协同配套企业，延伸发展精细化工和新材料产业链，提高产业集聚能力，打造全产业链竞争优势。

第一，加快传统煤化工向高端、精细化拓展。支持甲醇企业延伸生产甲醛、醋酸、甲基叔丁基醚、甲醇蛋白等化工产品，培育发展 MTO、MTP、MTG、MTA 等材料产品。支持氯碱企业开发高附加值的耗碱、耗氯产品，大力发展 1，4- 丁二醇、EVA 乳液、PTMEG、特种聚氯乙烯等乙炔化工下游产品。支持化肥企业"肥化并举"，适度延伸发展关联化工类产品。推动聚氯乙烯产业向特种树脂、专用料和混配料高附加值方向发展。鼓励氰胺企业发展高附加值下游产品，对工艺废液、废渣进行回收利用。扩大以华御为代表的焦化苯深加工生产规模，发展氯化苯、邻（对）硝基氯苯等化工中间体。推动华御化工合成特种新型材料、瑞泰科技苯二甲酰氯和光气扩建、大地循环轮胎二期及紫光蛋氨酸三期、蓝丰、华业、富源等精细化项目建设。积极发展煤化工与石化融合产业，利用劣质油，以及煤制油、煤制烯烃和焦油深加工副产物，变废为宝生产烯烃、芳烃等原料；同时适度发展丙烷脱氢制丙烯、环氧丙烷等，实现煤化工与石油化工的有机结合。

第二，做大做强现代煤化工精深加工产业链群。煤化工：重点发展煤基烯烃、煤基乙二醇等现代煤化工示范项目，积极延伸煤基烯烃、煤基乙二醇、煤制油、焦炭及副产品、甲醇等煤化工产业链，大力发展煤化工下游的化工新材料和精细化工。精细化工：重点发展水处理剂、表面活性剂、塑料助剂、新型催化剂、油品添加剂、食品添加剂、饲料添加剂、建筑助剂、胶黏剂等高端精细化工，适度发展涂料、橡胶助剂、兽药、农药、染料、油墨、造纸化学品、皮革化学品等传统精细化工。新材料：重点发展高端聚烯烃（工程塑料、聚氨酯、氟硅树脂、可降解塑料等）、高性能合成橡胶、高性能纤维、功能性膜材料等化工新材料。大力发展稀土材料、磁性材料、无机纳米材料、无机晶须材料、光催化材料、石墨烯材料、半导体晶圆材料和无机纤维材料等无机新材料。高端电子化学品：重点发展光刻胶、高纯化学试剂、电子特种气体、富锂锰基正极材料、动力电池回收用高效萃取剂、高性能 OLED 显示材料、无镉量子点发光显示材料、锂电池负极材料等高端电子化学品，积极发展 IC 封装材料、PCB 用基板材料、锂离子电池电解液、正极材料、负极材料等传统电子化学品。面向高端装备制造、高新技术产业需求，培育发展工程塑料及树脂、合成橡胶、合成纤维和精细化工产业，包括高性能通用合成树脂、高性能塑料合金、特种橡胶及弹性体、特种合成纤维、特种涂饰材料、新型复合材料等产品项目。

五是走可持续发展之路，构筑绿色低碳循环发展体系。

第一，推进煤炭开发洁净化。建设生态文明示范矿区，推广绿色开采技术，限制开发高硫、高灰、高砷、高氟等煤炭资源，加强生产煤矿回采率管理。加快煤矿选煤设施升级改造，大幅提升原煤洗选率，大力发展高精度煤炭洗选加工，实现煤炭深度提质和分质分级。推进煤炭分质分级梯级利用，鼓励煤—化电—热一体化发展，提升能源转换效率和资源综合利用率。促进煤炭与共（伴）生资源的综合开发与循环利用，统筹矿区综合利用项目及相关产业建设布局，支持煤炭企业按政策要求建设洗矸煤泥综合利用电厂，发展煤矸石和粉煤灰制建材，推进矿井排水产业化利用，探索煤共（伴）生有色金属资源利用价值。加强矿区生态环境保护和恢复治理工作，全面推进矿区损毁土地复垦和植被恢复，推进采煤沉陷区综合治理，探索采煤沉陷区、废弃煤矿工业场地土地再利用新模式。

第二，推动化工行业绿色循环发展。进一步推动传统煤化工、石油化工、氯碱化工企业上大压小，淘汰落后产能。积极在化肥、氯碱、电石、聚氯乙烯等行业创建绿色工厂。鼓励电石炉采用无功补偿、净化灰无害化处理技术。鼓励烧碱企业采用膜级距离子膜电解槽、氧阴极等先进技术和装备对现有装备进行节能改造。开展成品油质量升级行动计划，支持炼油企业的汽油、柴油国六标准升级改造。支持炼油、合成氨、甲醇、电石、烧碱、聚氯乙烯、轮胎等行业开展能效领跑者行动、水效领跑者行动，推动企业实施生产过程清洁化、能源利用高效低碳化、水资源利用高效化改造。加快推进高效节能、先进环保、智能水务、资源循环利用等产业发展。以余热余压余汽利用、节能工程改造、"三废"高效治理、资源循环利用等为切入点，发展高效节能产业和循环经济产业，重点推进大宗固体废物的资源化综合利用。

5.4 做大做强传统特色优势冶金产业

一是增强钢铁产业核心竞争力。

第一，做强优势高端钢材产品。提高炼铁—炼钢—轧钢等上下工序协同发展水平，提高钢铁产品质量和稳定性，加快从材料生产商向材料服务商转变，重点发展高附加值的特殊用钢、涂镀层板、冷轧不锈钢薄板、冷轧硅钢片、高性能硅钢、大型压铸模用热作模具钢等产品，积极发展钢绞线、密封钢丝绳、小直径电梯用钢丝绳、水上工程设备用钢丝绳、轴承坯、高强度紧固件、不锈钢、型钢等深加工产品，大幅提高产品附加值。顺应建筑部品产业化发展要求，大力发展成型钢筋、钢结构，建设智能化、移动式钢结构生产基地。

第二，优化铁合金生产能力。加快技术工艺改造和生产装备升级，探索差异化、精细化和高附加值发展路径，提升高纯硅铁、低钛微铝硅铁、高纯铬铁、高纯锰铁、高硅微碳锰、高硅硅锰、氮化硅铁、氮化锰铁、氮化钒铁、稀土合金、硅钙合金、硅钡铝合金等特殊质量微合金钢炉料技术水平和产品质量，大力发展复合脱氧剂、铁合金粉剂、孕育剂、球化剂、蠕化剂、合金包芯线等高附加值产品。

第三，推动金属锰向高附加值延伸。采用国际上先进的电解金属锰湿法冶炼工艺，开展锰产品深加工，加快产业拓链进程。重点推进金属锰系列产品开发，加快低硒锰片、脱氢锰片、氮化锰、低硫锰片、低氧化锰片等高新技术产品产业化。拉长拓宽下游产业链，加快高纯硫酸锰、高锰酸钾、锰酸锂等涉锰产品开发，提升产品附加值，拓宽产业增长领域。深入开展金属锰生产"三废"的综合利用，提高冶炼废渣综合利用水平，实现废弃物"零排放"。

二是持续做强有色金属产业链。

第一，加快电解铝产业转型升级。提升"煤—电—铝—铝合金—铝板带箔—铝型材—零部件"全链条发展模式，积极采用电解铝新型阴极结构电解槽、低温高效电解、余热发电、低压无功补偿等技术，增强电解槽安全稳定性，进一步提高生产效率和产品质量。聚焦高端铝型材等需求热点，开发高性能铝镁合金材料生产技术，重点发展高档铝板、铝带、铝箔、铝合金压铸件和轮毂，以及大型及超大型铝合金型材、高端铝杆铝线、高性能铝镁合金等产品。

第二，拓展金属镁深加工链条。围绕"白云岩—金属镁—镁合金—压铸件—板带材—零部件"发展主链，积极采用大规格方型铸锭熔铸、薄板热连轧—高精度冷轧等先进工艺及镁合金强韧化技术、致密压铸技术等先进技术，推动镁及镁合金深加工向棒、板、带等大规格工业型材发展，加快发展结构件、挤压件、精密铸件等深加工产品，提升镁合金下游产品配套生产能力。

第三，激发稀有金属发展新空间。统筹主导产品升级、新产品开发和深加工产品拓展，建设钽铌铍钛稀有金属产业拓链强链项目，重点推进钽、铌、铍、钛稀有金属新材料在电子、精密陶瓷、电声光器件、硬质合金、航空航天、生物医学和超导工业领域的延伸及应用，形成合理有序的产品和技术梯次，强化稀有金属行业在国内外的领先地位。

三是强化创新载体和平台建设。

聚焦行业重点关键技术和瓶颈领域，整合各类科技创新资源，深化上下游企业间合作以及校企合作、院地合作，打造一批原材料产业协同创新平台，开展行业关键共性技术研究和推广应用，提高产业创新能力和科技成果转化水平。发挥宁夏镁及镁合金研究设计院、工程技术研究中心、镁合金关键技术工程实验室等技术平台作用，聚焦镁及镁合金加工向棒、板、带等大规格工业型材发展，突破镁合金深加工产业化发展的技术瓶颈。依托国家钽铌特种金属材料工程技术研究中心、自治区特种材料重点实验室等技术研究平台，突破钽铌铍钛下游应用领域的一批核心技术。依托电解锰工程技术研发中心和电解锰院士工作站，开展电解锰及下游产品生产关键技术攻关。

四是培育一批领军型龙头企业。

鼓励钢铁、铁合金等重点行业兼并重组，提高行业集中度和资源配置效率，推动企业深层次联合重组，组建大型钢铁企业集团，促进铁合金企业集中化、大型化、基地化发展，增强企业的核心竞争力和市场影响力，提高行业的整体竞争实力和抗风险能力。鼓励企业以能源、资源、技术、品牌、资金等为纽带，开展多种形式的合资合作，整合上下游产业链和资源，提升专业化协作和配套能力，协同推动生产工艺和技术创新，联合打造区域品牌，提高市场话语权。

五是构建产业绿色发展新模式。

按照绿色低碳发展要求，以节能减排和清洁生产为重点，研发推广应用先进节能环保工艺、技术和装备，重点推进生产过程的节能降耗和终端用能设备的能效提升，提高企业资源能源利用效率，持续降低产品单位能耗物耗。鼓励企业利用云计算、物联网等新兴技术，建立和运行数字化环保管理系统，实现生产过程排放数据实时交换，提升环境保护管理水平。以工业园区为依托推进产业间上下游衔接、企业间废物交换利用、园区集中供热、污水处理和循环利用等循环化改造，创建一批特色鲜明的绿色示范工厂。

5.5 提升发展煤电基地水平

一是提升发展国家重要的煤炭生产基地。

科学规划煤炭开发利用规模，根据市场需求合理安排矿井建设进度。到

2025 年，煤炭产能达到 1.1 亿 t/a，2035 年达到 1.2 亿 t/a。大力推进煤矿安全绿色开采，以建设大型现代化和安全高效煤矿、改造升级现有煤矿为重点，加快推动数字化、智能化矿井建设，实现装备现代化、系统自动化、管理信息化，全面提升生产技术水平和安全保障能力；推广使用"充填开采"和"保水开采"等绿色开采技术；优化生产煤矿开拓部署，提高生产效率和矿井回采率，实现高效集约化生产。提高煤炭产品质量和利用标准，大力发展高精度煤炭洗选加工，实现煤炭深度提质和分质分级；开发高性能、高可靠性、智能化、大型选煤装备；新建煤矿均配套建设高效的选煤厂或群矿选煤厂，加快建设井下选煤厂示范工程。科学制定矿区生态环境治理与恢复规划及实施方案，建立完善矿山环境治理和生态恢复责任机制，促进资源开发与环境保护协调发展。推动煤电、煤化联营。

二是转型升级国家重要的"西电东送"火电基地。

坚持清洁高效和超低排放发展煤电，采用最先进节能节水环保发电技术，进一步加快现役燃煤发电机组节能减排改造步伐，提高煤电高效清洁利用水平。除热电联产项目及低热值煤综合利用电厂外，不再新建燃煤发电机组，到 2025 年宁东基地火电装机容量保持 1695 万 kW，宁东电力外送能力保持 1200 万 kW。燃煤发电机组供电煤耗低于 290 g/kWh 标准煤。依据产业区工业热负荷需求，集中规划建设动力岛（背压式机组）或对现有常规燃煤机组进行供热改造。完善电网网架建设，建成一批 330 kV、110 kV 变电站及以下配电网工程，保障基地电力供应。推进宁东基地产业一体化发展区增量配电业务建设。

5.6 打造地域特色产业集群

宁夏土地资源相对丰富，具有水清洁、土干净的生产力和竞争力，资源优势为夯实集群发展奠定基础。按照全产业链开发、全价值链提升的思路，以一二三产业融合发展为路径，用好用足国家及自治区相关政策，强化创新引领，培育发展新动能，加快推进"六特"产业高质量集群发展，建设一批结构合理、链条完整的百亿级、十亿级农产品优势特色产业集群，把资源优势转化为竞争优势，实现"卖原料"向"卖产品"、小产业向全链条、创品牌向创标准转变，推动更多优质品牌走向全国、走向世界，为自治区实施产业振兴战略，打造现代产业基地提供有力支撑。

5.6.1 做强做优葡萄酒产业集群

聚焦以贺兰山东麓三市九县和六个国有农场为核心产区的葡萄酒产业集聚区，用好 2022 年宁夏财政厅、宁夏贺兰山东麓葡萄酒产业园区管理委员会联合下发《关于推进宁夏贺兰山东麓葡萄酒产业高质量发展的财政支持政策》的通知（宁财规发〔2022〕9 号）中十条财政政策。坚持规划引领，统筹区域布局、品种布局，推进产区酿酒葡萄结构化、特色化、差异化发展，推进整体连片规模发展，全面提升源头品质，高标准打造世界知名产区。引进战略投资者、支持现有酒庄扩大自建自营规模，集中开发利用沙地荒地，调整种植结构用地，全域抓点连线、串线带片、聚片扩面，力争 3~5 年建成 100 万亩高标准优质酿酒葡萄基地。高起点打造品牌酒庄集群，培育龙头企业、名优产品企业，提升企业创新能力，增加多元产品供给，创新推进市场营销。以宁夏国家葡萄及葡萄酒产业开放发展综合试验区为载体，坚持全产业链融合发展，加快构建现代葡萄酒产业体系、生产体系、经营体系和技术研发推广体系，打造世界闻名的"葡萄酒之都"、黄河生态涵养的示范区、西部特色产业开放发展的引领区、文旅教体融合发展的体验区。实施产区品牌升级工程，全面提升标准化水平，打造数字化葡萄酒产业，打响贺兰山东麓产区品牌。到 2025 年，全区年产葡萄酒 24 万吨（3 亿瓶）以上，综合产值达到 1000 亿元。

（1）建设一流种苗繁育基地

一是严格育苗企业准入制度，培育壮大种苗定点繁育企业，完善良种苗木母本园、采穗圃、繁育圃三级繁育体系，引进选育推广免埋土、抗寒旱、抗盐碱优新品种（品系），研发拥有自主知识产权的本土品种，建成辐射周边、供应全国的优新品种苗木基地，全面提升源头品质。二是加大栽培模式创新、新技术应用和提升改造力度，推进酿酒葡萄种植由减产控产导向转向提质增产增效导向。对低质低产低效葡萄园全面升级改造，对现有葡萄园实施产量质量效益倍增计划，达到优质葡萄园标准。优化新建基地种植模式和技术规程，全面推行有机绿色种植模式，确保品优质稳效高。三是建设国家酿酒葡萄种质资源圃，开展现有种质资源评价研究，探索建立中国最大最全的酿酒葡萄种苗交易平台。成立葡萄种苗检验检测中心，形成具有开展苗木病毒检测、苗木质量、品种鉴定等服务功能的检验检测平台。开展酿酒葡萄品种基因测序工作，逐步建立宁夏产区酿酒葡萄品种（系）大数据库。四是实施生态工程项目，始终把突出生态修复功能作为发展葡萄酒产业的第一要素，严格遵循"先建防风林、再配水电路、后建葡萄园"的生态建设原则，重点推进张骞葡萄郡矿坑修复治理、20万亩滩地生态修复治理、青铜峡鸽子山产区等项目建设。

（2）坚持一流标准引领

一是完善葡萄酒产区全产业链的技术标准和规范，突出标准引领作用，开展葡萄酒全产业链标准化试点工作，引导酒庄企业以标准为依据，规范技术标准、管理标准、工作标准，加快酿酒葡萄种植和葡萄酒现有生产标准升级。二是抓好酒庄分级评选和管理，开展标准化优质园创建活动，引导酒庄葡萄园向绿色有机标准化转型，支持企业参与绿色食品、有机食品、良好农业规范（GAP）等产品质量认证，促进葡萄酒品质提升。三是大力支持产区具有出口资质的酒庄企业开展国际质量认证，推动宁夏葡萄酒对标世界知名产区及品牌，开放与出口。四是加强生产标准化集成应用，全面提升酒庄管理能力，推进生产技术智能化。五是建立健全一流的专业化、社会化服务体系。探索开展葡萄酒高质量社会化服务创新试点示范，持续提升社会化体系水平。鼓励区内外企业、合作组织等在产区建立社会化服务中心，专业化标准化开展葡萄园植保服务、机械服务、劳务统筹及葡萄园托管等业务。成立自治区葡萄酒产业专家指导组，统一规范、精准高效为产区提供指导服务。

（3）建设一流研究平台

联合国内外高校、研究机构，强强联合创建葡萄酒产业技术协同创新中心，深入开展葡萄栽培与葡萄酒酿造关键技术研究和瓶颈问题的联合攻关。在闽宁镇统筹建设"六中心"：葡萄与葡萄酒研发中心、酿造技术研究中心、检验检测认证中心、国际葡萄酒品牌集群中心、物流配送中心、智慧园区运营中心，打造产业创新、人才集聚、成果转化的高地，提升自主创新能力，为产区内酒庄企业提供研发、中试、成果转移转化的开放式公共服务平台。争取3~5年后建设成为国家级协同创新中心。

（4）打造世界一流品牌

一是办好"中国（宁夏）国际葡萄酒文化旅游博览会"。利用机制会议、高端论坛、重大赛事等时机，开展高层高端的葡萄酒产区推介、经销商大会、产品展示、品鉴教育、酒庄体验等活动，加强同世界主要葡萄酒国家及国内葡萄酒产区与销区的交流合作，不断提升博览会影响力。二是用好宣传平台，建立"中国宁夏贺兰山东麓葡萄酒产区"官方海外社交媒体账号，利用外宣媒体资源开展宣传，扩大宁夏及产区国际影响力。加大在央视"黄金时段"播出产区宣传广告，与央视、凤凰网等主流媒体合作制作葡萄酒专题节目进行宣传，特别是要加大对真正叫得响、代表产区的酒庄产品品牌向国内大众消费者的宣传力度。充分利用《中欧贸易协定》，进一步加大贺兰山东麓葡萄酒在法国、德国、比利时、英国等国家的推介力度，加强与各国驻华使领馆、商会等机构沟通协作，推动贺兰山东麓葡萄酒成为指定用酒。三是用好管好地理标志品牌，严格"贺兰山东麓葡萄酒"地理标志专用标志申请和使用管理。维护好"贺兰山东麓葡萄酒"品牌声誉，把产区生态优势、品质优势转化为经济优势、品牌优势。

（5）提升全产业链竞争新动能

一是做好融合发展规划，编制《宁夏贺兰山东麓葡萄酒与文化旅游融合发展规划》，构建葡萄酒文化旅游体系。加快建设一批葡萄酒主题产业小镇，集中支持在葡萄园集聚区建设葡萄酒康养项目，配套闲庭老街、精品民宿、温泉理疗、种采体验、自酿品鉴、保健康体等。推动贺兰金山图兰朵葡萄酒文旅小镇、青铜峡鸽子山葡萄酒文化旅游产业小镇、农垦玉泉营葡萄酒历史风情特色小镇等项目建设。二是实施精品旅游项目。建议启动"紫色梦想1号路"、葡萄旅游"观光小火车"等项目建设；先开发30个左右各具特色的酒庄游项目，完善酒旅文项目内容；在银川市区打造酒吧一条街，完善城市酒窖旅游功能，为游客创造一个集中体验营销场所。三是搭建生态与文创平台，创建"绿水青山就是金山银山"实践创新基地。支持联合知名影视制作公司，建设葡萄酒影视基地，输出产区风土与葡萄酒文化。挖掘产区、酒庄、人物等方面的故事，拍摄以葡萄酒产业高质量发展为背景，讲述一批移民群众、葡萄酒人在乡村振兴、生态治理中发挥重要作用的影视剧。支持创作葡萄酒主题艺术作品，展示宁夏贺兰山东麓葡萄酒产区风土文化魅力。

5.6.2　做大做强枸杞产业集群

聚焦"一核两带"（一核即中宁核心产区，两带即清水河流域产业带和银川平原产业带）产区为核心的枸杞产业集聚区。以《宁夏回族自治区枸杞产业促进条例》（2022年6月2日宁夏第十二届人大常委会第三十五次会议通过）为指导，以发展现代枸杞产业为目标，筑牢道地根基，突出"中国枸杞之乡"战略定位，构建现代枸杞"四大体系"（产业标准、绿色防控、检验检测、产品溯源），深入实施"六大工程"（基地稳杞、龙头强杞、科技兴杞、质量保杞、品牌立杞、文化活杞）。加强科技创新，建设枸杞产业"五中心"（标准制定发布中心、精深加工中心、科技研发中心、文化传播中心、市场交易中心），建立枸杞高效育种技术体系，构建绿色生态、智能化、标准化、农机农艺融合现代化枸杞种植技术体系，创建枸杞质量安全风险评估技术体系。2025年，全区枸杞种植面积稳定在70万亩，基地标准化率达到95%，鲜果产量达到70万吨，鲜果加工转化率达到40%，综合产值达到500亿元。

（1）筑牢道地根基

一是实施基地稳杞工程，建立枸杞高效育种技术体系，定向培育药用、食用、饲用等多用途枸杞新品种，提升"宁夏枸杞"和"中宁枸杞"两个区域公用品牌影响力。开展枸杞种质资源创新评价利用，培育壮大一批育繁推一体化的枸杞种苗企业，打造宁夏枸杞全国良种繁育中心。大力推广标准化种植、规模化发展，推动"企业＋合作社＋农户"种植模式，支持新型生产经营主体通过土地流转、茨园托管等形式提高规模化经营水平，支持新植基地适度规模发展，新增枸杞标准化种植基地 35 万亩。二是以创新驱动为主线，凸显宁夏枸杞道地药材的独特优势，药食同源、补齐药用短板，把宁夏枸杞功效物质提取工艺研究、功能性品种培育、功能性产品研发等作为重点攻关课题，提高成果转化率。三是以创建绿色优质丰产示范基地项目为载体，建立育繁推一体化现代种业体系和质量认证溯源体系，重点实施"两减一增一提高"（减化肥、减农药，增施有机肥，提高单位面积产量）行动计划，实现枸杞病虫害现代信息化监测和绿色防控技术全覆盖。四是构建绿色生态、智能化、标准化、农机农艺融合现代化枸杞种植技术体系，制定药用枸杞评价标准。创建枸杞质量安全风险评估技术体系，建立枸杞成分筛查、分析鉴定和高通量检测分析方法。

（2）加强精深加工

一是大力实施龙头强杞工程，鼓励优化重组、兼并重组，培育一批能带动种植、连接市场、引领三产联动的领军企业。围绕枸杞药食同源特性，大力支持高校、研究机构、专门以枸杞为原材料的中医药企业和保健品企业聚焦枸杞在免疫功能调节、视功能修复、脑神经功能保护、抗衰老、内分泌调节等保健功能，创制形成保健功能明确、作用机制清晰、市场前景广阔的高端饮品、保健品、化妆品、食品添加剂等创新产品，以精深加工集群发展推进现代枸杞产业转型升级。二是通过财税、用地、金融、电力等优惠政策，重点创建一批集聚度高、引领性强、影响力大的，集枸杞标准化示范种植、深加工医药及健康产品生产、药食同源功能性食品生产、仓储物流、社会化专业服务等功能为一体的国家级示范园区和自治区级产业园区，吸引区内外大中型企业入园，培育孵化一批中小微科技型企业，实现以枸杞为原材料的中医药企业 3~5 家。三是在核心产区创建国家级枸杞示范园区，在银川平原产业带和清水河流域产业带创建自治区级枸杞产业园区，提升软、硬件建设水平，补齐宁夏枸杞精深加工短板，打造宁夏现代枸杞产业高质量发展平台。

（3）厚植品牌优势

一是实施品牌立杞工程，做好"宁夏枸杞"地理标志证明商标、国家地理标志产品保护和溯源标识，"中宁枸杞"地理标志证明商标和"农产品气候品质类国家气候标志"的使用、监督、管理。支持企业打造有辨识度的自主品牌，培育拥有自主知识产权和核心竞争力的产品品牌。鼓励枸杞企业积极开展国内外商标注册，采用"区域公用品牌 + 企业自主商标品牌"商标模式，多途径宣传，提升品牌知名度和影响力。二是充分利用中宁县国际枸杞交易中心平台，实现全国枸杞物流集散、价格形成、产业信息、科技交流、会展贸易、品牌建设"六个中心"目标定位，不断凸显"宁夏枸杞""中宁枸杞"的品牌价值。充分利用中阿博览会国际化综合性平台，加深世界各国对宁夏枸杞的认知和了解，不断扩大品牌影响力和贸易量。创新"互联网 +"电商营销模式，充分利用网络直播、电商平台的营销作用，扩展枸杞产品线上销售渠道和模式。三是加强主流媒体宣传，重点在央视等主流媒体上加强宣传引导，全方位、多角度讲好宁夏枸杞和中宁枸杞故事。四是深度挖掘宁夏枸杞的文化内涵，结合全域旅游推出精品线路，打造枸杞小镇，推动枸杞产业融合发展。发动全区干部群众，自觉宣传、维护"宁夏枸杞""中宁枸杞"声誉，使人人成为"宁夏枸杞""中宁枸杞"的宣传者、参与者、实践者、促进者。

5.6.3 做大做强奶产业集群

聚焦资源禀赋和产业基础，以"一核两翼"牛奶产业带（银川市和吴忠市为核心、石嘴山市和中卫市为两翼）为依托。积极争取将宁夏奶产业关键薄弱环节纳入国家相关专项规划和实施方案支持范围，推进奶牛标准化规模养殖和优质饲草良种扩繁、建设优质奶源和饲草料基地等内容，编入国家《支持宁夏建设黄河流域生态保护和高质量发展先行区实施方案》；种公牛站建设纳入了全国《"十四五"现代种业提升工程建设规划》，相关县区纳入了《"十四五"全国畜禽粪肥利用种养结合建设规划》《"十四五"重点流域农业面源污染综合治理建设规划》，为持续推进奶产业高质量发展营造了良好环境。建设一流种源、饲草料、奶源基地，强化乳制品加工企业"内培外引"力度，深化与伊利、蒙牛、光明、君乐宝等乳业龙头企业合作，加大在宁投资力度，推动乳制品加工企业集聚发展，打造一流加工企业，做强一流产品，创建一流品牌。支持大型乳业龙头企业加快规模化、产业化、国际化发展步伐，建设优质奶源生产加工基地，推进奶牛良种繁育体系和高产优质饲草示范基地建设。加大市场开拓，引导企业特别是中小规模企业发展巴氏奶、特色奶食品。推进乳品生产加工绿色化、特色化、品牌化、高端化。加强乳品生产全程管控和安全监管，引导乳品企业和奶农形成稳固购销关系和紧密利益联结。着力打造"宁夏牛奶"区域公用品牌，预计到2025年全产业链产值达到1000亿元，加工转化率保持在90%以上，打造国内领先的高端乳制品加工基地和中国高端奶之乡、国际一流的优质奶源生产基地，实现奶业振兴目标。

（1）建设高质量种源基地

实施奶牛遗传改良计划，完善核心育种场建设，建立宁夏奶牛育种信息化管理平台，提高遗传评估效率。依托中国（宁夏）良种牛繁育中心，加快培育优质后备公牛和验证公牛，引进世界优秀遗传基因，培育高产核心种群，打造国际一流良种牛繁育基地。通过自繁自育、引进高品质奶牛、采取性控技术等措施持续提高繁殖率和单产，提升优质奶源基地规模和生产能力。

（2）建设高质量奶源基地

提高宁夏良种供给和自主创新能力，大力支持奶牛养殖场应用优质性控冻精、胚胎，快速扩繁优质高产奶牛群体。鼓励社会资本和龙头加工企业投资兴建奶源基地，以"投"促增量。推动中小牧场改造升级，提升标准化规模养殖水平。支持养殖企业、乳品企业、合作牧场开展"数字牧场"建设。预计到 2025 年，全区奶畜存栏达到 100 万头，全部实现奶源数字化管理，奶源质量追溯和品质管理达到国际先进水平。

（3）建设高质量饲草料基地

优化调整产业集聚区种植结构和耕作制度，适度扩大青贮玉米种植面积，加快高产优质首蓿基地建设，推广"小黑麦＋青贮玉米""小黑麦＋燕麦草"等一年两茬高效复种模式，以缓解优质饲草缺口问题。鼓励引导奶牛养殖场在区内或邻近省区利用自有土地、流转土地或通过租赁等方式种植优质饲草，促进奶牛养殖与饲草料种植配套衔接，保障饲草料供应。奶牛主产县（区）玉米、优质首蓿种植面积达到 200 万亩。大力扶持专业化饲草料收贮配送企业及合作组织，建设高水平优质饲草料生产基地。

（4）打造高水平精深加工业

聚焦国内国际大型乳品企业发展，用世界级的奶源、技术、标准，打造伊利宁夏集团、蒙牛宁夏集团、新希望夏进乳业、光明（中卫）宁夏亿美等企业高质量项目和品牌，提供一流的产品和服务。聚焦中小乳品企业差异化发展，支持加工企业进入食品产业园，实施标准化生产，走"专精特新"发展道路。聚焦传统乳制品特色化发展，支持聚集区奶农传统加工作坊标准化提升，培育小而精、小而优、小而强的工厂化生产企业。

（5）创建绿色优质品牌

依托资源优势打造区域公用品牌，以互惠共生为目的，打造宁夏地区的共生品牌，完善共生发展机制，深化奶产业全产业链的架构，提高奶产业品牌价值。加快申报"宁夏牛奶"农产品地理标志品牌，支持企业做大做强企业品牌和产品品牌。加大"宁夏牛奶"区域公用品牌和企业特色品牌宣传推介力度，传播品牌文化，提升品牌知名度。支持鼓励企业进行产业升级，提高产品质量，注册商标。聚焦绿色优质打造产品品牌，鼓励新型奶业经营主体对优势特色奶产品进行市场定位，开展绿色食品、有机产品认证，加大新产品研发力度，建立品质控制体系，打造有影响力的产品品牌。

（6）全力打造一流产品

探索建立生鲜乳交易平台和统一、权威、高效的第三方生鲜乳检测机构，依照法律、行政法规、执业准则和相关技术规范、标准，提供及时、优质安全的服务，逐步建立统一的生鲜乳检测标准，真正实现生鲜乳以质定价、优质优价。采用优质饲草料、科学饲养配方、先进饲养管理操作规程，提高生鲜乳标准化生产水平，规模牧场生鲜乳乳蛋白率、乳脂肪率达到国际水平。建立健全养殖、加工、流通等全过程乳品质量安全追溯体系。

5.6.4 做大做强肉牛产业集群

聚焦中南部地区（包括原州、西吉、隆德、泾源、彭阳、海原、同心、红寺堡等 8 个县区）、引黄灌区（包括平罗、永宁、灵武、青铜峡、中宁、沙坡头等 6 个县市区）两个重点优质肉牛产区。以自治区人民政府办公厅关于《促进畜牧业高质量发展的实施意见》（宁政办发〔2021〕81 号）为指导，建设集中连片打造千头肉牛养殖示范村、万头肉牛养殖乡镇，中南部地区重点推行"家家种草、户户养牛、自繁自育、适度规模"生产经营方式，肉牛饲养量达到 177 万头。引黄灌区优质肉牛产区，重点发展肉牛高效育肥和优质牛肉生产，新建扩建 5 个万头肉牛养殖基地，肉牛饲养量达到 83 万头。重点支持优势产区肉牛精深加工龙头企业做大做强，向优势产区和主产县区布局，采取收购兼并、资产转让、品牌联合等措施，推进产业集聚整合，发展肉牛精深加工，推进种养加销一体化发展，提高产地加工转化率和产品附加值。预计到 2025 年，全区肉牛饲养量达到 260 万头，规模化养殖比重达到 55%，综合产值达到 600 亿元。

（1）突出抓好肉牛种业

一是实施肉牛种业提升行动，加快中国（宁夏）良种牛繁育中心建设，加大种公牛培育和种子母牛核心群选育，提高良种繁育和供种能力，着力打造集种牛繁育、冻精生产、胚胎移植、生产性能测定、试验研究、人员培训为一体的种业龙头企业。二是加强良繁体系建设，推广优质西门塔尔牛、安格斯牛，持续推进西门塔尔牛品种改良和安格斯牛品种选育，稳步提高肉牛良种化比率。落实"见犊补母"政策，扩大基础母牛养殖规模，力争基础母牛存栏比例超过50%。三是加强良繁基地建设，以泾源县3万头安格斯纯种母牛群为核心，整县开展纯种选育，提升牛群整体遗传品质，打造国内最大的安格斯牛繁育基地。以海原、西吉、彭阳、原州等县（区）规模母牛养殖场为重点，加快优质西门塔尔牛繁育基地建设，持续提高牛群生产性能和综合效益。实施安格斯母牛核心群、肉牛良种繁育基地建设等重大育种专项，加快肉牛新品种培育步伐。建设一批良种繁育场、性能测定站，创建3~5个国家级核心育种场。

（2）推动标准化集约化

一是引导龙头企业、合作社等经营主体围绕品种良种化、养殖设施化、生产规范化、防疫制度化、粪污无害化和监管常态化，提高标准化规模养殖水平，扩大标准化养殖主体，推动绿色健康养殖，产出高品质产品。二是深入开展标准化示范创建，按照"七化"（高端化、集约化、规模化、绿色化、数智化、全球化、融合化）要求，加强规模养殖场先进装备、高效养殖技术推广应用、推进信息化管理、标准化生产，培育一批国家级、自治区级标准化示范场；加快推进肉牛标准化养殖示范县建设，构建养殖、加工、流通等全产业链标准化生产体系，推广标准化生产综合技术，总结形成可借鉴、可复制、可推广的经验，带动宁夏肉牛养殖水平整体上台阶。三是推动融侨、五丰、夏华等龙头企业与养殖专业合作社、家庭农牧场、养殖户紧密合作，形成稳定的产业化联合体，以技术服务、产业带动、市场联动为载体，建立"公司＋养殖示范村＋合作社＋农户""公司＋基地＋农户""公司＋农户"等利益联结机制。

（3）提升加工能力建设

一是加大对精深加工企业的招商引资力度，引进区外大型肉牛养殖加工企业，推动加工能力提档升级，推进养殖加工一体化发展，形成集群集聚效应。二是加快现有规模以上屠宰加工企业改造升级，引进现代加工设备，优化加工工艺，让年加工能力达 70 万头以上。三是支持各类经营主体建设牛肉分割加工中心，引进先进精深加工工艺和冷链配送设备，打造"集中屠宰＋分散加工＋定向销售＋冷链配送"的现代肉牛加工体系，促进"运活畜"向"运肉"转变，提高分级加工、分割包装和熟食产品比重。支持龙头企业研发生产符合市场需求的高附加值产品，完善冷链配送体系，推进冷链生产、冷链配送、定向销售，带动全区肉牛屠宰加工率达 40% 以上，精深加工比例达 20% 以上，实现区内价值最大化。

（4）做大区域公用品牌

一是加大品牌培育，按照政府主打区域公用品牌，企业做强企业品牌、产品品牌，挖掘"宁夏六盘山牛肉"品质优势、文化内涵、地域特色，统一打造"宁夏六盘山牛肉"品牌，强化品牌管理，推行品牌授权管理，建设"区域公用品牌＋企业品牌＋产品品牌"品牌体系，培育一批全国名特优新牛肉产品品牌。二是加大品牌宣传，按照政府主导、企业推广、市场运作的模式，针对不同消费群体广泛开展精准化推介，充分利用大型节会展会，借助主流媒体、乡味宁夏等网络平台和新媒体，放大优势宣传推介"宁夏六盘山牛肉"区域公用品牌，促进资源优化整合，形成发展合力，实现区域竞争力整体提升。三是着力开展绿色食品、有机农产品、农产品地理标志和"宁字标"认证，打造高端区域公用品牌。

5.6.5 做大做强滩羊产业集群

聚焦盐池、红寺堡、同心、灵武、海原等县（区）中部干旱带滩羊核心区发展优势，以自治区人民政府办公厅关于《促进畜牧业高质量发展的实施意见》（宁政办发〔2021〕81 号）为指导，进一步优化布局。一是推行养殖出户入场，加强整乡整村推进，加快现代产业园和标准化规模养殖基地建设，扩大集聚效应。着力增强引黄灌区平罗县、利通区、中宁县、沙坡头区、惠农区和固原市原州区、西吉县、彭阳县等滩羊改良区发展后劲，不断完善生产体系和改良模式，推进标准化生产、规模化经营和产业化发展。二是加快培育优势产区肉羊精深加工龙头企业，瞄准产业发展的短板、弱项和缺口，大力发展精细分割和冷鲜肉以及生产调理、保健和功能性特色肉制品，提升加工副产物综合利用水平。支持具备条件的优势企业大范围、跨区域推进产业优化重组，提升行业集中度，带动全区滩羊产业集聚、集约、集群发展。培育一批年产值超过 10 亿元的肉羊加工企业，打造国内规模最大、水平最高、品牌影响力和市场竞争力最强的滩羊生产基地。预计到 2025 年，全区滩羊饲养量达到 1750 万只，综合产值达到 400 亿元。

（1）实施肉羊种业提升行动

一是强化技术协同创新，持续开展滩羊种质特性以及优良性状形成机制研究，加快滩羊双羔品系培育和生物育种等研究示范，加强精准饲喂、高效繁育、精细化管理等关键技术攻关，打造科技创新高地。二是持续推进滩羊繁育基地建设，按照扩群增量、规范选育、提升品质的要求，大力支持滩羊良繁龙头企业改善选育条件、加强生产性能测定、开展信息化管理，加强三级繁育体系建设，不断提升繁育供种能力，加大优质种公羊推广力度。三是促进滩羊能繁母羊扩群增量，不断提高滩羊良种繁育水平和保护水平。推动建设全国重要的滩羊种源生产和输出基地。

（2）突出补齐加工短板

一是重点培育优势产区肉羊精深加工龙头企业，加大企业"内培外引"力度，培育壮大盐池滩羊产业集团、鑫海食品公司、灵武福兴神农等龙头企业，加快盐池惠安堡屠宰加工厂等项目建设，着力提升企业精深加工转化能力。二是加强高端产品开发，着力发展冷鲜分割肉、生产调理、保健和功能性特色肉制品，提升加工副产品综合利用水平。探索符合滩羊肉优质特征、适合目标市场和中高端人群消费习惯的精细化分割工艺和产品，持续提高产品附加值。三是不断完善冷链运输配送体系，推进冷链生产、冷链配送、定向销售，建设供应链、延长产业链、提升价值链，带动滩羊养殖基地标准化建设，优质化生产，实现优质优价。培育 3 个以上年产值超 5 亿元的滩羊产业化联合体，建设 3 个以上年产值超 10 亿元的滩羊加工园区，提升滩羊肉的品牌价值和产出效益。

（3）加强品牌培育提升

着力塑造"滩羊产品必是精品"的良好口碑。一是深入挖潜"盐池滩羊"区域公用品牌特征和内涵，持续开展"宁夏品质中国行"等系列活动，运用好宁夏农村电商综合服务平台和"乡味宁夏"等载体，提升品牌知名度。二是推行"区域公用品牌 + 企业品牌 + 商品品牌"三牌联育营销模式，加大培育昀盐、宁鑫、西部罗山等特色品牌，形成品牌整体效应。三是强化品牌保护，建立品牌保护跨区域监管机制，严格许可使用管理，对"盐池滩羊肉"专卖店进行"定期 + 不定期"检查，组织相关部门建立联席会议制度，开展"盐池滩羊"商标电商平台维权打假行动，保护滩羊肉品牌形象和信誉，提升产业增值效应。

5.6.6　做大做强冷凉蔬菜产业集群

以宁夏农业农村厅《关于印发宁夏回族自治区冷凉蔬菜产业高质量发展规划（2022—2027 年）通知》要求及规划为指导，坚持"以水定地、以水定产"，优化区域布局，聚焦引黄灌区设施蔬菜和供港蔬菜优势区，六盘山区和引黄灌区冷凉蔬菜优势区，中卫市环香山硒甜瓜优势区，中部干旱带黄花菜优势区。立足粤港澳大湾区、长三角经济带、京津冀都市圈等目标市场需求，加大市场营销和产品外销力度。围绕"设施蔬菜、露地冷凉蔬菜、西甜瓜"三大产业，培育一批单品规模 3 万亩以上的产业大县和单品规模 3000亩以上的专业乡镇。实施高品质蔬菜示范基地建设工程，良种繁育能力提升工程，大力推广绿色标准化生产技术，打造高品质蔬菜生产基地。建设供港有机蔬菜直供基地、大型蔬菜集配中心、集约化蔬菜育苗中心、生物循环蔬菜示范区，完善冷链物流体系，强化品牌营销，提升蔬菜产业质量效益和竞争力。重点支持龙头企业提高蔬菜贮藏和加工能力，提高鲜菜、净菜、辣椒酱、脱水菜、冷冻菜、蔬菜脆片、冷鲜西甜瓜等精深加工比重。推进一二三产业融合，发展蔬菜公园、科普教育、农事体验、观光旅游、休闲采摘、特色蔬菜观赏等新业态，拓展多种功能，丰富营销业态。

（1）加强种业工程建设

一是建设规模化良种育繁基地和蔬菜育苗中心，开展冷凉蔬菜新品种选育、良种引进筛选和示范推广，建设规模化冷凉蔬菜良种育繁和杂交制种基地，提升种子研发育繁生产加工能力，推进品种更新换代，打造西部种业振兴基地。二是加快培育壮大一批育种创新能力强、市场占有率高、经营规模大、产业链长的蔬菜种业企业，支持建设设施蔬菜种业技术创新中心，推进蔬菜良种繁育基地建设，支持平罗县等县区良种繁育基地生产能力、育种创新能力和信息化水平。

（2）建设高标准生产基地

一是实施"三品一标"（品种培优、品质提升、品牌打造和标准化生产）行动，推广一批绿色高质高效技术模式，对接目标市场质量要求，制定栽培管理、分级包装、加工贮运标准，分区域、分作物打造规模化绿色生产基地。二是加大出口蔬菜标准化生产基地建设，支持蔬菜产品出口企业建立自有种植基地，推广"公司＋基地＋农户"的蔬菜产品出口经营模式，全面推行标准化生产。三是增强科技攻关能力，深化东西部协作，完善"产学研推用"一体化技术体系。提升机械化生产水平，补齐产前、产中、产后各环节技术装备短板，推进各环节机具装备协同配套，建设农机农艺融合示范基地，促进良种、良法、良机配套。四是全面提升冷凉蔬菜产业智能化、数字化发展水平，建设大数据综合管理服务平台，构建全区蔬菜产业基础数据资源库。预计到 2025 年，依托重点县（区）建设标准化生产基地，蔬菜标准化生产基地达到 30 个。

（3）着力提高加工水平

大力发展精深加工、净菜加工、精品蔬菜、预制菜，推进产业转化增值。重点支持龙头企业等经营主体建设仓储保鲜冷链物流等设施，提高蔬菜贮藏和净菜加工能力。支持龙头企业通过改组改造、联营联合，开发冷冻脱水、干制腌制、制汁、番茄制品、红干椒色素等产品，延长产业链条，提升精深加工比重。预计到 2025 年，蔬菜加工转化率达到 20%。

（4）打造特色蔬菜品牌

充分利用蔬菜优势特色产业带的地区特色，发挥资源优势，实施蔬菜品牌工程，打造一批黄河地理标志产品，培育"宁夏番茄""宁夏西蓝花""宁夏食用菌"等具有可辨识、易流通、有内涵的"宁字号"名优品牌，开展多种形式的品牌展示、推介和宣传。构建农民增收长效机制，让农户分享产业链增值收益，持续增加农民收入。依托龙头企业，争取打造企业知名品牌。到 2025 年，自治区级以上特色蔬菜优势区力争达到 6 个，在全国有较高知名度的蔬菜区域公用品牌力争达到 10 个。

5.6.7 打造高端时尚的特色纺织业

推动羊绒加工产业高端化链条化发展。依托宁夏原绒集散地优势，加快羊绒检测、分梳、纺纱、印染及后整理等环节先进技术的研发和应用。拓展延伸产业链条，提高羊绒精深加工比重，大力发展羊绒纺纱及后道面料环节，加大高支羊绒纱、纯羊绒纱、多纤混纺交织纱线开发和生产力度。引导羊绒服装向时装化转变，积极发展羊绒外套、裙装、商务套装、大衣等外穿时尚服装。深度对接消费者需求变化，加快发展羊绒围巾、披肩、手套、帽子、羊绒毯等羊绒服饰。

（1）推动棉麻纺织产业提档升级

棉纺织产业重点发展高支纱、高密纱产品，喷气涡流纺纱线、并入式混纺纱、细竹节纱等新型结构纱。加快发展以地毯为核心的粗纺和半精纺纱线，打造一批具有民族特色的地毯、挂毯等产品。加快承接东部地区产业转移，重点发展家纺面料、功能性面料、中高档时装、无缝内衣等针织产品，推动针织服装向时尚化、功能化、品牌化升级。积极发展亚麻、棉混纺针织面料及其他混纺针织面料，提高亚麻纺织品的手感、柔软性和弹性，突破发展亚麻中高端天然纤维制品和绿色纺织原料。

（2）加快发展化纤高质高效发展

顺应国内外化纤技术发展趋势，采用先进纤维生产技术，发展高附加值的差别化、功能化纤维及新一代超细纤维，加快氨纶、涤纶、锦纶、腈纶、黏胶纤维等常规产品的高性能、多功能、复合型差别化纤维的应用开发。围绕下游面料、家纺的原料需求，大力发展抗静电、阻燃、抗菌除臭、防紫外线、免染环保等特性的纤维。以低成本、系列化、高质量为目标，推进高新技术纤维及其复合材料的产业化进程。加大黏胶废水和废气治理、回收等技术的应用力度，推动化纤的循环利用，加强废旧聚酯、废丝、废旧化纤制品等物品的回收利用。

6 宁夏传统产业高质量发展对策措施

6.1 构建绿色产业体系

一是加强重点行业绿色升级工程。以化工、钢铁、有色、建材、焦化、煤化工等高耗能高排放行业为重点，全面推进节能改造和污染物深度治理，制定节能技术改造实施方案，组织实施重大节能减排项目。二是严把建设项目环境准入关。规划项目建设全部集中在工业园区，推动能源、土地、水资源等综合利用与高效开发。依法推进工业、能源等专项规划的环评工作，率先对"两高"项目中开展碳排放影响评价试点，从原燃料清洁替代、节能降耗技术、余热余能利用、清洁运输方式等方面提出针对性的降碳措施与控制要求。三是加强园区节能环保提升工程。积极开展生态环境污染治理，充分利用新技术、新业态、新模式，推广环保新工艺，大力推动资源节约集约利用，提高工业用水重复利用和中水回用，提高水资源产出率。推动企业提高单位面积土地资源产出率。促进污水、废水和固体废弃物循环使用，不断提升能源与资源的综合利用水平。严厉打击固体废物非法倾倒、填埋、处置行为，加大固体废物堆存场所环境综合整治力度。四是设立项目审核准入制度，严格执行《产业结构调整指导目录（2021 年修订）》《外商投资产业指导目录（2021 年修订）》中的相关要求，建立和严格落实高危和剧毒化学品项目准入制度。五是落实企业防范风险主体责任，进一步完善企业突发环境事件风险评估制度,推进突发环境事件风险分类分级管理,严格重大突发环境事件风险企业监管。积极引进环保项目和企业,打造生态优先、产城融合、人水和谐的绿色低碳现代化体系。

6.2　增强科技创新能力

一是强化科技创新平台建设。加快沿黄科技创新改革试验区建设,以产业创新带动技术创新、产品创新、人才创新和机制创新,围绕装备制造、智能制造、大数据产业发展,建设共性技术研发中心,培育各类科技创新平台。加强与高校院所产学研合作,坚持引资与引技、引智相结合,引导支持企业建立健全技术创新中心,工程技术研究中心,重点实验室,支持企业走产学研相结合的自主创新道路。依托首都科技条件平台银川工作站,与北京市及中关村加强科技合作,在更大范围内建立大型科学仪器设备及科技文献数据的协作共享机制。二是完善企业科技创新支持政策。贯彻执行研发开发费用加计扣除的申报与管理,重点推进科技型中小企业研发费用加计扣除推进工作,落实高新技术企业税收优惠政策。实施东西部科技合作项目,攻克一批关键技术瓶颈。实施企业科技创新"一增一减"行动,鼓励企业加大投入,实行科技研发投入一个百分点,企业减税一个百分点,推动重点企业开展"引进一个专家团队、建立一个研发机构、选投一个战略性新兴产业、实施一个高管"培训计划"四个一"行动,引导企业增品种、强品质创品牌,切实提升创新能力。三是加强知识产权保护。在银川市试点完成专利、商标、版权"三合一"知识产权综合管理体制改革。持续推进知识产权创造运用,大力支持企业、高校、科研院所创造、引进和转化知识产权,为科技创新提供坚强保障。

6.3 强化现代金融支撑

一是推动金融主体发展壮大。积极引进全国股份制银行来宁夏设立分支机构或拓展业务，支持宁夏银行和农村商业银行、村镇银行提升实力，积极引进或筹建一批住房储蓄银行、贷款公司、汽车金融公司、消费金融公司、财务公司、融资租赁公司等新兴金融机构。大力扶持发展村镇银行、资金互助社和贷款公司等新型农村金融机构。探索发展产业发展基金、中小企业发展信托基金和住房信托基金等新型金融组织。二是创新金融服务业务和产品。鼓励金融机构加快开发适应服务业和小微企业需求的金融产品，完善产业融资环境。加大对企业信贷支持力度，拓宽贷款抵押、质押及担保等融资渠道。鼓励符合条件的企业上市融资和发行债券。推进创新友好型金融体系建设，扶持和规范发展创业投资、天使投资、股权投资企业。三是提升金融服务实体经济能力。扩大"宁科贷"资金池规模，加大自治区企业科技创新后补助力度，全力推进科技金融工作。继续在全市范围内开展科技型中小微企业科技金融专项工作。进一步促进科技与金融结合，缓解科技型中小企业科技成果转化和产业化过程中的资金短缺问题。开展科技保险，对企业投保费用给予一定比例补贴，推动科技型中小企业创业投资快速发展。

6.4 提升全社会研发投入水平

加快建立以财政拨款、企业投入、金融贷款、社会资金投入相结合的多渠道、多层次的科技投入体系，逐步提高全区科技经费投入的总体水平，确保 2025 年全社会 R&D 经费支出占 GDP 比重达到 2%。一是加大财政科技创新投入力度，建立"定标准、定责任、入预算"的财政科技投入稳定增长机制。在科技基础研究、重点研发、技术创新引导计划等方面制订详细的年度投入计划。继续提高企业科技创新后补助前期引导资金的补助比例和额度，加大企业和科研院所、高校开展协同创新、科技成果转化方面的支持力度。二是强化企业创新投入主体作用。针对企业牵头承担的研发项目，根据财政资金预算管理要求和项目研发特点，分别采取实施前引导、验收后支持两种财政资金支持方式，激发企业科技创新的积极性和主动性。强化企业家的创新意识和主体责任，健全有利于自主创新的企业财务制度和核算体系，建立适应经济发展新常态的技术创新投入机制。探索为企业创新活动提供股权和债权相结合的融资服务方式。三是加快培育科创板上市企业，鼓励科技型中小企业挂牌交易。发挥债券市场融资工具作用，组织中小企业发行中小企业集合债、高收益债。

6.5 打造专业人才队伍

一是树立全球视野，构建引进和培育人才机制，为传统产业高质量产业链创新发展提供动力源泉。实施"产业＋人才"计划，重点围绕"六新""六特"中传统产业，采取"人才飞地""项目引才"等方式，培养和引进一批急需紧缺的科技创新领军人才、急需紧缺高层次人才、企业技术管理人才和青年后备科技人才。二是推广产学研用协同育人模式。支持宁夏大学现代产业学院、北方民族大学材料与科学工程研究院等校企联合，推动人才缺口较大领域的"新工科"和新型交叉学科建设，加快培育一支能支撑传统制造业高质量发展的产业工人队伍。同时，深入推进宁夏非公企业人才发展服务试验区建设，发挥非公经济人才服务中心作用，研究建立和完善职称评聘"地方粮票"，评定各类实用人才。探索工学结合、产教融合、校企合作的人才培养方式，着力培育高质量"宁夏工匠"，打造西部地区人才集聚高地，为产业转型厚植人力资本优势。三是用足人才柔性引进政策。深化"揭榜挂帅""院士宁夏行"等方式，"不求所有、但求所用"，采取项目合作、技术入股、短期服务等形式吸引高端人才来宁创新创业，助力企业开展基础研究和关键技术攻关。进一步完善人才政策，落实高层次人才认定和支持政策，保障招商引资企业各类人才享受相应的奖励补贴、薪酬、税收优惠等政策，为来宁创新创业的各类人才开辟"绿色"通道。对满足一定条件的人才及其家属，优先配套便捷的住房、医疗、教育、文化、娱乐、生活等设施和服务，让引进人才有获得感、成就感和归属感。

6.6　提升产业集群水平

一是创新产业集聚发展方式。对国家、自治区明确的重点工业领域产业发展给予支持。灵活采用产业链招商、资本链招商、创新链招商，建立招商引资一站式服务平台，完善招商引资基础设施及政策支持。按照招龙头、补链条、聚集群的思路，抓好项目谋划，精准引入建链强链补链延链项目，全力引进一手"链主"企业，一手导入上下游企业，做到引进一个企业、壮大一个产业、形成一个集群。二是探索创新"头部企业"招商、核心节点企业招商、产业集群招商、资本招商、众创孵化招商、"飞地"招商、"技术团队＋资本＋项目"招商等新模式，为产业集聚可持续发展奠定坚实基础。三是构建创新型企业集群。建立"科技型龙头企业—高新技术企业—科技型中小微企业"集群梯次培育机制，推动中小科技企业进入龙头企业的产业链协作配套体系，加快建立以产业链为纽带的科技型产业集群，形成龙头带动中小企业创新，中小企业辅助龙头产业延伸的新局面。积极培育"蛙跳"产业，着力培育高新技术企业的"精英梯队""瞪羚企业""领军企业"。

6.7　优化改善营商环境

一是大力推进"放管服"改革。进一步精简行政许可事项，努力做到"应放尽放"。落实好《宁夏回族自治区优化营商环境条例》《全方位优化营商环境推动民营经济高质量发展 31 条意见措施》，加强公正监管，制止乱收费乱检查等行为，激发市场主体活力。深化"放管服"改革，推行项目投资承诺制，实行"先建后验"容缺办理模式。大力推行区域评估，推行"带设计方案"供地，推动项目"拿地即开工"。健全完善"不见面、马上办"机制，着力提高政务服务质量和水平。全面对接国家新版市场准入负面清单，推动"非禁即入"普遍落实。二是加快推进工程建设项目审批制度改革，简化优化环评制度，开展园区"区域环评＋环境标准"改革，单个项目在符合园区规划环评条件下可不单独开展环评。推行和完善"先证后核""告知承诺""先建后验"等制度，提高企业投资审批效能，进一步激发企业市场活力和社会创造力。三是营造依法保护企业家合法权益的法治环境，依法保护企业家财产权、自主经营权和创新权益。落实更大规模的减税降费政策，进一步降低企业生产经营成本。着力营造公平竞争环境，提振民间投资信心，激发民间投资活力。开展营商环境评价，建立公平开放透明的市场规则和法治化营商环境，构筑经济竞争新优势。

6.8 扩大对内对外开放

一是完善对内对外开放政策。深入推进"一带一路"和内陆开放型经济试验区建设，以国家级经济技术开发区和银川综合保税区为突破口，借鉴上海、海南等地扩大开放政策措施的先进经验，开展首创性、差异化改革探索，推动内陆开放取得新突破。中阿博览会紧紧抓住首届中阿峰会和中海峰会达成系列成果机遇，做好顶层设计，全面提升博览会在高质量共建"一带一路"中的平台集聚和要素配置功能，建议将"中阿金融合作论坛"纳入博览会，为宁夏传统产业高质量发展争取更多金融支持。二是加强开放合作园区建设。继续推进中国—沙特、中国—阿曼、中国—毛里塔尼亚产业园合作项目建设。建立并完善自治区外商投资企业投诉工作联席会议制度，鼓励更多领域实行独资经营。稳步推进境外产业园区建设，鼓励企业"走出去"参与国际产能合作。加快苏银产业园、银川丝路经济园等招商平台载体建设，着力打造东西协作发展的示范园区。三是提升开放发展能力。依托经贸大通道对接先进生产力，积极承接东部沿海地区和俄日韩等发达经济体产业转移。积极对接国际标准，做好产品和服务标准对接，消除标准差异，实施外贸优进优出工程。对境内企业海外投资和外资企业来宁夏发展给予项目审批、外汇管理、出入境等政策便利。四是以发展口岸经济为目标，加快建设面向"一带一路"沿线共建国家为主，连通东北亚、东南亚，辐射我国中西部地区的航线网络，将银川河东国际机场打造成为"以国际带国内"的区域性国际航空中转枢纽。以银川市为核心，石嘴山市和中卫市为支撑，在银川国际公铁物流港布局建设海关特殊监管区，将银川市打造成为西北地区区域性国际物流中心。

6.9　加快培育开放型经济主体

依托重点开放型功能园区，提升对开放型经济主体的吸引能力。支持国家级经开区、综合保税区、跨境电商综试区、外贸转型升级基地等各类开放载体扩规提质，提升开放载体外向型产业集聚发展能力，培育壮大一批开放型经济主体，推动清洁能源、枸杞、葡萄酒等特色产业开放发展，积极争取国家批准建设氰胺、光伏、葡萄酒等外向型产业贸易投资提质增效示范项目，促进产业链延链补链强链，培养开放型龙头骨干企业，推动优势企业国际化发展，打造开放型产业集群。积极培育外贸新业态新模式，推动外贸多元化发展。认真落实国家和自治区关于培育外贸竞争新优势和稳定外贸增长系列政策措施，抢抓"一带一路"建设深入推进新一轮西部大开发重大机遇，进一步优化国际市场拓展计划，完善境外营销网络建设，引导企业在巩固传统市场的同时，大力拓展新兴市场，推动出口市场多元化。

6.10　加强科技体制机制创新

一是改革完善科技奖励制度。加快推进科技奖励改革，建立定标定额评审制度，分类制定以科技创新质量、贡献为导向的评价指标体系。进一步优化奖励结构，提升评选活动的国际化程度，将外籍科技工作者纳入授奖范围，邀请高层次外籍专家参与提名和评审。适当提高自治区科技进步奖的奖金标准。自治区设立自然科学人才奖，专门奖励在自然科学方面作出突出贡献的学者和专家。二是推动科技成果转移转化。加快推进科技成果管理改革，增强科技成果转移转化主体内生动力，构建完善技术转移服务体系，不断提升科技成果转移转化效率。三是改革科技成果权益管理。在不影响国家安全、国家利益和社会公共利益的前提下，探索开展赋予科研人员职务科技成果所有权或长期使用权的改革试点。允许单位和科研人员共有成果所有权，鼓励单位授予科研人员可转让的成果独占许可权。科技成果通过协议定价、在技术交易市场挂牌交易、拍卖等市场化方式确定价格，试点取消职务科技成果资产评估、备案管理程序，建立符合科技成果转化规律的国有技术类无形资产投资监管机制。落实科技成果转化税收支持政策，积极争取扩大股权激励递延纳税政策覆盖面，放宽股权奖励主体、流程的限制。具有独立法人资格的事业单位领导人员作为科技成果主要完成人或对科技成果转化作出重要贡献的，可获得现金、股权或出资比例奖励；对正职领导人员给予股权或出资比例奖励的，须经单位主管部门批准，且任职期间不得进行股权交易。四是加强高校、科研院所技术转移专业服务机构建设。将科技成果转化绩效作为"双一流"高校、高水平地方高校和科研院所的考核评价，以及应用类科研项目验收评价和后续支持的重要依据。五是完善科技创新决策咨询机制。加强政府与科技界、产业界、金融界及社会各界的沟通，重大科技创新决策要广泛听取各类创新主体和各方面的意见建议。充分发挥科技创新智库对决策的支持作用，通过政府购买服务、定向委托等方式，引导智库参与科技创新决策咨询活动。充分发挥科技社团在推动全社会创新和辅助政府决策中的重要作用，促进政产学研用结合与协同创新。建议在宁夏科技厅成立厅学术委员会，其主要职责是负责统筹软科学研究和成果奖励的审查等。

6.11   完善工业基地管理体制

宁东基地管委会被自治区政府赋予地级市一级经济管理权和社会事务管理权，授权享有部分自治区级经济管理权限。宁东基地党工委、管委会对宁东基地核心区的全部事务，以及马家滩工业园、太阳山开发区和苏银产业园的工业园区实行统一领导、统一规划、统筹建设、协调管理。马家滩镇、太阳山开发区、苏银产业园除工业园区外的其他事务实行属地管理。行政管理机构设置，最高层级管理机制：成立"宁东基地产业一体化发展规划区领导小组"。中间层级管理机制："宁东能源化工基地管理委员会"，将马家滩工业园、太阳山开发区、苏银产业园的工业园区纳入宁东能源化工基地管理委员会统一管理，除工业园区外的其他事务（如社会事务等）实行属地管理。在宁东基地管委会内为马家滩工业园、太阳山开发区、苏银产业园设立专门的管理办公室。

参考文献

［1］吴敬琏等．供给侧改革：经济转型重塑中国布局［M］.北京：中国文史出版社，2016.

［2］陈小亮，陈彦斌．供给侧结构性改革与总需求管理的关系探析［J］.中国高校社会科学，2016（3）：67–78

［3］孟义．我国产业升级机制问题研究［D］.2017.

［4］中共中央　国务院关于开展质量提升行动的指导意见［Z］，2017.

［5］汤吉军．传统产业转型升级理论与政策研究［M］.北京：科学出版社，2014.

［6］张萌萌．传统制造业转型升级中的地方政府职能研究——以 A 县为例［D］.山东大学，2018.

［7］李娜．传统产业升级技术与制度的路径依赖及其作用机理研究［D］.吉林大学，2018.

［8］《中国共产党宁夏回族自治区第十三次代表大会关于自治区第十二届党委报告的决议》，［EB/OL］.［2022–06–14］.宁夏新闻网，http://www.nxrd.gov.cn/rdxw/rdyw/202206/t20220614_559426.html.

［9］《习近平：决胜全面建成小康社会　夺取新时代中国特色社会主义伟大胜利——在中国共产党第十九次全国代表大会上的报告》，［EB/OL］［2017–10–27］.新华社，https://www.gov.cn/zhuanti/2017–10/27/content_5234876.htm.

［10］《习近平：高举中国特色社会主义伟大旗帜 为全面建设社会主义现代化国家而团结奋斗——在中国共产党第二十次全国代表大会上的报告》,［EB/OL］［2022-10-25］. 新华网, https：//www.gov.cn/xinwen/2022-10/25/content_5721685.htm.

［11］《学习宣传贯彻习近平总书记 视察宁夏时的重要讲话精神》,［EB/OL］［2020-06-14］. 宁夏日报, http：//nx.people.com.cn/GB/n2/2020/0614/c192482-34085663.html.

［12］《自治区人民政府办公厅印发关于推动制造业高质量发展实施方案的通知》（宁政办规发〔2020〕5号）,［EB/OL］［2020-03-11］. 宁夏回族自治区人民政府网, https：//www.nx.gov.cn/zwgk/gfxwj/202003/t20200311_1986303.html.

［13］《自治区人民政府办公厅关于印发宁东能源化工基地"十四五"发展规划的通知》（宁政办发〔2021〕88号）,［EB/OL］［2021-12-07］. 宁夏回族自治区人民政府网, https：//www.nx.gov.cn/zwgk/qzfwj/202112/t20211207_3207682.html.

［14］《国家发展改革委 工业和信息化部关于印发〈现代煤化工产业创新发展布局方案〉的通知》（发改产业〔2017〕553号）,［EB/OL］［2017-03-27］. 中华人民共和国中央人民政府网, https：//www.gov.cn/xinwen/2017-03/27/content_5181130.htm.

［15］《发展改革委关于支持首批老工业城市和资源型城市产业转型升级示范区建设的通知》（发改振兴〔2017〕671号）,［EB/OL］［2017-04-21］. 中华人民共和国中央人民政府网, https：//www.gov.cn/xinwen/2017-04/21/content_5188011.htm.

［16］《工业和信息化部关于公布第九批国家新型工业化产业示范基地名单的通知》（工信部规函〔2020〕44号）,［EB/OL］［2020-03-05］. 规划司, https：//www.miit.gov.cn/xwdt/gxdt/sjdt/art/2020/art_76dbecd8428e44e49c44540e2aa344f3.html.

［17］《中共中央　国务院关于新时代推进西部大开发形成新格局的指导意见》，［EB/OL］［2020-05-17］．新华社，https：//www.gov.cn/zhengce/2020-05/17/content_5512456.htm.

［18］《国家发展改革委关于修改〈产业结构调整指导目录（2019 年本）〉的决定》（2021 年第 49 号令），［EB/OL］［2022-01-17］．嘉兴市发展改革委，https：//www.jiaxing.gov.cn/art/2022/1/17/art_1228922756_59512733.html.

［19］《国务院新闻办发布会介绍〈全国安全生产专项整治三年行动计划〉有关情况》，［EB/OL］［2020-04-28］．中国网，https：//www.gov.cn/xinwen/2020-04-28/content_5506931.htm.

［20］《推动黄河流域高质量发展，要积极探索富有地域特色的高质量发展新路子——推进沿黄生态经济带建设》，［EB/OL］［2019-11-19］．宁夏日报，https：//www.nxnews.net/nxrbzk/nxrbsxzk/201911/t20191119_6487616.html.

［21］《〈宁夏回族自治区综合交通运输体系战略规划（2016—2030 年）〉解读》，［EB/OL］［2017-10-30］．宁夏自治区发展改革委，https：//www.nx.gov.cn/zwxx_11337/zcjd/201710/t20171030_539196.html.

［22］《国务院关于〈宁夏回族自治区国土空间规划（2021—2035 年）〉的批复》（国函〔2023〕79 号），［EB/OL］［2023-08-28］．中华人民共和国中央人民政府网，https：//www.gov.cn/zhengce/zhengceku/202308/content_6900577.html.

［25］《〈宁东能源化工基地化工新材料产业区 C 区及部分区域总体规划〉环境影响评价信息公示》，［EB/OL］［2023-09-18］．宁东能源化工基地管委会，http：//ningdong.nx.gov.cn/xwdt_277/gsgg/202309/t20230918_4270460.html

［26］《到 2025 年实现工业总产值超 2500 亿元　宁东将打造九大细分产业链和高端产业集群》，［EB/OL］［2022-01-13］．宁夏新闻网，https：//www.nxnews.net/yc/jrww/202201/t20220113_7406895.html.

［27］《自治区人民政府办公厅关于印发宁东能源化工基地"十四五"发展规划的通知》（宁政办发〔2021〕88 号），［EB/OL］［2021-12-07］．中华人民共

和国中央人民政府网，https：//www.nx.gov.cn/zwgk/qzfwj/202112/t20211207_3207682.
html.

［28］《苏银产业园规划体系搭建完成　规划引领作用将逐步有效发挥》，
［EB/OL］［2023-01-22］.苏银产业园管理委员会，https：//sycyy.yinchuan.gov.
cn/xwzx/zxdt/202501/t20250122_4798808.html.

［29］《吴忠太阳山开发区总体规划（2018—2035）已获批》，［EB/OL］
［2019-01-11］.吴忠市城市管理局，https：//www.wuzhong.gov.cn/ztzl/jtjgczl/ylglj/
201901/t20190111_1249242.html.

［30］《2022年宁夏回族自治区国民经济和社会发展统计公报》，［EB/OL］
［2023-05-04］.宁夏回族自治区统计局，http：//district.ce.cn/newarea/roll/202305/04/
t20230504_38529746.shtml.

［32］《自治区人民政府办公厅关于印发宁夏回族自治区科技创新
"十四五"规划的通知》（宁政办发〔2021〕58号），［EB/OL］［2021-09-29］.
中华人民共和国中央人民政府网，https：//www.nx.gov.cn/zwgk/qzfwj/202109/
t20210929_3061996.html.

［33］《自治区人民政府关于宁东能源化工基地现代煤化工产业示范区总体
规划的批复》（宁政函〔2019〕49号），［EB/OL］［2019-06-04］.中华人民共和国
中央人民政府网，https：//www.nx.gov.cn/zwgk/qzfwj/201906/t20190604_1537408.
html.